庆祝改革开放四十周年
暨检察机关恢复重建四十周年丛书

# 最高人民检察院
# 新闻发布会精选

## （2014—2015）

中国检察出版社

**图书在版编目（CIP）数据**

最高人民检察院新闻发布会精选 . 2014—2015/ 最高人民检察院编 .
—北京：中国检察出版社，2018.12

（庆祝改革开放四十周年暨检察机关恢复重建四十周年丛书）

ISBN 978-7-5102-2192-7

Ⅰ . ①最… Ⅱ . ①最… Ⅲ . ①中华人民共和国最高人民检察院—
新闻公报—汇编—2004-2015 Ⅳ . ①D926.31

中国版本图书馆 CIP 数据核字（2018）第 223865 号

**最高人民检察院新闻发布会精选**

**（2014—2015）**

| | | |
|---|---|---|
| **出版发行**： | 中国检察出版社 | |
| **社 址**： | 北京市石景山区香山南路 109 号（100144） | |
| **网 址**： | 中国检察出版社（www.zgjccbs.com） | |
| **编辑电话**： | （010）86423707 | |
| **发行电话**： | （010）86423726 86423727 86423728 | |
| | （010）86423730 68650016 | |
| **经 销**： | 新华书店 | |
| **印 刷**： | 北京京师印务有限公司 | |
| **开 本**： | 710 mm×960 mm 16开 | |
| **印 张**： | 23.75 插页4 | |
| **字 数**： | 340 千字 | |
| **版 次**： | 2018 年 12 月第一版 2018 年 12 月第一次印刷 | |
| **书 号**： | ISBN 978-7-5102-2192-7 | |
| **定 价**： | 96.00 元 | |

# 说　　明

　　2018 年是我国改革开放 40 周年，也是检察机关恢复重建 40 周年。40 年来，改革开放这场新的伟大革命，为人民检察事业的发展进步提供了政治前提、社会基础、法治环境和广阔舞台。40 年来，人民检察事业始终与改革开放和社会主义现代化建设同向同行，走过了波澜壮阔的发展历程，谱写出与时代同呼吸、共命运的历史篇章。

　　检察机关新闻发布工作是深化检务公开、加强法治宣传的重要途径。近年来，特别是 2014 年最高人民检察院新闻办公室成立以来，最高人民检察院新闻发布工作日益规范化制度化。最高人民检察院通过召开新闻发布会等形式，向社会宣传介绍检察机关贯彻落实中央指示精神的重大方针政策、重要工作部署；颁布的重要司法解释及其他规范性文件；重要法律法规和司法解释的实施情况；查办重大案件情况，以及重要改革举措和创新工作经验等，受到人民群众和社会各界的广泛关注。2014 年以来，最高人民检察院已召开新闻发布会 53 场，成为展示新时代检察工作成果和检察形象的重要平台。在检察机关恢复重建 40 周年之际，最高人民检察院对 2014 年以来召开的新闻发布会进行了梳理，分 2014—2015 和 2016—2017 两册编辑了《最高人民检察院新闻发布会精选》。

2018 年 11 月

# Contents

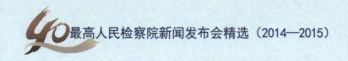

# 保护　运用　发展

## 最高人民检察院通报检察机关加强对知识产权司法保护工作情况

**发布时间**：2014 年 4 月 22 日 10:00

**发布内容**：发布 2013 年检察机关加强对知识产权司法保护的有关情况；公布 2013 年检察机关保护知识产权十大典型案例

**发布地点**：最高人民检察院电视电话会议室

**主　持　人**：最高人民检察院新闻发言人　张本才[①]

**出席嘉宾**：最高人民检察院侦查监督厅厅长　万春[②]

最高人民检察院侦查监督厅副厅长　元明

最高人民检察院民事行政检察厅厅长　郑新俭[③]

最高人民检察院法律政策研究室副主任　韩耀元[④]

---

① 现任上海市人民检察院党组书记、检察长。
② 现任最高人民检察院法律政策研究室主任。
③ 现任最高人民检察院未成年人检察工作办公室主任。
④ 现任中央纪委国家监委办公厅正局级纪检监察员兼副主任。

## 主题发布

**张本才**

　　各位记者朋友，大家上午好！很高兴在这里召开新闻发布会。今天新闻发布会主要是发布 2013 年检察机关加强对知识产权司法保护的有关情况，公布 2013 年检察机关保护知识产权十大典型案例。

　　出席今天新闻发布会的有最高人民检察院侦查监督厅万春厅长、元明副厅长，民事行政检察厅郑新俭厅长、法律政策研究室韩耀元副主任。我是今天的主持人、新闻发言人张本才。

　　4 月 26 日，我们将迎来第 14 个世界知识产权日，4 月 21 日至 27 日，最高人民检察院和国家知识产权局等部门联合开展全国知识产权宣传周活动，主题是"保护·运用·发展"。

　　为进一步推动知识产权司法保护深入开展，维护社会主义市场经济秩序，回应人民群众和社会各界期盼，高检院今天召开新闻发布会，介绍检察机关在知识产权司法保护领域所发挥的职能作用和取得的突出成效。

　　今天的新闻发布会有两项议程，第一项议程是通报检察机关加强对知识产权司法保护的有关情况，第二项议程是公布 2013 年检察机关保护知识产权十大典型案例。下面我向大家通报有关情况。

　　**一、以危害民生的侵权假冒犯罪为重点，进一步加大保护知识产权的执法办案力度**

　　检察机关认真履行批捕、起诉职能，进一步深化重点领域突出问题专项治理，以危害民生的侵犯知识产权和制售假冒伪劣商品犯罪活动为重点，加大执法办案力度，依法及时批捕、起诉了一大批侵犯知识产权和制售假冒伪劣商品犯罪案件。

2013 年，全国检察机关共批准逮捕生产、销售伪劣商品犯罪案件 5889 件 9390 人，提起公诉 8902 件 14662 人。批准逮捕涉及侵犯知识产权犯罪案件（涉及知识产权犯罪案件是指包括刑法分则第三章第七节侵犯知识产权罪、数罪中含侵犯知识产权罪和他罪中含侵犯知识产权行为的案件）3272 件 5081 人，提起公诉 4975 件 8232 人，其中假冒注册商标案件 1542 件，占 30.99%；销售假冒注册商标的商品案件 1649 件，占 33.15%；非法制造、销售非法制造的注册商标标识案件 361 件，占 7.26%；侵犯著作权案件 1365 件，占 27.44%；销售侵权复制品案件 15 件，占 0.30%；侵犯商业秘密案件 43 件，占 0.86%。

加强对各地办案的指导协调，2013 年高检院对 921 件重大案件进行了挂牌督办，其中大部分是侵权假冒案件，有力打击了侵犯知识产权和制售假冒伪劣商品犯罪，切实维护社会主义经济秩序和人民群众合法权益。

### 二、严肃查办职务犯罪，坚决打掉侵犯知识产权犯罪"保护伞"

针对侵犯知识产权和制售假冒伪劣商品犯罪与某些国家机关工作人员徇私舞弊、失职渎职有关的问题，检察机关进一步加强对国家工作人员充当侵犯知识产权和制售假冒伪劣商品犯罪活动"保护伞"和徇私舞弊不移交刑事案件、帮助犯罪分子逃避处罚等职务犯罪行为的监督，严肃查办相关行政监管和执法司法人员贪赃枉法、滥用职权、玩忽职守、徇私舞弊等职务犯罪行为。

高检院部署开展为期两年的全国检察机关查办和预防发生在群众身边、损害群众利益职务犯罪专项行动，紧盯社会管理等重点领域危害民生民利的职务犯罪案件，专项行动中各级检察机关共立案侦查放纵制售伪劣商品犯罪行为罪案件 18 件 30 人，其中重大案件 8 件，特大案件 3 件。

2013 年，全国检察机关依法对涉嫌徇私舞弊不移交刑事案件罪案件提起公诉 54 件 91 人，对涉嫌放纵制售伪劣商品犯罪行为罪案件提起公诉 13 件 29 人，对涉嫌帮助犯罪分子逃避处罚罪案件提起公诉 128 件

176 人，其中涉及侵犯知识产权领域的占相当比例。

通过对相关职务犯罪案件的办理，准确打击侵犯知识产权和制售假冒伪劣商品犯罪背后的利益链条，形成对侵犯知识产权犯罪和背后"保护伞"的有力震慑。

### 三、强化对诉讼活动的监督，有效防止了以罚代刑、有案不立问题

检察机关积极履行诉讼监督职能，进一步加强对行政执法机关移送涉嫌犯罪案件的监督，依法督促相关部门移送并立案侦查了一批人民群众反映强烈、国内外广泛关注的犯罪案件，有效解决了有案不立、有罪不究、以罚代刑、重罪轻判的问题。

2013 年，共受理公安机关应当立案侦查而不立案侦查破坏社会主义市场经济秩序犯罪案件线索 3214 件，要求公安机关说明不立案理由 3165 件，公安机关主动立案 2440 件，检察机关通知公安机关立案 331 件，公安机关接通知后立案 333 件。其中相当部分为制售假冒伪劣商品和侵犯知识产权犯罪案件。

在部署开展的以打击制售假冒伪劣商品犯罪为重点的危害民生刑事犯罪专项立案监督活动中，共建议行政执法机关移送涉嫌犯罪案件 4290 件 5409 人，监督公安机关立案 3148 件 3984 人。

加强对涉及知识产权民事和行政案件的法律监督，对人民法院确有错误的涉及知识产权的民事、行政判决、裁定提出抗诉或再审检察建议，依法监督和纠正确有错误的民事、行政判决，积极探索对侵犯知识产权案件的支持起诉工作。

2013 年，全国检察机关依法受理、审查办理了一批知识产权领域的民事行政检察监督案件。进一步加强打击制售假冒伪劣商品和侵犯知识产权违法犯罪行政执法与刑事司法衔接长效机制建设，2013 年 5 月高检院召开现场推进会对做好"两法衔接"工作提出明确要求。各地检察机关密切与知识产权行政执法机关、公安机关的配合协作，构建行政执法与刑事司法衔接工作机制，普遍建立了联席会议、信息通报、案件咨询等制度，积极推进"网上衔接、信息共享"平台建设，确保对案件移送、

受理和处理情况的全程监督，形成打击犯罪的有效合力。

广东、贵州、甘肃等地单独或会同有关部门出台加快省级信息共享平台建设的工作文件；江苏等地积极推动省政府从制度层面解决案件信息录入问题；四川、湖北等地积极推动省政府立项建立全省三级"两法衔接"工作信息共享平台，推动知识产权司法保护工作深入开展。

### 四、加强执法能力建设，知识产权司法保护水平不断提升

近年来，高检院针对办理侵犯知识产权和制售假冒伪劣商品犯罪案件中的法律适用、证据采信等问题，积极开展调查研究，会同最高人民法院、公安部等有关部门先后出台了《关于办理侵犯知识产权刑事案件适用法律若干问题的意见》等多个涉及惩处侵犯知识产权行为的司法解释文件，为打击侵犯知识产权犯罪提供充分的法律依据。

发布年度检察机关打击侵犯知识产权犯罪典型案例，展现检察机关保护知识产权的成就，增强办案指导的针对性。加强队伍专业化建设，举办第六次全国检察机关办理知识产权刑事案件业务培训班，探索设立全国检察机关知识产权人才库，建立完善专业化人才队伍。

高检院侦监厅设置保护知识产权处，负责全国检察机关保护知识产权工作的统筹协调和业务指导工作。上海三级院均设立专门办理知识产权犯罪和金融犯罪案件的业务机构，广东珠海市检察院设立了高新区知识产权检察室，北京海淀区检察院设立了知识产权检察处。

一些省、市检察院还会同相关行政执法机关举办收集、固定证据培训班，提高行政执法人员取证能力，保证移送司法机关的侵犯知识产权和制假售假犯罪案件在证据上的衔接。

加强知识产权国际交流与合作，高检院派员参加中瑞、中俄、中日韩自贸区关于知识产权保护的谈判，向国际社会客观介绍中国检察机关在保护知识产权方面的工作，共商打击侵犯知识产权犯罪的良策，检察机关知识产权司法保护的国际影响力不断提升。

今年，高检院下发《关于充分发挥检察职能为全面深化改革服务的意见》，要求各级检察机关积极参与打击侵犯知识产权等专项活动，加大对侵犯知识产权犯罪的惩治力度，促进知识产权运用和保护。

　　检察机关将在认真总结以往保护知识产权的经验和成效的基础上，充分发挥检察职能作用，依法严厉打击侵权知识产权和制售假冒伪劣商品犯罪，加强立案监督、侦查活动监督和审判监督，加大查办和预防职务犯罪力度，深入推进行政执法与刑事司法衔接机制，不断加强队伍专业化建设，进一步提高知识产权司法保护水平，推动国家知识产权战略实施，为中国知识产权保护事业作出新的更大贡献。

　　下面进行第二项议程，请侦监厅万春厅长介绍 2013 年检察机关保护知识产权十大典型案例情况。

**万春**

　　各位记者，大家好！刚才张本才主任向大家通报了全国检察机关加强知识产权司法保护的情况，现在由我向大家通报 2013 年中国检察机关保护知识产权十大典型案例。

　　这批案例是高检院第二次发布的年度知识产权保护典型案例。高检院通过评选和公布"中国检察机关保护知识产权十大典型案例"，积极发挥典型案例的示范效应和指导作用。一方面集中展示中国检察机关知识产权司法保护工作取得的新进展，另一方面也为全国检察机关正确适用法律提供指引，并且对提高权利人知识产权保护意识具有积极的影响。

　　为了做好本次典型案例的评选工作，各省级检察院侦查监督部门会同公诉、民行检察部门从 2013 年当地终审审结的知识产权案件中挑选了 90 余件案件上报高检院侦查监督厅。本次公布的典型案例，就是从中精选出来的。入选的 10 个案例中，侵犯著作权案件 5 件，侵犯商标权案件 3 件，侵犯商业秘密案件 2 件；刑事案件 8 件，民事抗诉案件 1 件，行政抗诉案件 1 件。这些案件涉及工业技术、电子商务和软件信息等多个知识经济领域。

2013年中国检察机关保护知识产权十大典型案例：

一、典型案例一：亿铂公司、沃德公司、余志宏等4人侵犯商业秘密案

（一）案件事实

珠海赛纳打印科技股份有限公司（以下简称赛纳公司）成立于2006年，是一家集研发、制造和销售激光打印机及其他打印耗材为一体的创新型企业，拥有330多项国内外自有专利技术，曾获得"全球通用激光打印耗材行业的龙头企业""2011福布斯中国潜力企业""广东省著名品牌企业""广东省出口名牌企业""广东省高新技术企业""珠海市知识产权优势企业"等诸多称号，被誉为"21世纪未来之星"。

2011年1月至3月，赛纳公司原常务副总经理余志宏与他人仿照赛纳公司经营模式，成立了江西亿铂电子科技有限公司（以下简称亿铂公司）和中山沃德公司（以下简称沃德公司），并在中国香港、美国、欧洲成立了三个专门用于销售亿铂公司产品的公司。随后，余志宏伙同赛纳公司原销售总监罗石和、原产品部经理李影红、原产品销售经理肖文娟在未与赛纳公司办理离职手续的情况下，到亿铂公司和沃德公司工作。四人离职时，私自将赛纳公司客户类经营信息资料带走，并通过对信息的分析，有针对性地制定销售策略和价格体系后向赛纳公司客户倾销产品。余志宏等人恶意争夺赛纳公司客户的行为，给公司造成巨额经济损失，引发该公司生产经营上的极大困难，造成公司陷入濒临破产的境地。

（二）诉讼过程

2012年1月28日，公安机关以涉嫌侵犯商业秘密罪提请检察机关批准逮捕涉案人员。同年2月3日，珠海市人民检察院作出批准逮捕的决定；6月6日，本案被移送审查起诉。2013年7月9日，珠海市中级人民法院作出二审判决，以侵犯商业秘密罪分别判处亿铂公司罚金人民币2140万元；沃德公司罚金人民币1420万元；余志宏等四人有期徒刑六年至二年不等，各并处罚金人民币100万元至10万元不等。

（三）典型意义

亿铂公司、沃德公司、余志宏等4人侵犯商业秘密案，本案是由全国首家独立设置的知识产权检察室——广东珠海市人民检察院高新区知识产权检察室承办的。针对本案案情复杂且跨省犯罪、涉案人员多、专业性强、调查取证难等问题，检察机关及时介入、积极督促公安机关立案侦查并有针对性地提出引导侦查意见，同时对侦查活动全程跟进，使案件得以成功办理。

典型意义在于，本案犯罪数额高、危害大、影响范围广，案件的成功办理充分体现了检察机关知识产权案件专业化办理模式的体制机制优势，以及检察机关对重大疑难、复杂案件敢于监督、善于监督，严格依法履行法律监督职责的能力和决心。

**二、典型案例二：瑞创公司、韩猛等 8 人侵犯著作权案**

（一）案件事实

2008 年起，上海瑞创网络科技股份有限公司（以下简称瑞创公司）总经理韩猛、副总经理韩红昌为推广公司 2345 导航网站，在未经软件著作权人微软公司许可的情况下，指使员工钱武星、罗华等人通过非法复制微软公司 Windows 操作系统软件，制成"萝卜家园"等版本的盗版操作系统，并在盗版软件中捆绑、集成恶意代码，通过发布下载链接和雇用人员线下免费发放盗版光盘等手段，提高公司网站浏览量，吸引付费广告、加载有偿链接，牟取巨额非法利益。经审计，2345 网站为瑞创公司获取营业收入计人民币 2387 万余元。

（二）诉讼过程

2011 年 3 月，上海市公安局立案侦查本案。浦东新区人民检察院经市检察院指定，派员提前介入侦查、引导取证。2012 年 6 月 4 日案件被提起公诉。2013 年 2 月 4 日，浦东新区人民法院以侵犯著作权罪判处瑞创公司罚金人民币 1000 万元，判处韩猛、韩红昌等人有期徒刑三年至一年六个月不等，各并处罚金人民币 100 万元至 10 万元不等。此判决为生效判决。

（三）典型意义

瑞创公司、韩猛等 8 人侵犯著作权案，本案侵权时间历时三年之久，侵权行为涉及全国 29 个省（自治区、直辖市）的 286 个城市，侵权软件数量和非法经营数额均特别巨大，被害单位（微软公司）曾就本案提出 1 亿元人民币的民事赔偿请求。

典型意义在于，检察机关没有就案办案，而是延伸办案效果，不仅积极开展法庭教育促使侵权人真诚悔罪，而且尽力修补社会关系，彻底化解当事人间的矛盾。8 名被告人当庭向被害单位鞠躬致歉，被告单位在庭审后通过官网发布道歉声明，并赔偿被害单位人民币 3600 万元，取得被害单位谅解。案件宣判后，被害单位专程至检察机关，对中国司法机关打击侵权盗版的力度和细致入微的工作作风表示赞赏和感谢。

### 三、典型案例三：佳飞公司销售假冒注册商标的商品案

（一）案件事实

2011 年 10 月至 2012 年 2 月，重庆佳飞商贸有限公司（以下简称佳飞公司）总经理龚应兵与公司法定代表人王子泉共谋购买假冒贵州茅台注册商标的飞天茅台酒，用于销售牟利。后二人在销售业务会上组织公司人员销售了上述假酒。截至案发，佳飞公司共销售假飞天茅台酒 240 瓶，销售金额共计人民币 270360 元；尚未销售的假飞天茅台酒 128 瓶（按已销售平均价格计，价值为人民币 144192 元）。

（二）诉讼过程

2012 年 3 月 15 日，重庆云阳县人民检察院向县商务局发出检察建议书，要求将佳飞公司销售假贵州茅台酒案的线索移送县公安局。县商务局随后向公安机关移交了案件线索。3 月 28 日，县公安局以涉嫌销售假冒注册商标的商品罪对本案立案侦查。立案后，县检察院继续跟踪案件侦办情况，并引导县公安局深挖出贵州肖某某制售假冒茅台酒一案。公安部在获取肖某某一案线索后，指挥重庆、贵州、四川等地统一行动，一举捣毁了该制售假冒茅台酒的窝点。2013 年 4 月 25 日，县公安局提请县检察院批准逮捕王子泉和龚应兵。4 月 28 日，检察机关作出批准逮

捕的决定。7月10日案件被提起公诉。案件历经二审，法院最终以犯销售假冒注册商标的商品罪，判处佳飞公司罚金人民币20万元，判处王子泉、龚应兵有期徒刑二年六个月，各并处罚金人民币13.6万元。此判决为生效判决。

（三）典型意义

佳飞公司销售假冒注册商标的商品案，这是一起依托行政执法与刑事司法衔接工作机制，成功监督行政执法机关移送涉嫌犯罪案件的案件。

典型意义在于，检察机关并未满足于监督移送售卖假酒案件，而是持续跟踪案件侦办情况，引导公安机关深挖出一个跨省制售假冒茅台酒的大案。当地公安机关向公安部汇报后，公安部指挥重庆、贵州、四川等地统一行动，一举捣毁了一个跨省的制售假酒的源头，扩大了办案效果。

## 四、典型案例四：李海涛等3人侵犯商业秘密案

（一）案件事实

2006年8月，李海涛从齐鲁制药有限公司辞职。辞职前后，李海涛通过非法手段，获取了头孢他啶等药品的生产工艺。2008年8月，李海涛向齐鲁安替制药有限公司（以下简称齐鲁安替公司）职工靳超购买该公司的头孢米诺的生产工艺。2006年年底至2010年，李海涛将非法获取的头孢他啶等五种药品的生产工艺，非法披露给哈药集团制药总厂厂长助理赵玉新并允许其使用。赵玉新在明知上述药品生产工艺系非法取得的情况下，仍在哈药集团制药总厂进行了工艺试验、技术储备及工艺改进等。经鉴定，李海涛、赵玉新因非法披露、获取头孢他啶等五种生产工艺，给齐鲁安替公司造成人民币246万余元的经济损失，靳超非法披露头孢米诺生产工艺的行为给齐鲁安替公司造成人民币114万余元的经济损失。案发后，李海涛赔偿齐鲁安替公司经济损失人民币60万元，靳超赔偿齐鲁安替公司经济损失人民币1万元。

（二）诉讼过程

2011年10月27日，济南市公安局历城分局以李海涛、靳超、赵玉新涉嫌非法获取计算机信息系统数据罪提请检察机关批准逮捕。经审

查，检察机关以涉嫌侵犯商业秘密罪对李海涛、靳超和赵玉新作出批准逮捕的决定。2013年6月8日，济南市中级人民法院作出二审判决，认定李海涛、靳超、赵玉新犯侵犯商业秘密罪，分别判处有期徒刑两年六个月至一年三个月不等，并处罚金。

（三）典型意义

李海涛等3人侵犯商业秘密案，被害单位齐鲁安替公司是国内知名药企齐鲁制药厂的子公司，是中国最大的头孢菌素原料药专业生产企业。本案案情复杂、专业性强、时间跨度长、取证难度大。

典型意义在于，检察机关为查清案件事实，不仅认真核查证据，还详列补查提纲，引导公安机关收集、调取、固定证据，为案件的成功办理奠定了坚实基础。特别是检察机关关于案件性质的准确认定，使公安机关及时调整侦查取证方向，保证了打击犯罪的质效。

## 五、典型案例五：新飞仕公司、郑武岳等19人侵犯著作权案

（一）案件事实

2011年12月，郑武岳、张秀兰分别通过张少波联系广东新飞仕激光科技有限公司（以下简称新飞仕公司，是广东省广州市一家生产音像制品的正规企业）生产电影《遍地狼烟》的盗版光盘各4000张。新飞仕公司在没有获得著作权人浙江横店影视制作有限公司许可的情况下，为张少波生产了上述盗版光盘。经郑武岳、张秀兰包装，光盘被销至全国各地。案发后，公安机关从郑武岳、张秀兰、张少波及其下线零售商处扣得各类盗版光盘、母盘、碟心等非法音像制品光盘15万余张，冻结在案人员账户内赃款人民币300余万元。

（二）诉讼过程

电影《遍地狼烟》系浙江横店影视制作有限公司投资4200万元拍摄。2011年12月2日公映后，12月5日即发现遭人盗版。12月6日，浙江省东阳市公安局对电影《遍地狼烟》被侵犯著作权立案侦查，抓获盗版光盘批发商朱国庆、张秀兰和唐水根，盗版光盘零售商潘巨增等及其雇用人员，盗版光盘生产商新飞仕公司工作人员共计19人，捣毁盗版光盘窝点5个，查封盗版光盘生产线4条。东阳市人民检察院以涉嫌侵犯

著作权罪，对其中 17 人作出批准逮捕的决定（另有 2 人被取保候审）。案件移送审查起诉后，检察机关追加认定了新飞仕公司的单位犯罪行为。2013 年 9 月，东阳市人民法院开庭审理此案并全部采纳了检察机关公诉意见，以侵犯著作权罪判处被告单位罚金人民币 200 万元；判处郑武岳、张少波、张秀兰等 19 人有期徒刑四年六个月至十个月不等，各并处罚金人民币 100 万元至 2 万元不等。

（三）典型意义

新飞仕公司、郑武岳等 19 人侵犯著作权案，本案是公安部和文化部共同挂牌督办的案件，是一起严重侵害本土影视文化产业发展的案件。案件涉及范围广、人员多，犯罪环节错综复杂，备受社会关注。

典型意义在于，检察机关充分履行检察职能，适时介入侦查，依法引导取证，成功追诉了单位犯罪，还督促公安机关彻底捣毁了数个遍及全国的售卖盗版光盘的窝点，并促使一部分在逃涉案人员投案自首。办案同时，检察机关还积极为被害企业挽回经济损失人民币 2500 余万元。

**六、典型案例六：朱建君侵犯著作权、罗明勇等 13 人销售侵权复制品案**

（一）案件事实

2011 年 10 月，罗明勇、宁传银等人为牟取非法利益，在未取得权利人授权的情况下，共谋成立一个统一供货、统一进价、统一销售价格、统一分红销售非法复制 CFA 教材（注：CFA 是"注册金融分析师"或"特许金融分析师"的简称，是国际公认的金融证券业最高认证书）的团伙。至案发，朱建君将非法印制的 CFA 教材共 2 万余套销售给罗明勇等人，销售金额计人民币 100 余万元。2012 年 1 月至 3 月，该团伙销售非法复制的 CFA 教材违法所得共计人民币 130 余万元。2012 年 7 月，公安机关在罗明勇租赁的仓库内查获盗版的 CFA 教材 25000 本。

另查明，宁传银为牟取非法利益，伙同他人在未取得权利人授权的情况下，非法复制销售 ACCA 教材（注：ACCA 指"国际注册会计师"，是全球最权威的财会金融领域的证书之一）。至案发，宁传银共销售非法复制的 ACCA 教材 100 余本，非法获利人民币 2500 余元。公安机关查获宁传银尚未销售的非法复制的 ACCA 教材 521 本。

（二）诉讼过程

2012 年 6 月 8 日，上海市公安局杨浦分局立案侦查。2012 年 8 月 22 日、9 月 19 日，14 名涉案人员经杨浦区人民检察院批准，分别被执行逮捕。11 月 22 日，本案由杨浦区人民检察院依法提起公诉。2013 年 2 月 1 日，杨浦区人民法院以侵犯著作权罪判处朱建君有期徒刑三年八个月，并处罚金人民币 15 万元；以销售侵权复制品罪判处罗明勇等 13 人有期徒刑一年六个月至八个月不等，各并处罚金人民币 7 万元至 3.5 万元不等。此判决为生效判决。

（三）典型意义

朱建君侵犯著作权、罗明勇等 13 人销售侵权复制品案，本案是近年来上海市查获的一起最大的盗版教材案。朱建君、罗明勇等 14 人形成了一个统一供货、统一进价、统一售价、统一分红的销售非法复制注册金融分析师和国际注册会计师教材的团伙。该团伙涉案人员众多，成员间分工严密、关系复杂，取证十分困难。

典型意义在于，针对目前知识产权犯罪处于多发态势，而且犯罪手法不断变换，不法分子对付刑事打击能力也在增强的特点，一些地方检察机关组建专业队伍或成立专门机构，加强了对此类案件的办理。上海市在这方面走在了全国前列。2010 年以来，该市杨浦等七个区检察院相继成立了专门的知识产权和金融犯罪办案机构。2011 年 11 月，上海市人民检察院设立金融犯罪检察处，这是全国首个在省级检察院设立的专门办理知识产权犯罪及金融犯罪案件的机构。本案办理中，上海市杨浦区检察院充分利用专业办案机制的优势，就电子证据固定、线下证据补强等提出意见，积极引导侦查，为案件的成功办理夯实了基础。

**七、典型案例七：中孚电子公司、李强侵犯著作权案**

（一）案件事实

2011 年 7 月，山东平度市教育体育局面向社会招标购买计算机，青岛中孚信息产业有限公司（以下简称中孚信息公司）中标。2011 年 9 月，平度市教育体育局与中孚信息公司签订销售合同，约定中孚信息公司负责供货并免费安装常用软件。2011 年 9 月 20 日，中孚信息公司委托青岛中孚电子有限公司（以下简称中孚电子公司）进行安装。中孚电子公司的法定代表人李强未经微软（中国）有限公司同意，从互联网上下载了 Windows XP 操作软件和 Office 2003 办公软件，并雇用他人将下载的软件复制安装到 1076 台计算机上。经鉴定，李强安装的 Windows XP 操作软件、Office 2003 办公软件与微软公司相关的正版软件文件目录结构高度相似，二进制相同的占 89% 以上，运行界面、软件功能相同。

（二）诉讼过程

2013 年 3 月 11 日，平度市公安局以李强侵犯著作权罪移送审查起诉。3 月 27 日，平度市人民检察院就本案向法院提起公诉。5 月 2 日，平度市人民法院作出判决，认定中孚电子公司犯侵犯著作权罪，判处罚金人民币 15 万元；李强犯侵犯著作权罪，判处有期徒刑二年，缓刑二年，并处罚金人民币 5 万元。此判决为生效判决。

（三）典型意义

中孚电子公司、李强侵犯著作权案，本案是一起利用预装计算机盗版软件牟利的新型侵犯著作权案。典型意义在于，本案是全国计算机销售商预装盗版软件获刑第一案。案件的成功办理开创了刑事打击硬盘预装盗版软件的先例。检察机关关于以预装盗版软件数量认定侵犯著作权犯罪的公诉意见，最终被审判机关采纳，为今后查处和判罚同类案件提供了借鉴。案件经国内外媒体报道后，收到广泛的正面评价。

**八、典型案例八：萧宗华假冒注册商标、陈月蕉销售假冒注册商标的商品案**

（一）案件事实

2010 年至 2012 年，台湾商人萧宗华指使他人在广东省汕头市组织多名工人生产假冒"素手浣花"黑糖棒棒糖，并销售给陈月蕉等人，累计销售人民币 117 万余元。截至案发，陈月蕉先后共以人民币 7 万余元的价格向萧宗华购得假冒的"素手浣花"黑糖棒棒糖 155 件用于销售。

（二）诉讼过程

2012年9月8日，厦门市公安局湖里分局以萧宗华、陈月蕉等人涉嫌销售假冒注册商标的商品罪向厦门市思明区人民检察院提请逮捕。9月14日，区检察院以涉嫌假冒注册商标罪批捕萧宗华、以销售假冒注册商标的商品罪批捕陈月蕉。2013年6月26日，区检察院就本案提起公诉。同年9月20日，区法院以萧宗华犯假冒注册商标罪判处其有期徒刑四年六个月，并处罚金人民币60万元；以陈月蕉犯销售假冒注册商标的商品罪判处其有期徒刑六个月，并处罚金人民币4万元。此判决为生效判决。

（三）典型意义

萧宗华假冒注册商标、陈月蕉销售假冒注册商标的商品案，本案系公安部重点督办案件，涉及福建、广东、台湾等多个省份，侵犯的商标系台湾知名商标，涉案主要人员为台湾人，社会影响较大。

典型意义在于，办案中检察机关提出的定性意见获法院判决支持，还对侦查活动中的执法不规范问题提出了纠正意见，取得了良好的办案效果。

## 九、典型案例九：天津肉联厂与宋晓曼著作权纠纷民事抗诉案

（一）案件事实

天津市肉类联合加工厂（以下简称天津肉联厂）是一家从事生猪屠宰及肉类产品生产的大型国有企业。1995年1月13日起，该厂开始使用"卡通猪"的形象宣传产品。1999年，天津肉联厂与天津市相互广告有限公司（以下简称相互广告公司）签订《广告代理发布合同》，约定相互广告公司于当年5月8日至6月6日，担任该厂广告播出代理，且在电视广告中使用"卡通猪"形象。5月31日，天津肉联厂在《今晚报》上发布的产品广告及该厂随后取得的"香肠包装袋""标贴（放心肉专卖店）"的外观设计专利证书都使用了"卡通猪"图形。自此，"卡通猪"图形被天津肉联厂广泛使用在产品包装、专卖店牌匾、产品广告、产品运输车厢上。

2010 年 4 月 7 日，宋晓曼将"卡通猪"图形注册为商标。同年 8 月 27 日，天津肉联厂向国家工商行政管理总局商标局提出异议申请。2012 年 2 月 20 日，国家工商行政管理局商标评审委员会裁定，撤销争议商标。

2010 年 7 月 30 日，宋晓曼向国家版权局提出申请，请求将其于 1998 年 3 月 25 日创作完成的作品"龙猪乐乐"（即诉争"卡通猪"）予以版权登记。同年 9 月 2 日，国家版权局向其颁发了《著作权登记证书》。

（二）诉讼过程

2011 年 7 月 14 日，宋晓曼以天津肉联厂的广告侵害了其著作权为由诉至天津市和平区人民法院，要求天津肉联厂停止侵害并赔偿损失。2012 年 4 月 10 日，区法院判决驳回宋晓曼的诉讼请求。宋晓曼不服，提出上诉。9 月 17 日，天津市第一中级人民法院经审理，认为一审判决适用法律错误，予以改判。天津肉联厂不服，向检察机关提出申诉。天津市人民检察院经审查认为终审判决认定的事实缺乏证据，于 2012 年 12 月 3 日提出抗诉。2013 年 10 月 16 日，天津市第一中级人民法院经再审认定，天津肉联厂使用"卡通猪"形象系合法使用，不构成侵权，再审判决撤销了原终审判决，驳回了宋晓曼的诉讼请求。

天津肉联厂与宋晓曼著作权纠纷民事抗诉案，本案双方当事人诉争的焦点是商标图形的使用是否侵犯著作权。检察机关经抗诉，纠正了原终审判决的错误。

（三）典型意义

典型意义在于，本案的处理直接关系到人民群众对知名食品品牌的信任度。检察机关依法履行民事诉讼监督职责，准确认定案件事实，抗诉意见获得人民法院再审判决的支持，保护了权利人的合法权益，维护了正常的市场秩序，促进了知名企业的品牌建设。

**十、典型案例十：王亮、林洁诉武汉市工商行政管理局行政强制措施行政抗诉案**

（一）案件事实

2005 年 8 月，武汉市工商行政管理局（以下简称市工商局）接山西亚宝药业集团股份有限公司（以下简称亚宝公司）举报称：武汉市三楚科技发展有限公司（以下简称三楚公司）生产、销售的"丁桂宝腹泻贴"涉嫌侵犯亚宝公司"丁桂"注册商标专用权。市工商局经初步调查，认定三楚公司的行为违反了商标法的有关规定，决定立案调查。10月17日，三楚公司向国家工商行政管理总局商标评审委员会对注册商标"丁桂"提起商标评审申请。12月16日，市工商局依据国家工商行政管理总局有关规定，在三楚公司提供担保后，解除了扣押强制措施。2006年1月27日，国家工商行政管理总局商标局作出《关于"丁桂"商标有关问题的批复》。2月16日，市工商局依据批复，以三楚公司涉嫌生产、销售侵权商品，作出工商扣通字第（2006）第8号《扣留财物通知书》。三楚公司不服，向武汉市人民政府申请行政复议。复议机关作出维持原具体行政行为的复议决定。

（二）诉讼过程

2006年4月29日，三楚公司向武汉市江汉区人民法院提起行政诉讼，请求判令撤销市工商局2月16日作出的工商扣通字第（2006）第8号《扣留财物通知书》。6月30日，区法院以"被诉具体行政行为的基础行政行为已由原告提起了相关行政诉讼，本案审判须以该审理结果为依据"为由，裁定中止诉讼。2009年6月11日，三楚公司经核准注销。12月14日，原公司股东王亮、林洁以权利义务承受人的身份继续诉讼。12月21日，区法院一审判决认定，市工商局的扣押强制措施证据不足，依法应予撤销。市工商局不服，提出上诉。2010年10月25日，武汉市中级人民法院作出维持原判决的终审判决。市工商局不服终审判决，于2011年12月22日向武汉市人民检察院提出申诉，请求撤销两审判决，维持由其作出的工商扣通字第（2006）第8号《扣留财物通知书》。经审查，武汉市人民检察院认为二审判决错误，遂于2012年6月26日提请湖北省人民检察院抗诉。2013年1月8日，省检察院向省高级人民法院提出抗诉。湖北省高级人民法院受理抗诉后，指令武汉市中级人民法院再审。武汉市中级人民法院再审认为，检察机关抗诉理由成立，判决撤销原一审、二审判决，驳回王亮、林洁的诉讼请求。

王亮、林洁诉武汉市工商行政管理局行政强制措施行政抗诉案，本案一方当事人不服工商行政管理部门对涉嫌侵犯商标专用权的财物采取的行政强制措施，提起行政诉讼。一、二审法院判决工商局败诉。检察机关依法抗诉后，人民法院经再审予以改判。

（三）典型意义

典型意义在于，本案发生在与人民群众生命健康财产安全息息相关的药品监管领域，且涉案商标品牌在国内享有较高知名度，社会影响较大。检察机关及时依法行使行政抗诉权，促使法院再审改判，支持了工商行政管理机关对权利人商标专用权的行政保护。

**现场答问**

**中国网记者 孙满桃**

当前很多专家认为，知识产权保护问题陷入了理论与实践的双重困惑中，这个困惑所折射出的问题向人们提出了在当前与创新驱动、转型发展的背景下，如何有效保护知识产权的现实问题，检察院在办理侵犯知识产权案件方面，遇到了哪些新的情况？特别是法律方面有哪些不足的地方？

**韩耀元**

在司法实践中，知识产权案件发展过程，就法律层面遇到的主要问题，第一是司法解释规定抽象，要增强操作性。比如，侵犯知识产权犯罪的入罪门槛、量刑标准，需要进一步完善细化。涉及网络侵权的电子证据如何收集、如何固定、如何审查等，也需要研究确定具体的标准。第二是一些知识产权案件存在民刑交叉问题，有时两者界限难以区分和把握，这些问题在一定程度上影响着对侵权犯罪的打击效果，应该认真研究解决，加强对知识产权创新保护的力度。从法律政策研究的工作角度，我们觉得一方面要会同有关部门继续加强调查研究，对有关案件进行具体分析研究，适时制定有关司法解释或者司法解释性文件增强法律适用的操作性。另外也适时发布指导性案例，指导检察机关办理相关案件。

中国日报记者　张琰

2013年检察机关查办的知识产权案件，有多少是关于跨国公司或者是涉及我国老字号的？下一步检察机关会采取哪些措施继续加大打击力度？在打击方面遇到哪些挑战？

郑新俭

知识产权犯罪涉及跨国公司和我国老字号的具体数据没有准确的统计。关于面临的主要挑战，有以下几个方面：

第一，知识产权领域由于缺乏行政执法机关、公安机关的办案信息交流和协调配合，特别是信息共享平台未普遍建立，检察机关对于一些知识产权案件的情况，存在不知晓、不了解、不能及时立案侦查、开展监督。

第二，执法标准不够统一，行政执法机关与刑事司法机关，对部分涉及知识产权犯罪问题的理解和认识也不尽一致。

第三，知识产权案件往往涉及专业领域、专业性强，在事实认定、收集固定证据、政策把握等方面有一定难度。

第四，在民事行政检察监督领域，面对知识产权领域审判的专业化发展趋势，民行检察部门在机构建设、队伍建设方面，面临着很大挑战。

下一步，检察机关将采取以下措施加大侵犯知识产权犯罪打击力度，并加强相关领域的民事行政法律监督。具体包括：第一，严格履行审查批准逮捕、审查起诉、立案监督职能，保持对知识产权犯罪的高压态势；第二，今年年初，高检院在全国检察机关部署开展的为期八个月的破坏环境资源和危害食品药品安全犯罪专项立案监督活动，其中将打击食品药品领域的制假售价作为重点之一，我们将以这项工作深入开展为抓手加大打击力度，打击食品药品领域的制假售假侵犯知识产权犯罪；第三，建立"两法衔接"机制和信息共享平台，维护渠道畅通；第四，开展知识产权保护专题调研，重点听取企业的意见，为保护创新促进经济发展服务；第五，与有关行政机关、执法机关对证据收集、固定、采纳、采信等问题进行研究，落实好刑诉法的相关规定；第六，强化知识产权保护领域民事检察监督意识，加大对知识产权案件判决裁定以及审判人员违法行为及执行活动的监督力度。

**法制网记者 王 芳**

结合 2013 年的侵犯知识产权的案例来说，这些案件有哪些共性特点？同时我们也注意到之前有说法认为，侵犯知识产权的案件不捕率偏高，对这种看法怎么看？审查逮捕难点主要体现在哪些方面，应该如何解决？

**万 春**

当前侵犯知识产权犯罪的主要共性特点有几个方面：

第一，从我们办理的案件来说，这一类案件在类型分布上是不均匀的。从刚才通报的情况里，大家也可以看出，侵犯商标权和著作权的案件比较集中，这两项加起来大概是 98% 以上，其中侵犯商标权案件尤其突出。由于假冒名牌产品的投入成本低、获利巨大，通过销售假冒著名商标产品获取暴利是这类犯罪的显著特点。去年侵犯专利权的案件没有，大部分都是侵犯商标权和著作权案件。

第二，侵犯知识产权的案件与其他案件相比，存在技术含量比较高、专业性强、查处取证难度非常大等特点。特别是一部分假冒产品的质量和外观，与真的产品高度接近，以假乱真，所以，在查处认定、做鉴定方面的难度很大，一定程度上影响着我们对案件的查处。

第三，侵犯知识产权犯罪现在越来越倾向于组织化、规模化，犯罪手段隐蔽性强。这类案件往往表现为，团伙犯罪，涉及人员众多，呈现出多元化、规模化特点。许多犯罪团伙组织严密、分工明确，形成产、供、销"一条龙"，化整为零、遥控生产、装备精良、组织严密，犯罪分子反侦查意识越来越强，犯罪隐蔽性很强，很多采取单线联系，频繁变换手机和窝点，很难抓到主犯，而且犯罪人使用假名、做假账（不做账）情况普遍，造成此类案件发现难、立案难、侦查取证难、司法认定难。

第四，利用网络侵犯知识产权是一个新动向。随着网民群体日益壮大，网络销售成为主要销售渠道之一，侵犯行为人利用网络销售利用客户不能及时验货、相关部门监管难等缺点，使这块成为了重灾区。还有侵犯著作权的案件。

以上都是一些共性特点。实事求是地说，侵犯知识产权案件不捕率，是高于总体的犯罪的批捕率的，去年侵犯知识产权案件不捕率是33%，总的案件不捕率是18%。造成不捕率偏高的原因，主要有两个方面：首先是知识产权案件的办理，与其他普通刑事案件专业性更强、难度更大，在这类案件侦查过程中，很多案件不能够准确地把握案件定性和证据标准，证据收集达不到有证据证明犯罪事实的法定要求，所以，一部分案件因为证据不足，就不能批捕。对于这种情况，我们检察机关主要是强调，要加强对侦查的介入，引导侦查机关来取证。

包括对案件性质的认定，刚才发布的案例里，有两个案例都是检察机关在审查批捕时纠正了，包括引导取证时，纠正了侦查机关先前认定的案件性质，使得侦查方向更加明确、更加准确，取证效果更好。

另外，我们也要求各级检察机关会同法院、公安机关，共同研讨办理侵犯知识产权案件中的一些法律适用、证据标准等问题，形成共识，共同提高办案能力。

第二个方面，修改后的刑诉法，对逮捕条件作了更为严格和明确的规定，所以在实施新刑诉法以后，我们要按照新刑事诉讼法的要求办理案件。侵犯知识产权案件一方面是证据认定难度大，这类案件法定刑、实际刑不是很重，它不符合能够直接逮捕的条件，这时就要看有没有社会危险性，是不是判十年以上有期徒刑刑罚的，根据几方面衡量，有些案件即便证明有犯罪事实，但是也没有达到批捕条件。

由于逮捕性质所决定，逮捕只是保障诉讼的措施，所以，我们工作中在强调严格控制逮捕羁押的适用，去年总体不批准逮捕率有所上升，达到了18%，侵犯知识产权案件，由于它的一些特殊性，不捕率高于普通案件。这是否影响打击呢？也没有影响打击。一个案件是否逮捕，并不决定他最终能不能追究刑事责任，所以不捕率偏高的问题是一个表象，反映的问题要从法律规定、办理案件实际情况来看待。

**经济日报记者　李万祥**

　　刚才通报的案例五，说到单位犯罪的认定的情况，这两天全国人大常委会关于刑法有关规定的解释草案，对单位犯罪有了新的规定。检察院针对这个案子是怎么认定的？知识产权司法保护和行政保护之间的衔接机制是怎么样的？

**元　明**

　　我先介绍一下关于知识产权保护的行政执法和刑事司法衔接，简称"两法衔接"。涉及知识产权的案件，一般会先经过行政执法查处，若涉嫌犯罪，便会向公安机关移送。这里确实有个衔接的问题。检察机关多年来一直在推动这个机制的建立。现在我们要继续落实这项机制，对行政执法机关来说，在查处案件的过程中，要接受检察机关的实时监督，尤其是涉嫌犯罪的，是不是移送、是不是有以罚代刑的情况，要接受检察机关的监督。

检察机关通对行政处罚的决定书副本的审查，通过当事人的控告申诉举报，通过"两法衔接"信息平台的信息审查，发现有涉嫌犯罪没有及时移送的，可以提出意见，要求移送。刚才的通报内容里已提到了一些数据，我们每年都在监督，可以说，这个机制已经基本建立起来。当然，有些地方还有不足或没有落实到位的情况，记者朋友也可以为我们呼吁，对于涉嫌犯罪没有移送的也可以向我们反映。

## 万　春

针对记者朋友的问题，我再简单地做一个补充。刚才发布的第五个案例，是盗版《遍地狼烟》这部电影的案例。2011年12月2日公映，12月5日发现被盗版，12月6日，浙江东阳市公安局对这个案件立案侦查，抓获盗版光盘批发商有两个人，还有零售商以及雇用人员、盗版光盘生产商（新飞仕公司工作人员）共有19人，捣毁盗版光盘窝点五个，查处生产线四条。

19个人中有17人被以侵犯著作权罪批捕，两个人被取保候审。在侦查起诉时，检察机关认定新飞仕公司是单位犯罪，所以追加起诉了新飞仕公司的单位犯罪行为，法院审理以后以侵犯著作权罪判处被告单位罚金人民币200万元，判处19个人有期徒刑四年六个月至十个月不等，并处以罚金。

这个案例反映出，对于侵犯著作权、侵犯知识产权案，涉及刑法规定的单位犯罪时，也要追究刑事责任的精神，检察机关经过审查案件追加起诉了单位犯罪。

**北京青年报记者 孙 静**

前不久，北京法院审理了一起全国首例打击视频网络侵权案，最近一些视频网站，比如快播，调整了自己的经营策略。我想问一下，在互联网著作权侵权的整治方面，检察机关有没有一些新的思路和手段？会不会加重刑事惩罚？

**万 春**

利用网络传播侵犯著作权，这种行为比较多，严重的构成犯罪，追究刑事责任。具体有什么新的整治思路？我建议从消费者角度来说，一是对网络上售假侵犯著作权行为，要端正心态，不能知假买假，也不要在盗版网站消费。作为网络交易平台的经营者，应当承担起一线的管理责任，一旦发现问题，应该履行其管理职责。这是从消费者和网络经营者的角度来说的，我们觉得这两个方面是要做出努力的。

从监管执法司法部门来说，要加强对网络侵犯知识产权行为的监管。从执法角度来看，刚才元副厅长给大家补充的，从刑事打击角度来说，侵犯知识产权案件数量比较少，不是很多。一个是这一类案件发现有它的难度，另外就是行政执法与刑事司法的衔接机制需要进一步的完善。因为行政监管和执法部门在保护知识产权的第一线，相对而言比司法机关更容易或者更早地发现线索，在这种情况下要提高一线执法人员对法律的认识，特别是对刑事法律的认识，对于涉嫌犯罪的案件要及时移交到公安机关来。

这里面客观存在的问题就是，有一些行政执法机关不太清楚刑事案件的追诉标准和条件，特别是证据上的要求不是很清楚，那么有一些案件就没有及时移交。现在我们要推进行政执法与刑事司法衔接机制，主要是想建立信息共享平台，行政执法机关作出处罚的案件，除了按照简易程序处罚的轻微案件以外，其他的行政处罚案件都应该上网，在规定期限内上到平台上来。

一个是公安机关可以从平台上发现可能涉嫌犯罪的线索。另一个是检察机关有监督职责，我们要求建立平台，检察机关要有专人审查平台上的信息，发现一些案件已经达到犯罪的追诉标准，就要监督行政执法监督机关向公安机关移送，监督公安机关立案。这个平台的建立，是要有个过程的，这个方面还不健全，主要是刑事司法部门对这类案件知情也不够。

另外，从进入刑事诉讼的案件来说，我们现在强调要从创新型国家建设高度，从落实国家知识产权战略高度来认识侵犯知识产权案件，所以对这类案件，总体上我们要求的是从严打击，符合逮捕起诉条件的，要坚决批捕起诉。

对这一类案件的证据，因为行政执法的证据和刑事司法的证据在要求上是不一样的，行政执法人员收集的证据，如果把案件移交以后，证据是否符合刑事司法的要求，如果符合就可以按照新刑诉法经过审查予以适用。但是好多不符合诉讼证据要求，回过头重新取证时，这个案件因为经过了一段时间了，有时候证据又很难重新取，这也是影响打击力度的一个方面。所以我们觉得对于检察机关、公安机关、人民法院，包括相关行政执法机关，要研究侵犯知识产权这类案件的一些常用的证据，特别是网络侵权、网络售假案件里面的电子证据非常关键，要完善电子证据规则、形成共识，对电子证据如何收集、固定、采信、运用，要形成共识和规则，有利于对于这类案件的打击。通过所有的措施来增强对侵犯知识产权案件的震慑。

##  部分新闻链接

1. 新华社 2014 年 4 月 22 日报道《侵犯知识产权犯罪案件呈现四大特点 检察机关将加大打击力度》。

2. 光明日报 2014 年 4 月 23 日报道《2013 检察机关保护知识产权十大典型案例公布》。

3. 中央电视台 2014 年 4 月 22 日报道《最高检：去年批捕涉嫌产销伪劣商品 9390 人》。

4. 法制日报 2014 年 4 月 23 日报道《最高检发布十大知识产权保护案例 不捕率偏高不影响打击犯罪力度》。

5. 检察日报 2014 年 4 月 23 日报道《最高人民检察院召开新闻发布会透露去年检察机关打击侵犯知识产权犯罪情况 提起公诉 4975 件 打掉一批"保护伞"》。

6. 北京青年报 2014 年 4 月 23 日报道《最高检发布 2013 年保护知识产权十大案例 检察机关将严打涉知识产权犯罪"保护伞"》。

# 加强减刑、假释法律监督
# 确保刑罚变更执行合法公正

### 最高人民检察院发布《人民检察院办理减刑、假释案件规定》

发布时间：2014 年 8 月 26 日 10:00

发布内容：发布《人民检察院办理减刑、假释案件规定》；通报全国检察机关开展减刑、假释、暂予监外执行专项检察活动工作情况

发布地点：最高人民检察院电视电话会议室

主 持 人：最高人民检察院新闻发言人　张本才[1]

出席嘉宾：最高人民检察院监所检察厅厅长　袁其国[2]

---

[1] 现任上海市人民检察院党组书记、检察长。

[2] 原任最高人民检察院刑事执行检察厅厅长，现已退休。

## 主题发布

**张本才**

　　各位记者朋友，上午好！欢迎大家出席最高人民检察院的新闻发布会。今天新闻发布会的主题是发布《人民检察院办理减刑、假释案件规定》，通报全国检察机关开展减刑、假释、暂予监外执行专项检察活动的有关情况。出席今天新闻发布会的有最高人民检察院监所检察厅袁其国厅长。我是今天的主持人、新闻发言人张本才。

　　今天的新闻发布会有两项议程：第一项议程是由我向大家通报有关情况；第二项议程是请监所厅袁其国厅长回答记者提问。首先，我向大家介绍下《人民检察院办理减刑、假释案件规定》的主要内容。

　　减刑、假释是宽严相济刑事政策在刑罚执行中的具体体现，对于激励罪犯改造、促进罪犯回归社会具有重要意义。但近年来在司法实践中，出现个别有钱人、有权人以权"赎身"、花钱"买刑"现象，比如广东省张海违法减刑系列案等，引起社会各界关注和强烈反响，严重损害了国家法制尊严和司法公信力。

　　为进一步加强和规范减刑、假释法律监督工作，确保刑罚变更执行合法、公正，最高人民检察院根据刑法、刑事诉讼法和监狱法等有关规定，结合检察工作实际，近日制定下发了《人民检察院办理减刑、假释案件规定》（以下简称《规定》），对修改后刑事诉讼法赋予检察机关的新职责予以明确和规范，同时针对人民法院办理减刑、假释案件工作的新变化，对检察监督工作相应作出调整和明确。

　　《规定》共 25 条，主要包括以下五个方面内容：

　　一是明确检察机关对减刑、假释案件逐案进行审查，实行统一案件管理和办案责任制。审查范围包括减刑、假释案件法律文书和有关案件材料。

二是要求检察机关对六类减刑、假释案件一律进行调查核实。这六类案件包括：拟提请减刑、假释罪犯系职务犯罪罪犯，破坏金融管理秩序和金融诈骗犯罪罪犯，黑社会性质组织犯罪罪犯，严重暴力恐怖犯罪罪犯，或者其他在社会上有重大影响、社会关注度高的罪犯；因罪犯有立功表现或者重大立功表现拟提请减刑的；拟提请减刑、假释罪犯的减刑幅度大、假释考验期长、起始时间早、间隔时间短或者实际执行刑期短的；拟提请减刑、假释罪犯的考核计分高、专项奖励多或者鉴定材料、奖惩记录有疑点的；收到控告、举报的；其他应当进行调查核实的。调查核实方式主要有：调阅复制有关材料、重新组织诊断鉴别、进行文证鉴定、召开座谈会、个别询问，以及派员列席执行机关提请减刑、假释评审会议。

三是首次规范了检察机关派员出席减刑、假释案件法庭的职责任务。人民法院开庭审理减刑、假释案件的，人民检察院应当指派检察人员出席法庭，发表检察意见，并对法庭审理活动是否合法进行监督。出席法庭的检察人员不得少于二人，其中至少一人具有检察官职务。对执行机关提请减刑、假释有异议的案件，应当收集相关证据，可以建议人民法院通知相关证人出庭作证。庭审过程中，检察人员可以出示证据，申请证人出庭作证，要求执行机关代表出示证据或者作出说明，向被提请减刑、假释的罪犯及证人提问并发表意见。

四是强调检察机关发现不当减刑、假释案件要坚决予以纠正。发现执行机关减刑、假释建议不当或者提请减刑、假释违反法定程序的，应当依法向审理减刑、假释案件的人民法院提出书面意见，同时将检察意见书副本抄送执行机关；发现法庭审理活动违反法律规定的，应当在庭审后及时向本院检察长报告，依法向人民法院提出纠正意见；发现人民法院减刑、假释裁定不当的，应当依法向作出减刑、假释裁定的人民法院提出书面纠正意见。

五是要求严惩减刑、假释中的司法腐败行为。检察机关收到控告、举报或者发现司法工作人员在办理减刑、假释案件中涉嫌违法的，应当依法进行调查，并根据情况，向有关单位提出纠正违法意见，建议更换办案人，或者建议予以纪律处分；构成犯罪的，依法追究刑事责任。

以上是《规定》的主要内容，下面我简要介绍下今年高检院部署开展的假减保专项检察活动主要情况。

2014年年初，中央政法委出台了《关于严格规范减刑、假释、暂予监外执行切实防止司法腐败的意见》。为贯彻中政委意见，依法监督纠正违法减刑、假释、暂予监外执行问题，2014年3月20日，高检院在全国检察机关部署开展了为期9个月的减刑、假释、暂予监外执行专项检察活动。

重点针对在监狱、看守所、社区矫正场所服刑的职务犯罪、金融犯罪、涉黑犯罪等罪犯，以及人民群众有反映、有举报的其他服刑罪犯以及刑满释放人员等罪犯，发现、纠正在减刑、假释、暂予监外执行中存在的违法问题，并予以严肃查处，回应人民群众对司法不公的质疑。同时积极加强制度机制建设，进一步健全和完善减刑、假释、暂予监外执行法律监督长效机制。

2014年6月，高检院制定下发《关于对职务犯罪罪犯减刑、假释、暂予监外执行案件实行备案审查的规定》，要求对原县处级以上职务犯罪罪犯减刑、假释、暂予监外执行案件实行分级备案审查。

全国检察机关对减刑、假释、暂予监外执行专项检察活动高度重视，采取各种措施积极推进。从高检院到各省院，均成立了专项检察活动领导小组，有24个省级院检察长担任领导小组组长。2014年4月，通过电视电话会议系统进行专题培训。2014年5月，高检院派出三个工作组，分赴内蒙古、辽宁、河南、河北、四川、重庆等六个省市自治区，对专项检察活动情况进行督促检查。2014年6月，召开全国检察机关监所检察工作座谈会，听取各地专项检察活动情况汇报，对做好下一步工作提出要求。

各地检察机关对"三类罪犯"逐一建档，调取历次减刑、假释、暂予监外执行案卷进行审查；对保外就医的"三类罪犯"逐人见面、重新体检，逐人逐案进行认真审查；对发现的违法减刑、假释、暂予监外执行线索认真调查核实，坚决依法予以纠正；发现执法司法人员徇私舞弊、权钱交易、失职渎职构成犯罪的，依法追究刑事责任。

在全国检察机关的共同努力下，专项检察活动取得了阶段性成效。

一是摸清了"三类罪犯"的底数。对职务犯罪、金融犯罪、涉黑犯罪等三类罪犯人数进行了摸底，做到了心中有数。

二是收监了一批罪犯。各地检察机关坚持边查边纠，在对保外就医的"三类罪犯"重新体检的基础上，对违法违规以及条件消失的暂予监外执行案件提出检察意见。目前，全国检察机关已建议将711名罪犯收监执行，其中原厅局级以上职务犯罪罪犯76人。

三是发现了一批违法线索。全国检察机关共发现违法减刑、假释、暂予监外执行案件线索428件。从线索来源看，收到群众举报123件，自行发现274件，其他来源31件。

四是查处了一批职务犯罪案件。各地检察机关深入查办违法减刑、假释、暂予监外执行背后的职务犯罪案件，专项检察活动中共立案查处涉及违法减刑、假释、暂予监外执行的职务犯罪案件105件120人。例如，江苏省海安县人民检察院依法查办了江苏省通州监狱九监区原监区长施健受贿、徇私舞弊减刑、假释案，社会反响良好。

我们给大家准备了5个典型案例材料，其中包括这起案件的具体情况，供大家参考。情况就介绍到这里。下面进行第二项议程，请监所厅袁其国厅长回答记者问题。

## 现场答问

**中国日报记者　张　琰**

近期检察机关查处的减刑、假释违法犯罪案件是否上升？呈现哪些特点？检察机关会采取哪些措施预防和加大查处力度？

**袁其国**

查办减刑、假释、暂予监外执行当中的职务犯罪，是我们检察机关的法定职责。这几年来，我们检察机关不断强化办案意识，加大查办刑事执行中的司法腐败案件力度，应该说，2009 年以来，我们查办职务犯罪的比例是两位数增长。你比如说，我们查办了湖南省监狱管理局原局长刘万清的案件，这是一个串案，又比如我们查办了广东省健力宝集团原董事长张海违法减刑系列案，这一些案件的查办，在社会上引起了强烈的反响。特别是我们从 3 月 20 日开始的专项检察活动，截至 2014 年 7 月底，我们已经立案查 105 件 120 人，与往年相比明显上升。

我们发布了 5 个案例，是活动开展以来这一百个多案件的一部分。从我们查办案件的情况看，有这么几个特点：

一是主体比较特殊，主要负有办理减刑、假释、暂予监外执行职责的执法和司法人员，这 5 个案例有监狱的管理人员，也有监狱管理局的领导，还有公安机关民警、基层法院的庭长、派驻检察室人员。发生的这些的案件主体，都跟我们司法机关有关系，而且有的人员互相勾结，往往容易形成窝案串案。

二是从犯罪手段来看，弄虚作假、权钱交易较为突出，作案过程较为隐蔽，反侦查能力较强，案件发现难、查办难、处理难。

三是从犯罪后果来看，这些犯罪案件的后果严重、影响恶劣，极大损害了国家法制尊严和司法公信力，被社会舆论视为严重的司法腐败。

下一步，全国检察机关将进一步采取措施，做好预防和查办刑事执行中职务犯罪工作。

一是进一步畅通发现案件线索的渠道。通过公布举报电话、设置检察信箱、对罪犯和刑满释放人员进行谈话、回访等多种方式，积极受理减刑、假释、暂予监外执行中涉嫌违法犯罪的举报、控告和相关线索。

二是进一步加大查办刑事执行中职务犯罪的力度。紧紧抓住减刑、假释、暂予监外执行中容易发生司法腐败问题的环节，依法查办职务犯罪案件，促进司法公正。

三是进一步提高检察机关查办刑事执行中职务犯罪的能力。通过整合检察机关内部办案资源，加强监所检察部门办案业务培训，加强分类指导和个案指导，完善办案机制，提高职务犯罪查办能力，切实遏制司法腐败，提高司法公信力。

**人民日报记者　彭　波**

最高检在专项检察活动中发现减刑、假释、暂予监外执行问题最多的环节是什么？为什么会出现这些问题？检察机关将怎么样堵住这些漏洞？

**袁其国**

2014 年 3 月 20 日以来，最高人民检察院在全国检察机关部署开展了减刑、假释、暂予监外执行专项检察活动。在专项活动中，检察机关发现减刑、假释、暂予监外执行存在一些突出问题及薄弱环节。

从存在问题来看，突出表现在职务犯罪、金融犯罪、涉黑犯罪等"三类罪犯"上，他们较之普通罪犯减刑间隔时间短、减刑幅度大，假释和暂予监外执行比例高，有的罪犯采取假计分、假立功、假鉴定等手段违法获取减刑、假释、暂予监外执行。从薄弱环节来看，就减刑、假释而言，主要是计分考核、立功受奖环节，容易出现假计分、假立功等问题；就暂予监外执行而言，主要是疾病诊断鉴定环节，容易出现假鉴定等问题。

存在以上问题及薄弱环节，既有客观原因，又有主观原因。一是实体条件比较宽。有的地方没有正确理解和贯彻宽严相济刑事政策，把法律规定的"可以"减刑、假释、暂予监外执行，理解为"应当"或者"必须"，对减刑、假释、暂予监外执行的实体条件执行不够严格。二是案件办理程序不够公开透明。减刑、假释、暂予监外执行案件的办理主要在政法机关内部进行，公开开庭审理的比率较低，减刑、假释裁定书和暂予监外执行决定书不对外公开。三是监督制约机制不够完善。检察机关对执行机关、人民法院的监督刚性不足，监督乏力。四是人为因素。个别执法司法人员徇私舞弊、权钱交易、失职渎职，导致违法违规办理减刑、假释、暂予监外执行情形屡有发生。

从检察机关来说，一是开展专项检察活动。从 2014 年 3 月至 12 月底，对减刑、假释、暂予监外执行存在的问题进行集中清理。

二是完善制度机制。最高人民检察院先后制定下发了《最高人民检察院关于对职务犯罪罪犯减刑、假释、暂予监外执行案件实行备案审查的规定》和《人民检察院办理减刑、假释案件规定》。这两个规定都是最高人民检察院根据中政委 5 号文件精神，加强和完善检察监督的重要举措。

从内容来看，前一个规定主要是针对职务犯罪的减刑、假释、暂予监外执行，后一个规定是针对所有罪犯的减刑、假释。

从环节来看，前一个规定是要求检察机关在减刑、假释、暂予监外执行办理完毕后报上级机关备案审查，后一个规定是全面规范检察机关办理减刑、假释案件工作。

从关系来看，前一个规定主要针对内部，从纵向上加强上级检察机关的领导关系，后一个规定主要针对外部，从横向上加强检察机关对执行机关、人民法院的监督关系。另外，我们正在积极配合有关部门抓紧研究制定《暂予监外执行规定》，严格规范暂予监外执行的适用条件和办理程序。

三是进一步加强派驻检察室建设，推进执法司法机关减刑、假释、暂予监外执行网上协同办案平台建设，切实提高监督能力。同时，按照"谁承办谁负责，谁主管谁负责，谁签字谁负责"的原则，明确责任主体、强化监督责任。

四是加大查办职务犯罪力度，对发生在减刑、假释、暂予监外执行中的职务犯罪案件，一经发现要严肃查处，绝不姑息。

**上海电视台法治天地频道记者　程文韬**

最高检为何要出台《人民检察院办理减刑、假释案件规定》？《规定》的出台有何作用？

袁其国

近年来，减刑、假释法律和司法实践发生了重大变化，亟须对减刑假释相关规定作出调整和修改，对检察机关办理减刑假释案件的新职责和任务予以明确和规范。

一是中央对减刑、假释工作提出了更高要求。中央领导同志多次就减刑、假释工作作出重要指示批示。《中共中央关于全面深化改革若干重大问题的决定》明确要求："严格规范减刑、假释、保外就医程序，强化监督制度。"中央政法委员会出台意见，要求严格规范减刑、假释、暂予监外执行，切实防止司法腐败。

二是减刑、假释法律和司法实践发生重大变化。修改后刑事诉讼法赋予了人民检察院新的职责，执行机关在提请减刑假释时应当将建议书副本抄送人民检察院，人民检察院可以向人民法院提出书面意见。人民法院审理减刑假释案件方式由书面审理向开庭审理转变。检察机关对人民法院开庭审理的减刑假释案件，依法派员出庭并发表检察意见。客观需要对刑事诉讼法赋予的新职责予以落实和规范，同时针对司法实践的新变化，对检察监督工作相应作出调整和明确。

三是减刑、假释工作中暴露出来的问题亟待解决。有的罪犯通过假计分、假立功、权钱交易等方式获得减刑、假释，个别执法司法人员徇私舞弊办理减刑、假释等，严重损害国家法制尊严和司法公信力。检察机关多次单独或者联合开展减刑假释专项检察活动，集中清理问题，严查司法腐败。同时，需要巩固专项活动成效，堵塞产生问题的漏洞，加强和规范检察监督，建立长效机制。

《规定》根据有关法律规定，结合司法实践，全面规范人民检察院办理减刑、假释案件工作，是各级检察机关依法办理减刑、假释案件的重要指导性文件，对于进一步加强减刑、假释法律监督，确保刑罚变更执行合法、公正具有重要意义。

**中央人民广播电台记者 孙 莹**

检察机关如何发挥监督作用防止监外执行罪犯脱管漏管现象的发生？您对陆俊等人减刑案开庭如何评价？

**袁其国**

监外执行罪犯的脱管漏管问题，也是我们专项审查活动的主要内容。通过这次专项活动，我们已经摸清了脱管问题，同时我们也建议收监了一批罪犯。下一步，我们还将采取以下几点对策，防止脱管漏管现象的发生。

一是依法履行监督职责，掌握监外罪犯的社区矫正情况，认真开展监外执行检察工作。二是加强与人民法院、公安机关、司法行政机关的协调配合，整合社会资源，动员社会力量参与社区矫正工作。三是推动建立社区矫正人员的信息交换平台，实现人民法院、人民检察院、公安机关、司法行政机关社区矫正工作动态数据共享。四是加大职务犯罪案件查办力度，发现司法工作人员在社区矫正执法活动中，违反法律规定玩忽职守、徇私舞弊、滥用职权构成犯罪的，依法严肃查处。

关于刚才说的陆俊案，陆俊是一个名人，给他减刑的时候，正好巴西世界杯。关于陆俊等人减刑案开庭，我们认为，减刑、假释案件实行开庭审理，有助于推动刑罚变更执行公开、公平、公正，实现人民群众对司法工作的新要求和新期待。陆俊减刑案是检察机关同步监督的一个典型案例，检察机关从监狱提请减刑一直到人民法院开庭审理进行全程监督，对有效保障减刑、假释的公平、公正非常重要。

近年来，全国检察机关突出重点、严格监督，对减刑、假释案件进行认真审查，对开庭审理的减刑、假释案件依法派员出席法庭并发表检察意见，增强了监督实效，确保了刑罚变更执行的合法、公正。

**中国妇女报记者　王春霞**

请问《规定》中为何要求对六类减刑、假释案件一律进行调查核实，这样规定能否避免"有权人""有钱人"以权"赎身"、花钱"买刑"现象？

**袁其国**

这个问题是我们《规定》中非常核心的一段，对六类情况减刑、假释案一律进行检察核实。这六类案件中，除"收到控告、举报的"和"其他应当进行调查核实的"这最后两类情形，其余四类情形调查核实对象，主要针对的就是"有特殊身份的罪犯"和"有易发问题的情节"两大类问题。

"有特殊身份的罪犯"，主要是指《规定》第6条第1项规定的特定罪犯，具体包括"拟提请减刑假释罪犯系职务犯罪罪犯，破坏金融管理秩序和金融诈骗犯罪罪犯，黑社会性质组织犯罪罪犯，严重暴力恐怖犯罪罪犯，或者其他在社会上有重大影响、社会关注度高的罪犯"。当前刑罚变更执行中存在的问题，突出表现在职务犯罪、金融犯罪、涉黑犯罪等三类罪犯上。《规定》将"三类罪犯"作为第一类调查核实对象。同时，为严厉打击恐怖主义，还将严重暴力恐怖犯罪罪犯也列为第一类调查核实对象。

"有易发问题的情节"，具体包括《规定》第6条第2、3、4项规定的案件。《规定》将"因罪犯有立功表现或者重大立功表现拟提请减刑的；拟提请减刑假释罪犯的减刑幅度大、假释考验期长、起始时间早、间隔时间短或者实际执行刑期短的；拟提请减刑假释罪犯的考核计分高、专项奖励多或者鉴定材料、奖惩记录有疑点的"等三类案件列入调查核实范围，是司法实践的需要。

其中，对假立功、乱减刑、滥假释加强监督相对容易理解，而计分奖励问题则显得隐蔽很多。计分考核反映罪犯在服刑期间的悔改表现，是办理减刑假释的依据之一。每次加两三分计分奖励并不显眼，一旦累计起来却很可观，而且因其隐蔽难以被发现，容易成为被违法利用的目标。

从以上介绍可以看出，这六类案件基本涵盖了服刑罪犯中的有权人和有钱人，以及容易出现以权赎身、花钱买刑的重点环节。检察机关对罪犯服刑表现和有关情况进行全面调查核实，能够充分发挥检察机关的监督制约作用，确保减刑假释合法、公正。

**法制日报记者　蒋　皓**

减刑假释中，最受关注的无疑是立功和保外就医，而且因为缺乏足够明确的标准，导致可操作空间较大，对此有何解决办法？

**袁其国**

立功和保外就医，是刑罚变更执行中容易出现问题的两个重点环节。个别执法司法人员伪造虚假立功条件、虚假病情鉴定帮助个别罪犯获得减刑、假释、保外就医的情况屡有发生。检察机关在以下几个方面积极采取措施解决：

第一，将立功情节纳入检察机关必须调查核实的六类案件之一。检察机关采取调阅复制有关材料、重新组织诊断鉴别、进行文证鉴定、召开座谈会、个别询问等方式，对罪犯的立功表现、重大立功表现是否属实，发明创造、技术革新是否系罪犯在服刑期间独立完成并经有关主管机关确认等重点情况，进行全面的调查核实。

第二，积极配合有关部门研究制定《暂予监外执行规定》。目前办理罪犯保外就医，主要依据 1990 年制定的《罪犯保外就医执行办法》。随着刑法、刑事诉讼法、监狱法的修改，《罪犯保外就医执行办法》以及配套的"病残鉴定标准"难以适应办案工作新的要求，严重制约了工作的开展。目前，我们正在积极配合有关部门抓紧研究制定《暂予监外执行规定》，严格规范暂予监外执行的适用条件和办理程序，加强监督制约。

第三，通过日常监督和专项检察活动纠正违法减刑、假释、暂予监外执行案件。对发现的违法违规减假暂案件绝不放过一件，该撤销裁定、决定的建议予以撤销，该收监执行的建议收监执行。

第四，深入查处背后的司法腐败问题。发现执法司法人员徇私舞弊、权钱交易、失职渎职构成犯罪的，依法立案追究其刑事责任。

**张本才**

发布会提问就到这里。检察机关加强减刑、假释、暂予监外执行监督，有赖于广大人民群众和新闻媒体的监督和支持。

检察机关将进一步深化检务公开，积极拓宽渠道，加强法律监督与舆论监督的互动。对违法违规减刑、假释、暂予监外执行问题以及背后的职务犯罪线索，欢迎媒体朋友及时向当地检察机关提供。今天的发布会到此结束，谢谢大家！

## 发布会文件

### 人民检察院办理减刑、假释案件规定

（2014 年 7 月 21 日最高人民检察院第十二届检察委员会第二十五次会议通过）

第一条　为了进一步加强和规范减刑、假释法律监督工作，确保刑罚变更执行合法、公正，根据《中华人民共和国刑法》、《中华人民共和国刑事诉讼法》和《中华人民共和国监狱法》等有关规定，结合检察工作实际，制定本规定。

第二条　人民检察院依法对减刑、假释案件的提请、审理、裁定等活动是否合法实行法律监督。

第三条　人民检察院办理减刑、假释案件，应当按照下列情形分别处理：

（一）对减刑、假释案件提请活动的监督，由对执行机关承担检察职责的人民检察院负责；

（二）对减刑、假释案件审理、裁定活动的监督，由人民法院的同级人民检察院负责；同级人民检察院对执行机关不承担检察职责的，可以根据需要指定对执行机关承担检察职责的人民检察院派员出席法庭；下级人民检察院发现减刑、假释裁定不当的，应当及时向作出减刑、假释裁定的人民法院的同级人民检察院报告。

第四条　人民检察院办理减刑、假释案件，依照规定实行统一案件管理和办案责任制。

第五条　人民检察院收到执行机关移送的下列减刑、假释案件材料后，应当及时进行审查：

（一）执行机关拟提请减刑、假释意见；

（二）终审法院裁判文书、执行通知书、历次减刑裁定书；

（三）罪犯确有悔改表现、立功表现或者重大立功表现的证明材料；

（四）罪犯评审鉴定表、奖惩审批表；

（五）其他应当审查的案件材料。

对拟提请假释案件，还应当审查社区矫正机构或者基层组织关于罪犯假释后对所居住社区影响的调查评估报告。

第六条　具有下列情形之一的，人民检察院应当进行调查核实：

（一）拟提请减刑、假释罪犯系职务犯罪罪犯，破坏金融管理秩序和金融诈骗犯罪罪犯，黑社会性质组织犯罪罪犯，严重暴力恐怖犯罪罪犯，或者其他在社会上有重大影响、社会关注度高的罪犯；

（二）因罪犯有立功表现或者重大立功表现拟提请减刑的；

（三）拟提请减刑、假释罪犯的减刑幅度大、假释考验期长、起始时间早、间隔时间短或者实际执行刑期短的；

（四）拟提请减刑、假释罪犯的考核计分高、专项奖励多或者鉴定材料、奖惩记录有疑点的；

（五）收到控告、举报的；

（六）其他应当进行调查核实的。

第七条　人民检察院可以采取调阅复制有关材料、重新组织诊断鉴别、进行文证鉴定、召开座谈会、个别询问等方式，对下列情况进行调查核实：

（一）拟提请减刑、假释罪犯在服刑期间的表现情况；

（二）拟提请减刑、假释罪犯的财产刑执行、附带民事裁判履行、退赃退赔等情况；

（三）拟提请减刑罪犯的立功表现、重大立功表现是否属实，发明创造、技术革新是否系罪犯在服刑期间独立完成并经有关主管机关确认；

（四）拟提请假释罪犯的身体状况、性格特征、假释后生活来源和监管条件等影响再犯罪的因素；

（五）其他应当进行调查核实的情况。

**第八条**　人民检察院可以派员列席执行机关提请减刑、假释评审会议，了解案件有关情况，根据需要发表意见。

**第九条**　人民检察院发现罪犯符合减刑、假释条件，但是执行机关未提请减刑、假释的，可以建议执行机关提请减刑、假释。

**第十条**　人民检察院收到执行机关抄送的减刑、假释建议书副本后，应当逐案进行审查，可以向人民法院提出书面意见。发现减刑、假释建议不当或者提请减刑、假释违反法定程序的，应当在收到建议书副本后十日以内，依法向审理减刑、假释案件的人民法院提出书面意见，同时将检察意见书副本抄送执行机关。案情复杂或者情况特殊的，可以延长十日。

**第十一条**　人民法院开庭审理减刑、假释案件的，人民检察院应当指派检察人员出席法庭，发表检察意见，并对法庭审理活动是否合法进行监督。

**第十二条**　出席法庭的检察人员不得少于二人，其中至少一人具有检察官职务。

**第十三条**　检察人员应当在庭审前做好下列准备工作：

（一）全面熟悉案情，掌握证据情况，拟定法庭调查提纲和出庭意见；

（二）对执行机关提请减刑、假释有异议的案件，应当收集相关证据，可以建议人民法院通知相关证人出庭作证。

**第十四条**　庭审开始后，在执行机关代表宣读减刑、假释建议书并说明理由之后，检察人员应当发表检察意见。

**第十五条**　庭审过程中，检察人员对执行机关提请减刑、假释有疑问的，经审判长许可，可以出示证据，申请证人出庭作证，要求执行机关代表出示证据或者作出说明，向被提请减刑、假释的罪犯及证人提问并发表意见。

**第十六条**　法庭调查结束时，在被提请减刑、假释罪犯作最后陈述之前，经审判长许可，检察人员可以发表总结性意见。

**第十七条**　庭审过程中，检察人员认为需要进一步调查核实案件事实、证据，需要补充鉴定或者重新鉴定，或者需要通知新的证人到庭的，应当建议休庭。

**第十八条**　检察人员发现法庭审理活动违反法律规定的，应当在庭审后及时向本院检察长报告，依法向人民法院提出纠正意见。

**第十九条**　人民检察院收到人民法院减刑、假释裁定书副本后，应当及时审查下列内容：

（一）人民法院对罪犯裁定予以减刑、假释，以及起始时间、间隔时间、实际执行刑期、减刑幅度或者假释考验期是否符合有关规定；

（二）人民法院对罪犯裁定不予减刑、假释是否符合有关规定；

（三）人民法院审理、裁定减刑、假释的程序是否合法；

（四）按照有关规定应当开庭审理的减刑、假释案件，人民法院是否开庭审理；

（五）人民法院减刑、假释裁定书是否依法送达执行并向社会公布。

**第二十条**　人民检察院经审查认为人民法院减刑、假释裁定不当的，应当在收到裁定书副本后二十日以内，依法向作出减刑、假释裁定的人民法院提出书面纠正意见。

**第二十一条**　人民检察院对人民法院减刑、假释裁定提出纠正意见的，应当监督人民法院在收到纠正意见后一个月以内重新组成合议庭进行审理并作出最终裁定。

第二十二条　人民检察院发现人民法院已经生效的减刑、假释裁定确有错误的，应当向人民法院提出书面纠正意见，提请人民法院按照审判监督程序依法另行组成合议庭重新审理并作出裁定。

第二十三条　人民检察院收到控告、举报或者发现司法工作人员在办理减刑、假释案件中涉嫌违法的，应当依法进行调查，并根据情况，向有关单位提出纠正违法意见，建议更换办案人，或者建议予以纪律处分；构成犯罪的，依法追究刑事责任。

第二十四条　人民检察院办理职务犯罪罪犯减刑、假释案件，按照有关规定实行备案审查。

第二十五条　本规定自发布之日起施行。最高人民检察院以前发布的有关规定与本规定不一致的，以本规定为准。

**部分新闻链接**

1. 人民日报 2014 年 8 月 27 日报道《最高检出台新规严防"假立功"减刑假释应逐案审查　检察人员应出庭发表检察意见、监督审理活动》。

2. 新华社 2014 年 8 月 27 日报道《最高检新规：严防以权"赎身"花钱"买刑"》。

3. 中央人民广播电台 2014 年 8 月 26 日报道《最高检严查违法减刑假释 剑指以权赎身、花钱买刑》。

4. 中央电视台 2014 年 8 月 26 日报道《"减刑"不从简，"假释"要打假》。

5. 中国妇女报 2014 年 8 月 27 日报道《最高检：对六类减刑、假释案件一律调查核实　严防以权"赎身"、花钱"买刑"现象》。

6. 中国日报 2014 年 8 月 27 日报道《Hundreds 'should be sent back to prison'（数百人应被重新收监）》。

# 依法履行监督职责　推进民事检察工作
## 最高人民检察院通报检察机关贯彻执行修改后民事诉讼法工作情况

**发布时间：** 2014 年 9 月 25 日 10:00

**发布内容：** 通报检察机关贯彻执行修改后民事诉讼法有关情况；发布民事检察监督典型案例

**发布地点：** 最高人民检察院电视电话会议室

**主 持 人：** 最高人民检察院新闻发言人　肖玮

**出席嘉宾：** 最高人民检察院民事行政检察厅厅长　郑新俭[①]
最高人民检察院民事行政检察厅副厅长　吕洪涛

---

① 现任最高人民检察院未成年人检察工作办公室主任。

## 主题发布

**肖 玮**

　　各位记者朋友，大家上午好！欢迎大家出席最高人民检察院的新闻发布会。今天新闻发布会的主题是"检察机关贯彻执行修改后民事诉讼法"，主要向大家通报 2013 年 1 月 1 日修改后民事诉讼法正式施行后，检察机关依法履行民事检察监督职责，切实维护司法公平公正的有关情况。

　　出席今天新闻发布会的有最高人民检察院民事行政检察厅郑新俭厅长、吕洪涛副厅长。我是今天的主持人、新闻发言人肖玮。

　　今天的新闻发布会有三项议程：第一项议程是由我向大家介绍有关情况；第二项议程是通报修改后民事诉讼法实施以来民事检察监督典型案例；第三项议程是请郑新俭厅长、吕洪涛副厅长回答大家的提问。

　　首先，我向大家介绍一下修改后民事诉讼法施行以来，检察机关依法履行民事检察监督职责的相关情况。

　　2012 年 8 月，全国人大常委会通过了《关于修改〈中华人民共和国民事诉讼法〉的决定》，这是民事诉讼法自 2007 年之后的又一次重大修订。这次修改从监督范围、监督方式、监督手段等方面全面强化了检察机关对民事诉讼活动的法律监督，对民事检察工作和检察人员的执法办案能力都提出了更严要求。全国检察机关面对民事诉讼法修改后带来的新挑战与新任务，积极转变执法理念，加强学习培训，完善工作机制，提高办案效果，依法履行法律监督职责，各项民事检察工作稳步推进，取得了较好成效。

　　以办案为中心全面加强民事诉讼法律监督，多元化检察监督格局初步形成。

根据修改后民事诉讼法规定，民事检察监督由原来单一以抗诉为中心的诉讼结果监督转变为对诉讼程序、诉讼结果、执行活动的全面监督。

检察机关依照民事诉讼法规定，以办案为中心，全面履行检察职责，综合运用抗诉、再审检察建议、检察建议等多种监督方式，对包括裁判结果、审判程序和执行活动在内的全部民事诉讼活动实行法律监督，初步形成了多元化监督格局。

自2013年1月1日至2014年7月31日，全国检察机关共受理民事申请监督案件174605件，其中对不服生效裁判结果申请监督59971件，占案件总数的34.3%；对民事审判违法行为申请监督20604件，占案件总数的11.8%；对民事执行活动申请监督45966件，占案件总数的26.3%；督促履行职责、支持起诉等其他类案件48064件，占案件总数的27.6%。

在对裁判结果的监督案件中，提出抗诉7394件，其中改判、调解、发回重审、和解撤诉5732件，改变率为76.1%；提出再审检察建议10910件，采纳7294件，采纳率为66.9%。

在对民事审判违法行为的监督案件中，提出检察建议22063件，采纳18542件，采纳率为84%；在对民事执行活动的监督案件中，提出检察建议45487件，采纳41984件，采纳率达到92.3%。

可以看出，民事诉讼法修改后，民事检察监督已从单一的对裁判结果的诉后监督步入涵盖对诉讼过程及审判人员违法行为和执行活动等在内的全面监督新阶段，监督范围和监督方式均得到拓展，监督力度更为有效。

着眼于保障当事人诉讼权利加强制度设计，民事检察工作机制逐步完善。

为进一步提高民事诉讼监督的质量和效果，促进民事检察工作的高效有序开展，检察机关注重从保障当事人诉讼权利出发，完善各项制度程序设计，加强内部职能机构工作协调。

一是确立"受审分离"制度。明确控告检察部门负责受理案件，民事检察部门负责审查案件并作出审查结论，案件管理部门负责案件的流程管理，各部门各司其职，互相配合并监督制约。目前，全国四级检察院基本做到了民事诉讼监督案件的"受审分离"，建立了检察机关的统一对外窗口，保障和便利了当事人向检察机关提出监督申请。

二是确立"同级受理"制度。修改后民事诉讼法第 209 条明确赋予当事人向检察机关申请监督的权利。2013 年 1 月至 12 月，全国检察机关共受理民事申请监督案件 133016 件，同比上升 235.1%。

为避免案件大量积压在最高人民检察院和省级人民检察院，实现通过检察建议进行同级监督的立法目的，我们确立及推行了"同级受理"制度，在受理案件数量大幅上升的情况下提高了办案效率，依法妥善处理、及时解决了当事人的监督申请。

三是完善内部监督制约机制。确立了当事人申请监督案件和不服检察机关监督决定的信访案件的区分标准和处理办法，使不同性质的案件都能够得到及时受理和审查，切实保障了当事人申请监督权利的行使。探索建立了民事检察部门与职务犯罪侦查、纪检监察部门之间的案件线索双向移送、处理结果双向反馈机制，规范内部职责分工和协作配合，拓展了监督视野，发挥了监督合力，纠正错误裁判与查处违法犯罪行为得到了有效对接。

如广东省人民检察院制定《关于完善民事行政检察与职务犯罪侦查部门协作机制的意见》，建立民事和职务犯罪侦查两部门案件线索移送机制，实现了案件信息共享。江苏检察机关 2013 年在办理民事检察案件中共发现移送一般刑事犯罪线索 184 件，有关机关已刑事立案 92 人；发现和移送职务犯罪线索 71 件，有关机关已刑事立案 48 人。

四是深化检务公开。进一步完善和落实权利义务告知、公开承办人、诉讼风险提示等制度，增加了执法办案的透明度，有效保障了当事人的知情权。

制定发布《人民检察院民事诉讼监督规则（试行）》，推动检察队伍监督能力和专业化水平不断提升。

为保证检察机关正确贯彻执行修改后民事诉讼法，2013 年 11 月，最高人民检察院制定发布了《人民检察院民事诉讼监督规则（试行）》，依照修改后民事诉讼法规定，确立检察机关民事诉讼监督的原则，细化了监督条件、监督方式和监督程序，为检察机关依法全面履行监督职责提供了执法依据。同时，严格执行回避、听证等制度，严格落实各办案环节时限要求，严格规范法律文书制作，促进执法办案规范化进一步提升。

各地不断加强与人民法院的沟通协调，就加强检法两院的协作配合、规范执行监督和检察建议工作、促进法院依法司法等进行积极蹉商，会签相关规范性文件。如北京市人民检察院一分院、二分院分别与法院会签了《关于开展民事执行活动法律监督工作实施细则》，湖北省人民检察院与省法院联合下发了《关于办理民事抗诉、检察建议案件若干问题座谈会纪要》，对具体问题达成共识。

不断加强民事检察机构建设。目前全国已有 6 个省级人民检察院实现了民事检察部门和行政检察部门分设，一些有条件的分市检察院通过民事和行政检察部门分设、增设民事检察部门等方式，加强了民事检察专门机构建设。

不断加强民事检察队伍建设，各地通过公务员考试、公开遴选等方式，面向社会公开招录熟悉民商法或有民商事审判经验的专业人才，充实到民事检察队伍，民事检察队伍结构进一步优化。各地大力开展民事检察业务教育培训和岗位练兵活动，民事检察队伍的业务素质和办案能力有了较大提升，这些都为检察机关履行好民事法律监督职责提供了有力的制度保障和人才保障。

情况就介绍到这里。下面进行第二项议程，请最高检民事行政检察厅郑新俭厅长通报检察机关开展民事检察监督的典型案例。

**郑新俭** ▌

　　为了切实维护司法公平公正，保护诉讼当事人的合法权益的相关情况，下面我向大家介绍 9 个典型案例。

　　这 9 个典型案例是从检察机关贯彻落实修改后民事诉讼法，依法履行民事检察监督职责的不同方面选择的，体现检察机关全面履行监督职责的相关情况。由于这 9 个案例的书面材料已提供给大家，所以我在这里重点介绍每个案例的典型意义。

　　第一个案例是海南某投资有限公司与海南某天然保健品有限公司股权转让合同纠纷抗诉案。本案抗诉的主要理由是发现法院判决认定事实存在错误。本案一方当事人在审判中隐瞒了重要事实，致使人民法院作出错误的认定。判决生效后，投资公司发现了可以证明其不构成违约的新证据，符合《人民检察院民事诉讼监督规则（试行）》第 78 条规定的应当认定为《中华人民共和国民事诉讼法》第 200 条第 1 项规定的"新的证据"情形。检察机关抗诉后，法院依法予以改判，维护了司法公正，这是第一个案例。

　　第二个典型案例是湖北刘某与苏某、武汉某园林工程公司、湖北某置业公司生命权、健康权、身体权纠纷抗诉案。这个案例也是检察机关对人民法院所作的生效判决的监督，这个案件是工作人员刘某在施工工程中受伤，请求相关责任人员承担赔偿责任。法院作出判决后，刘某不服，申请检察机关监督，检察机关经审查后认为人民法院所做的判决在责任性质的判定上存在错误，并依法提出了抗诉，人民法院完全采纳检察机关的抗诉意见，依法改判。本案涉及公民合法民事权益的保护，检察机关依法法律规定提出抗诉，有效保护了权利人的合法权益。

　　第三个典型案例是陕西刘某与杨某离婚后财产纠纷再审检察建议案。本案也是对法院生效判决的监督，这个案例是离婚的诉讼解纷，在这次案件中，法院以刘某下落不明而进行公告送达并进行缺席，检察机关发现刘某当时并不是处在下落不明的状态，法院判决存在认定事实错误，诉讼程序上也违反了民事诉讼法的相关规定，实体判决上也有失公正。检察机关依法进行了监督，检察机关在监督方式上采用了再审检察建议这种相对简便、柔和的监督方式，进行了同级就近监督，法院及时启动再审程序并予以改判，既便利了当事人主张权利，又将矛盾化解在基层，达到了监督的效果。

第四个典型案例是河北省石家庄市某房地产开发有限公司申请执行监督案。这个案例反映的是检察机关对人民法院执行活动监督的情况，这种执行案执行标定额为 2500 余万元，法院查封的远远超出了执行的标准，当事人向法院提出异议，法院未依法作出处理。检察机关审查认为法院的查封行为违反了法律规定，遂向人民法院发出检察建议，要求法院予以纠正。接到检察建议后，法院采取有效措施予以纠正，目前该案已经执行完毕。

第五个典型案例是四川省某县案外人黄某申请执行监督案。这个案例反映的是检察机关对人民法院执行活动进行的监督。在这个案件中，法院在执行过程中查封了案外人的房产，案外人向检察机关申请执行监督，检察机关通过案件办理，进一步厘清了涉案房产的权属，依据民事诉讼法和相关司法解释的规定向人民法院提出检察建议并被采纳，维护了房屋所有权人黄某的合法权益，同时也维护了司法公正。

第六个典型案例是湖南省某县人民法院民事审判二庭副庭长刘某等人违法行为监督案。这个案例反映的是检察机关对人民法院审判中审判人员的违法行为进行监督的情况，检察机关针对情况采取了相应措施进行了有效监督。在这个案件中，检察机关发挥了法律监督整体合力，坚持对案件监督与对违法行为监督并重，既监督纠正枉法裁判的案件，又惩处违法犯罪的相关人员，取得了很好的法律效果和社会效果。同时，此案的办理，使当地一段时期内在道路交通事故赔偿领域存在的利用虚假诉讼骗取保险金的现象得到了有效遏制。

第七个典型案例是云南省昆明市某区人民法院不予立案违法行为监督案。这个案例反映的也是对法院审判程序中出现的违法行为进行监督的情况，是对法院不立案所进行的监督。在这个案件中，法院接受检察机关的检察建议及时进行了纠正。当前，法院"立案难"的问题相对突出，一定程度上损害了当事人的合法权益，也容易产生社会矛盾，影响社会的和谐稳定。本案指出法院立案中存在的问题，适时监督，充分体现了检察机关程序监督与结果监督并重、依法全面履行法律监督，维护司法公正的职能作用。

第八个案例是江苏省某市检察院环境公益诉讼支持起诉案。本案是检察机关为了保证法律的统一正确实施，切实维护司法公正和社会公平正义而进行的法律监督。本案是环境污染引起的刑事附带民事案件，在该案的民事赔偿部分，检察机关作为支持起诉方支持起诉，追究化工企业的民事责任。最终，肇事者被判赔偿 1.6 亿元。根据《民事诉讼法》第 15 条的规定，机关、社会团体、企业事业单位对损害国家、集体或者个人民事权益的行为，可以支持受损害的单位或者个人向人民法院起诉。本案中，被起诉的企业有 6 家，开庭时有 9 人出庭，而原告方只有一个，检察机关出庭支持起诉，强化了起诉力度，维护了司法公正，保证了案件取得良好法律效果和社会效果。

第九个案例是贵州黔西南州某市检察院追收土地出让金督促起诉案。这个案例是检察机关作为法律监督机关为维护法律的正确实施，保护国有资产不受损失而进行的法律监督。随着经济社会的发展，在国有土地出让、矿产资源转让和财政信贷资金发放等领域侵害国有资产的现象比较突出。由于我国现行法律规定过于原则、缺乏可操作性，造成了某些领域诉讼主体的缺位。再加上一些诉讼主体不敢、不愿或不能起诉，致使受损的国家利益难以及时得到挽回。检察机关通过督促起诉职责的履行，督促诉讼主体及时提起诉讼，可以有效防止国有资产的流失。

**肖 玮**

刚才郑厅长向大家简要介绍的这些典型案例是修改后民事诉讼法实施以来检察机关依法履行民事检察监督职责、切实维护司法公平公正的代表性案例。这些案例从对裁判结果的监督、对民事执行的监督、对审判人员违法行为的监督、支持起诉、督促起诉 5 个方面，集中体现了修改后民事诉讼法实施以来，全国检察机关积极转变执法观念、全面履行法律监督职责、努力提高办案效果的情况。

**现场答问**

**法制日报记者　周　斌**

民行检察的监督重点有哪些，对于民生领域、地方国有资产流失等社会关注点有何举措？民事诉讼监督案件来源主要有哪些方式？对于案件监督效果如何保证？

**郑新俭**

　　人民检察院在坚持对民事、行政诉讼活动全面监督的基础上，不断强化大局意识和宗旨意识，把民事行政检察监督的重点放在服务经济社会发展和保障民生上。一是围绕保护国家利益和社会公共利益，对涉及国有资产流失、环境污染等案件，有关单位和部门怠于履行职责的，通过督促履行职责、督促起诉等方式依法履行法律监督职责，刚通报的案例中有这方面的。二是围绕保障和改善民生，进一步加强对妇女儿童、进城务工人员、下岗失业人员、残疾人等合法权益的司法保护，坚决监督纠正严重损害群众切身利益的生效裁判，加强对涉及土地承包经营、农村金融服务等严重损害农民利益的案件的监督。三是围绕营造诚信有序的巾场环境，加强对金融、票据、证券、期货等领域民事行政裁判的监督。

各位媒体记者好，刚才问民事诉讼监督案件来源主要有哪些方式，对于案件监督效果如何保证。根据《人民检察院民事诉讼监督规则（试行）》的有关规定，人民检察院办理的民事诉讼监督案件来源主要包括以下三种：第一种来源是当事人向人民检察院申请监督；第二种来源是当事人以外的其他公民、法人和其他组织向人民检察院控告、举报；第三种来源是人民检察院依职权发现。实践中，当事人向人民检察院申请监督是民事诉讼监督案件的主要来源。为了保证案件的监督效果，人民检察院严把监督案件质量关，不断提高办案质量。同时，在工作中也注重加强与人民法院的沟通和协调，进一步强化我们监督的成效。

中新社记者　朱方芳

对法官违法行为提出监督意见后，检察机关下一步措施是什么，处理情况是怎样的？对检察机关提出的监督纠正意见，法院是否都纠正了？大致情况是什么样的？

吕洪涛

检察机关在履行民事、行政诉讼法律监督职责过程中，如果发现法官在审判程序或者执行程序中存在违法行为的，应当依照《民事诉讼法》和《人民检察院民事诉讼监督规则（试行）》的有关规定向人民法院提出检察建议。人民检察院提出监督意见后，如果人民法院拒绝纠正或者不予回复，提出监督意见的人民检察院可以根据"两高"联合印发的《关于对民事审判活动与行政诉讼实行法律监督的若干意见（试行）》以及"两高三部"联合印发的《关于对司法工作人员在诉讼活动中的渎职行为加强法律监督的若干规定（试行）》的相关规定，通过上一级人民检察院向上一级人民法院提出意见，由上级人民法院监督纠正下级人民法院的违法行为。如果法官拒绝纠正违法行为，情节严重构成职务犯罪的，还应当依法追究相关人员的刑事责任。

### 郑新俭

应该说，对检察机关提出的监督意见，人民法院多数都能认真进行审查并依法予以纠正。自 2013 年 1 月 1 日至 2014 年 7 月 31 日，全国检察机关办理的民事抗诉案件改变率为 76.1%；再审检察建议采纳率为 66.9%。对民事审判违法行为的监督案件，检察建议采纳率为 84%；对民事执行活动的监督案件，检察建议采纳率达到 92.3%。从以上数字可以看出，检察机关通过依法履行民事诉讼法律监督职责，监督纠正了一大批人民法院的错误裁判和违法行为，为维护司法公正和法制统一、维护公民合法权益、促进经济社会发展发挥了积极作用。

### 中央人民广播电台记者　孙　莹

对于老百姓来讲，他们怎么来参与民事诉讼的监督，具体途径是什么？对法院执行监督发现比较常见的问题是什么？是什么原因导致的这些问题？有什么样的建议？

**吕洪涛**

关于如何老百姓正确理解民事诉讼监督，以及民事诉讼出现了什么情况可以找检察院，具体途径是什么，刚才我介绍了，根据《民事诉讼法》及《人民检察院民事诉讼监督规则（试行）》的相关规定，如果具有以下情形之一的，当事人可以找人民检察院：一是认为已经发生法律效力的民事判决、裁定、调解书存在错误，向人民法院申请再审后被驳回，或者人民法院对百姓申请再审的申请，没有按期作出裁定的，或者人民法院作出的再审判决有明显错误的，这是一种情况。第二种情况是如果人民群众认为民事审判程序中审判人员存在违法行为的，第三种情况是当事人认为民事执行活动存在违法情形的，也可以向检察机关申请监督。当事人到检察机关申请监督的途径有：如果当事人不服生效民事判决、裁定、调解书，向人民检察院申请监督的，应当向作出生效判决、裁定、调解书的人民法院所在地的同级人民检察院控告检察部门提出；当事人如果认为法院的民事审判程序中审判人员存在违法行为或者法院的执行活动存在违法情形的，都可以向审理、执行案件的人民法院所在地的同级人民检察院控告检察部门提出。这是我对第一个问题的回答。

第二个问题，对法院执行监督发现比较常见的问题是什么，以及导致的原因是什么，相较于其他民事行政检察业务，执行检察监督工作开展时间较短，是检察机关的一项新业务，民诉法修改后才明确赋予检察机关监督权限。从目前检察机关开展监督情况看，存在的违法情形几乎覆盖了民事执行活动的各个环节，我们发现问题主要集中在财产的控制、处分、交付和分配等执行的实施环节以及执行异议、复议的审查环节。如法院的执行人员违法采取查封、扣押、冻结等财产控制措施，包括刚才郑新俭介绍的案例里面的超标的查封，违法采取评估、拍卖、变卖等财产处置措施，违法分配、发还执行款物，违法追加、变更执行主体等。

通过检察机关调研分析，出现上述问题的主要原因包括：一是执行活动本身的复杂性。执行程序与审判程序相比较而言，是各方当事人利益冲突最直接、最集中、也是最后的一个环节，实体与程序交织，涉及的法律关系比较繁杂，利益冲突相当激烈。当事人为实现自身利益的最大化，难免会采取各种手段，有些会影响法院执行人员的执法。二是有关执行法律法规不健全，制度还不完善，难以满足实践工作需要。这是人民法院执行活动中问题多发的一个客观原因。比如关于追加、变更执行主体的问题，仅在相关司法解释中有零散规定。三是人民法院执行队伍素质方面的原因。执行法官的整体素质是好的，但是客观来说，在我们的执行队伍中间还存在一些问题，有业务能力不足的问题，有怠于履行职责的问题，也有执行人员贪赃枉法的问题，这方面的问题在以前媒体上我们多见。四是存在缺乏有效监督的问题。长期以来，对执行活动缺乏有效监督，导致执行权被某些人滥用，出现了"执行乱"的问题。近年来，随着社会各界对执行活动关注度的提高以及司法公开的推进，对执行活动的外部监督有所加强。检察机关作为专门的法律监督机关，在对执行活动有效发挥法律监督职能上应该说还有更大的空间。

### 郑新俭

　　具体途径刚才吕厅长回答了，从介绍的情况看，修改后的民事诉讼法赋予检察机关对人民法院的民事诉讼活动进行监督的范围，可以归纳为4个字：全程监督。即对裁判结果的监督，对整个审判过程当中的违法行为的监督，和执行活动的监督。我想说明的一点是，对检察机关的监督职权，社会了解的知晓度不高，近年来我们检察机关也加强了民事诉讼监督职责的宣传，但是社会了解有一个过程，我也想借这个机会请我们媒体朋友加强对民事诉讼监督职能的宣传。谢谢！

人民网记者 李 婧

目前，民事诉讼中虚假诉讼、徇私舞弊、枉法裁判、恶意串通等案时有发生，对于这些案件检察机关有何监督举措？

吕洪涛

目前我们国家民事诉讼中间虚假诉讼，恶意诉讼这个环节高发多发，民事诉讼法修改以后，检察机关重点加强了这方面的工作，实践中也有一大批成功的案例，刚才发布的案例也有这方面的现象。由于当事人通过虚假诉讼侵害国家利益、社会公共利益以及第三人的利益案件，社会关注度很高，学界对这方面的研究也很多，我们也发现审判人员与当事人相互勾结，徇私舞弊、枉法裁判等现象。虚假诉讼严重干扰了正常的经济秩序和司法秩序，侵害了他人的合法权益，损害了公平竞争的市场环境和社会的公平正义，长期以来一直是检察机关高度关注并予以重点监督的领域。在民事诉讼监督中，检察机关对发现的虚假诉讼案件，综合运用抗诉、再审检察建议、检察建议、查处和移送犯罪线索等监督方式实行监督，不断加大对虚假诉讼的监督力度。在一些地方的检察机关，比如江苏、浙江检察机关联合公安、法院、司法行政部门开展了打击虚假诉讼专项活动，取得了显著成效。

**中国网记者　孙满桃**

民行检察部门在涉法涉诉信访改革中如何承担起更重要的责任？或者说，如何发挥职能作用，既维护司法的公正高效权威，又有效化解社会矛盾？2002年，虚假诉讼要以依法占有为目的，通过伪造证据骗取虚假诉讼，这和2013年民事诉讼法修改以后对虚假诉讼的规定，是否冲突？

**吕洪涛**

我先回答第一个问题，实现涉法涉诉信访改革，把涉法涉诉信访纳入法治轨道解决，是全面推进依法治国的必然要求，也是维护人民群众根本利益的需要。检察机关的民事行政检察部门在涉法涉诉信访改革中会按照中央的统一部署和要求，充分发挥我们自身的职能作用，努力推动涉法涉诉改革工作顺利进行。第一就是依法履行监督职责，通过法定程序来监督人民法院纠正错误的裁判和违法行为，尽量避免或者减少涉法涉诉案件的发生；第二要不断提高办案质量，加强检察机关的法律文书特别是《不支持监督申请决定书》的说理性；第三个方面我们会进一步加强与控告检察部门的配合，共同做好有关民事行政涉检信访案件的释法说理、息诉息访工作。

提到虚假诉讼这个问题，最高检研究室有一个解释，最高人民检察院法律政策研究室关于当事人伪造证据进行虚假诉讼，应该如何追究法律责任有一个批复，这个批复中不赞成对于民事诉讼中伪造证据进行虚假诉讼用诈骗罪来处罚，这个司法解释这么规定，深层理解就是检察机关认为人民法院不应该是诈骗犯罪的对象，因为虚假诉讼是骗法院，这个批复里面规定了如果当事人伪造证据进行虚假诉讼，按照他触犯的相应的罪名来追究刑事责任，比如伪造了印章就按伪造印章罪，伪造了国家机关的其他公文就按伪造国家公文罪，即用相应的其他罪名来追究刑事责任，但我说了这是批复，不是司法解释。在司法实践中，有些省份的公检法司开展联合打击虚假诉讼的专项活动中仍然是以诈骗罪对虚假诉讼的当事人进行责任追究。刚才这位朋友还提到，民事诉讼法的这次修定对于虚假诉讼作了规定，民事诉讼中伪造证据也要追究刑事责任，但现在非常遗憾的是，我们的刑法对民事诉讼中作伪证的刑事责任的追究是没有规定的，所以说在对虚假诉讼尤其是民事虚假诉讼的打击方面为什么多发高发，就是因为它的法律后果跟它可能通过虚假诉讼得到的利益中间差距特别大，投入产出比特别大，虽然检察机关一直在努力，但是由于法律规定所限，打击的力度还是不够。以后的工作中我们会进一步加强这方面问题的研究。

**部分新闻链接**

1. 新华社 2014 年 9 月 25 日报道《检察机关监督纠正一批法院错误裁判和违法行为》。

2. 中央人民广播电台 2014 年 9 月 25 日报道《最高检：民事抗诉多元化检察监督格局初步形成》。

3. 中新社 2014 年 9 月 25 日报道《最高检公布 9 起民诉法修改后民事检察监督典型案例》。

4. 法制日报 2014 年 9 月 26 日报道《最高检解答民行检察监督三大热点问题　法官拒纠违法行为构罪应追刑责》。

5. 检察日报 2014 年 9 月 26 日报道《民事检察监督从单一抗诉转为多元化监督》。

6. 新京报 2014 年 9 月 26 日报道《最高检：将确定检察院对知产法院进行监督》。

# 规范案件信息公开　增强执法办案透明度

## 最高人民检察院发布《人民检察院案件信息公开工作规定》

**发布时间：** 2014 年 10 月 17 日 10:00

**发布内容：** 发布《人民检察院案件信息公开工作规定（试行）》；
通报人民检察院案件信息公开网上线运行等检察机关案
件信息公开工作的相关情况

**发布地点：** 最高人民检察院电视电话会议室

**主 持 人：** 最高人民检察院新闻发言人　肖玮

**出席嘉宾：** 最高人民检察院案件管理办公室主任　王晋[①]
最高人民检察院案件管理办公室副主任　刘志远[②]

---

① 现任湖北省人民检察院党组书记、检察长。
② 现任中国检察出版社总编辑。

# 🎤 主题发布

**肖 玮**

　　各位记者朋友，大家上午好！欢迎参加最高人民检察院的新闻发布会。今天新闻发布会的主题是发布《人民检察院案件信息公开工作规定（试行）》，通报人民检察院案件信息公开网上线运行等检察机关案件信息公开工作的相关情况。

　　出席今天新闻发布会的有最高人民检察院案件管理办公室王晋主任、刘志远副主任。我是新闻发言人肖玮。

　　今天新闻发布会主要有两项议程：一是请案件管理办公室王晋主任介绍《人民检察院案件信息公开工作规定（试行）》以及人民检察院案件信息公开网上线运行的有关情况；二是回答记者提问。

　　从 2014 年 10 月 1 日起，《人民检察院案件信息公开工作规定（试行）》开始试行，人民检察院案件信息公开网在互联网开通运行。这两项工作是检察机关推进检务公开和法律文书公开、增强执法办案的透明度，切实保障人民群众对检察工作的知情权、参与权和监督权的重大举措，是检察机关促进司法公正、提升司法公信力的重要保障，也是检察机关把检务公开和法律文书公开全面纳入规范化、信息化的发展轨道，推进司法规范化和检察信息化建设的又一项具有标志性的重要工作。

　　下面请案件管理办公室王晋主任介绍《人民检察院案件信息公开工作规定（试行）》和人民检察院案件信息公开网的有关情况。

王 晋

各位记者朋友，大家上午好！下面，我向大家简要介绍《人民检察院案件信息公开工作规定（试行）》，通报人民检察院案件信息公开网上线运行情况。

近年来，党中央对司法公开工作高度重视，党的十八大和十八届三中全会决定指出，要健全司法权力运行机制，推进审判公开、检务公开。为深入贯彻党中央决策部署、充分保障人民民主权利、主动接受社会监督，2014 年 1 月召开的全国检察长会议和 7 月召开的大检察官研讨班上，曹建明检察长对推进检务公开改革试点工作作出专门部署，进一步明确了深化检务公开和法律文书公开的各项要求。

全国检察机关按照中央关于深化司法体制改革的要求和最高人民检察院的统一安排，以案件信息公开作为检务公开工作的核心和"龙头"，不断深化检务公开的范围，拓展检务公开和法律文书公开的方式方法，切实保障人民群众对检察工作的知情权、参与权和监督权，不断增强执法办案的透明度，为确保检察机关公正廉洁规范执法发挥了重要作用。2014 年，检察机关案件信息公开工作主要在两个方面取得显著进展。

**一、出台《人民检察院案件信息公开工作规定（试行）》，确保案件信息依法、全面、及时、规范公开**

案件信息公开工作开展得好不好，关键是看人民群众满意不满意。人民群众满不满意，看的是我们案件信息公开有没有实际效果。要做到这点需要把握最基本的一条，就是要用完善的规章制度来保障人民群众能及时、全面、准确地获得需要的信息。

为此，最高人民检察院在全面总结试点经验、广泛征求意见的基础上，起草了《人民检察院案件信息公开工作规定（试行）》，经过检察委员会审议通过并下发至各级人民检察院，自 2014 年 10 月 1 日起试行。

《规定》共六章二十八条，分为总则、案件程序性信息查询、重要案件信息发布、法律文书公开、监督和保障、附则等六个部分，主要有以下几方面内容。

第一，全面推行案件程序性信息网上查询，案件相关人员获取信息更方便快捷。案件程序性信息是指各类案件办理过程中，与诉讼程序有关的一些主要情况，包括涉嫌什么罪名、什么时候受理的、办案期限、办案部门、办案进程、处理结果、强制措施等信息。及时知晓这些信息对于保障诉讼参与人的合法权益具有重要意义。

当事人及其法定代理人、近亲属、辩护人、诉讼代理人，除了可以按照原来的方法，直接去办理该案件的人民检察院现场查询案件信息外，还可以依照《规定》，根据检察院提供的网上查询账号，在互联网上查询上述案件程序性信息，而且可以随诉讼程序进展进行多次查询。

为解决查询人和办案检察院不在同一地区时的异地查询不便的问题，还规定了对需要查询外地检察机关办理案件的程序性信息的，查询申请人可以到经常居住地的基层检察院申请异地查询，被请求的检察院应当及时与办理案件的检察机关联系，协助做好相关查询工作，给查询人带来了较大便利。

第二，健全重要案件信息发布机制，积极回应社会关切。《规定》明确了重要案件信息发布的内容范围、方式方法、内部分工、审核把关机制等。要求各级检察机关在通过新闻发言人、召开新闻发布会、提供新闻稿等方式对外发布重要案件信息时，同时在案件信息公开网上面向社会大众发布该信息。

这里说的重要案件信息主要包括：一是有较大社会影响的职务犯罪案件的立案侦查、决定逮捕、提起公诉等情况；二是社会广泛关注的刑事案件的批准逮捕、提起公诉等情况；三是已经办结的典型案例；四是重大、专项业务工作的进展和结果信息；五是其他重要案件信息。

第三，加大法律文书公开力度，主动接受公众对检察机关执法行为的深入监督。人民检察院法律文书是检察机关履行法律职责的重要载体。公开法律文书，有利于全面展示检察机关执法办案行为，全面加强对检察机关执法办案活动的监督，促进检察人员不断提高执法办案水平。《规定》对不同文书采取了不同的公开方式。首先是要求对作出的法律文书，应当依照法律规定，及时向有关单位和个人送达、宣布。其次，在检察院的案件管理大厅设立专用电脑、电子触摸屏等查询设备以及电子显示屏等，供来人查阅作出撤销案件、不批准逮捕等决定的法律文书。还有，要求在互联网发布：人民法院所作判决、裁定已生效的刑事案件的起诉书、抗诉书；不起诉决定书；刑事申诉复查决定书；以及最高人民检察院认为应当公开的其他法律文书。

这些法律文书都是承载检察机关所作处理决定或司法结论的重要法律文书，对于案件事实和证据都有比较全面的阐述，说理性强，信息量大，适宜社会大众在互联网上浏览。对于法律文书中涉及国家秘密、商业秘密、个人隐私以及其他需要屏蔽的信息，如自然人的家庭住址、通讯方式、身份证号码、银行账号、健康状况等个人信息；未成年人的相关信息；法人以及其他组织的银行账号等不宜公开的内容，《规定》明确要求作出屏蔽处理。

**二、上线运行人民检察院案件信息公开网，进一步扩大案件信息公开受众面**

为落实党中央加大推行司法公开力度的要求，充分发挥现代信息技术智能化、标准化、便捷化的优势，最高人民检察院依托国家电子政务网建立了统一的"人民检察院案件信息公开网"。

各级人民检察院按照规定，都要在这个网上办理案件信息公开的有关工作。"人民检察院案件信息公开网"已在全国内地 31 个省、自治区、直辖市开通，10 月 1 日开始陆续上线运行，网址为 www.ajxxgk.jcy.gov.cn，希望各位记者朋友及社会各界人士多关心、关注。大家都知道，互联网是当今受众最广泛、信息传播最便捷的手段之一，利用人民检察院案件信息公开网，可以及时公开检察机关办案信息，自觉接受社会监督，有力维护司法公正和司法权威。案件信息公开网的开通，在检察机关与人民群众之间又架起了一座"连心桥"，使各项执法办案活动更加得到人民群众的关心、理解、支持和监督。

人民检察院案件信息公开网进一步丰富、创新了阳光检务的形式和手段，其主要特点是：第一，内容全面。共有四大平台：案件程序性信息查询平台、重要案件信息发布平台、法律文书公开平台、辩护与代理预约申请平台，能够为全面开展案件信息公开提供有力的技术支撑。第二，智能提取。公开的案件信息从全国检察机关统一业务应用系统提取，数据实时更新，确保信息全面、及时公开。第三，信息聚合。各级检察机关统一使用一个网站开展案件信息公开，3000多个检察院的信息汇总在一起，并可以通过关键词检索，非常便捷，能产生较好的规模集聚效应。截至10月16日中午12时，全国检察机关已在网上发布了197079条案件程序性信息、8301条重要案件信息、15528份法律文书，网站运行平稳。

下一步，最高人民检察院将抓好案件信息公开工作规定的贯彻执行，充分发挥人民检察院案件信息公开网的作用，积极拓展检察院门户网站、微信、微博、电话、邮件、检察服务窗口等多种案件信息公开方式，不断推进案件信息公开工作创新，保障检察机关及时倾听人民群众呼声，密切同人民群众的联系，不断取得服务人民群众的新成效。

## 现场答问

法制网记者　沈思宇

检察机关案件信息公开全面启动对办案部门提出了怎样的新挑战？如何解决信息公开对基层检察院增加的工作和人员压力？

刘志远

全面开展案件信息公开工作是检察机关规范、公正、廉洁、高效执法的"助推器"，必然对检察人员的执法观念和能力以及办案质量和工作效率，提出新的更高要求。在开始阶段可能会有一个适应调整期，甚至是阵痛期。大家都知道，检察机关，特别是基层检察院，日常办案任务繁重，全面开展案件信息公开工作，会给办案人员增加一定的工作量，这本身也是办案工作的一部分。

同时，我们采取一系列措施，把案件信息公开的工作量降低到最低限度。如公开的案件信息是从网上办案活动中形成的，自动提取，并且由各个检察院的案件管理部门和新闻宣传部门上传发布，对其中不应当公开的信息进行检查、处理，也有专门的技术软件提供帮助。检察人员要适应公开工作带来的新挑战，关键在于更新观念，变被动为主动，化压力为动力，进一步提高自身能力和水平，严把案件质量关、程序关、期限关、文书关，全面适应公开工作带来的新变化、新要求。这也正是以公开促公正、以透明保廉洁的目标所在。

**新华社记者　白　阳**

以往检察机关案件信息公开工作是怎样做的？出台《人民检察院案件信息公开工作规定（试行）》，开通案件信息公开网，对案件信息公开工作有哪些促进作用？

**王　晋**

　　检察机关案件信息公开包括两个方面，一个是对当事人和其他诉讼参与人等特定人员的案件信息公开，另一个是对普通社会大众的案件信息公开。对当事人等特定人员的案件信息公开，主要是按照诉讼法的规定，以通知、告知、送达、公开宣布等方式进行。对于社会大众的案件信息公开，主要是通过各种媒体发布案件消息等方式进行。

　　近年来，检察机关积极适应开放、透明、信息化的社会发展趋势，不断创新案件信息公开的方式方法，如有的检察机关在检务大厅设立电子触摸屏、电子显示屏等方式公开案件办理信息，有的通过互联网、微博、微信等新媒体平台发布重要案件信息，还有的在本院的门户网站上发布法律文书，提供案件程序性查询。这些做法深受社会欢迎。但由于缺乏制度保障，各地工作开展不平衡，有的地方做了，有的地方还没有做，已经开始做的，做法也不一样。这些问题影响了案件信息公开工作的全面、深入推进。

　　为此，高检院决定制定统一的检察机关案件信息公开工作规定，明确案件信息公开的基本要求、内容范围、方式方法和工作机制，同时，建立统一的案件信息公开网，供各级检察机关全面开展案件信息公开工作，从而使检察机关的案件信息公开工作从一般性的要求变成了刚性的制度约束，从部分地方的实践探索变成了全国各级检察机关的规定动作，案件信息公开工作进入了常态化、规范化、信息化的发展轨道，从而更有利于保障人民群众加强对检察工作的了解、监督。

**上海电视台法治天地频道记者　程文韬**

如何使案件信息公开工作落到实处？如果案件信息不及时公开，能够通过什么救济途径解决？

**刘志远**

案件信息公开工作能否落到实处，这是大家都非常关切的。为此，我们认为，既要抓好观念的更新，同时又要依靠制度和技术。依靠制度，就是要充分发挥人民检察院案件信息公开工作规定的规范、保障作用，建立健全监督制约机制。按照规定，办案部门是案件信息公开的主要责任部门，实行谁办案谁公开，同时规定，案件管理部门要发挥组织、监督、指导作用。上级检察院也要加强监督检查，定期统计、定期通报，指出成绩和问题。同时欢迎媒体朋友和人民群众监督。依靠技术，就是把案件信息公开工作嵌入内部办案软件中，也就是统一业务应用系统里面，通过技术手段进行规范、控制。

目前，全国检察机关已经全面使用统一业务应用系统进行案件的受理、办理、审批、统计和监督管理，公开的案件程序性信息都是从该系统中自动生成，智能化提取。公开的法律文书也是在该系统中生成、提取，并把法律文书公开作为必须经过的办案节点进行控制，办案人员只有按照规定完成了法律文书公开的相关工作，办案流程才能终结，否则就结不了案，系统就一直亮红灯，承办人就要承担超期等责任。这样就把案件信息公开作为硬任务、硬要求来做。在发布重要案件信息方面，也是依托该系统提供信息来源，辩护与代理预约申请平台也与该系统内外网互动，确保信息在相关部门之间高效、顺畅流转。

关于第二个问题，如果认为检察机关该公开的信息没有及时公开，或者认为公开的不适当、不规范的，可以向办理该案件的检察院案件管理部门反映，由案件管理部门根据反映的具体内容，协调相关部门核实、处理，并及时作出反馈，如果对处理情况不满意的，还可以向上级检察院反映。上级检察院发现有不合法、不适当的，应当及时督促下级院纠正。

**凤凰卫视记者　倪晓雯**

我想问一下，刚才王主任提到案件程序信息的查询，这个是要根据检察院提供的网上查询账号，普通老百姓如果想查询是可以的吗？在四大平台上是可以查询到的吗？

**王　晋**

案件程序性信息的查询是向特定人员开放的，包括当事人及其法定代理人、近亲属、辩护人、诉讼代理人，可以向办理该案件的人民检察院查询案由、受理时间、办案期限、办案部门、办案进程、处理结果、

强制措施等程序性信息。人民检察院对符合条件的查询申请人提供查询服务或网上查询账号。

**新华网记者　于子茹**

请具体介绍一下四个平台的功能、内容，以及相互之间的关系？

**刘志远**

　　人民检察院案件信息公开网是检察机关开展案件信息公开的综合性平台，功能强大，内容丰富，目前已集中建成并同步使用四大平台：一是案件程序性信息查询平台。在这个平台上，案件当事人及其法定代理人、近亲属、辩护人等可以查询该案的案由、办案期限、办案进程、处理结果、强制措施等信息。二是重要案件信息发布平台。在这个平台上，各级检察机关发布有较大社会影响的职务犯罪案件，以及社会广泛关注的刑事案件的办理情况，对于已经办结的典型案例和其他重要案件信息，也可以在这个平台上发布。三是法律文书公开平台。在这个平台上，各级检察机关发布刑事案件的起诉书、抗诉书、不起诉决定书、刑事申诉复查决定书等重要法律文书。四是辩护与代理预约申请平台。在这个平台上，律师等辩护人、诉讼代理人可以提出有关阅卷、会见、要求听取意见、申请变更强制措施等预约申请，相关检察院通过这个平台及时处理回复。

　　这四个平台各有侧重，其中案件程序性查询平台和辩护与代理预约申请平台面向特定人群，具有办事功能。法律文书公开平台和重要案件信息公开平台面向社会大众，不需要申请即可查询。通过这四个平台，各级检察机关全面启动了案件流程网上公开、案件结果网上公开、重要法律文书网上公开以及律师联系网上进行。除了网上公开以外，办案人员还要依法、履行法律规定的通知、告知、送达、公开宣布等职责，对作出撤销案件、不批准逮捕等决定的法律文书，通过设立电子触摸显示屏等方式提供查阅，并且还可以通过电话、邮件、检察服务窗口等方式办理案件信息公开的相关工作。通过网上网下不同途径，检察机关正在积极构建立体化、全过程的案件信息公开工作格局。下一步我们将探索案件信息公开网与微信、微博的融合联动，把案件信息公开网"大而全"的优势与两微一端的"短平快"优势有机结合起来，为人民群众了解检察工作提供更多、更便捷的窗口和渠道。

**正义网记者　高旭红**

在案件信息公开工作中，如何处理好公开与保密以及保护公众知情权与保护公民个人隐私的关系？

**王　晋**

这是一个各方面都普遍关注的问题。案件信息公开涉及各方面利益，既要保障人民群众的知情权、监督权，又要保护当事人和其他诉讼参与人的合法权益，同时还要保障诉讼活动顺利进行。我们既不能一讲公开就随意公开，忽视对国家秘密和个人隐私的保护，也不能一讲保密和保护个人隐私就什么也不公开，忽视对公众知情权的保障。在现代法治社

会，当各种利益发生冲突时，重要的是选取适当的平衡点。

可以说，如何正确处理好公开与保密、公开与保护个人隐私的问题，是我们制定案件信息公开工作规定时研究的重点，具体来讲，主要是通过以下几个方面来处理好公开与保密、公开与保护个人隐私权的关系：

一是制定负面清单，明确不得公开的内容。要求对涉及国家秘密、商业秘密、个人隐私和未成年人犯罪的案件信息，以及其他依照法律法规和高检院有关规定不应当公开的信息，不得公开。对于检察工作中的国家秘密范围如何确定，高检院有专门规定，目前正根据新的形势作出修改完善，将更有操作性。对于涉及个人信息的内容，哪些可以公开，哪些不能公开，也有明确规定。如要求公布法律文书时，应当对被害人、证人、鉴定人做匿名处理，对家庭住址、通讯方式、身份证号码、银行账号、健康状况等个人信息进行技术屏蔽处理。

二是对不同类型的案件信息，规定不同的发布时机和发布方式。如对正在办理的案件，主要是面向诉讼参与人等特定人员提供案件程序性信息查询，对正在办理的重大案件，可以向社会发布办案进展情况，但由于尚未办结，不公开具体案情。在案件办结以后，再通过发布法律文书和公布典型案例等方式，公开具体情况。

三是按照"谁办案谁审核、谁把关谁负责"的原则，健全审核把关机制，防止失密泄密和侵犯个人隐私行为的发生。

**中国日报记者 张 艺**

哪些法律文书需要在网上公开？是不是所有的刑事案件必须在 10 日之内统一网上公布，然后社会大众就可以在网上看到相关的起诉书、抗诉书的法律文书了？

**王　晋**

　　我们在人民检察院案件信息公开网上公开的法律文书包括人民法院所作判决、裁定已生效的刑事案件起诉书、抗诉书，不起诉决定书，刑事申诉复查决定书，最高人民检察院认为应当在该系统发布的其他法律文书。检察机关作出起诉书、抗诉书之后，案件还要经过法院判决或裁定。检察机关将于收到生效的判决裁定后，10 日内将应当公开的起诉书、抗诉书发布在互联网上。

**肖　玮**

　　案件信息公开是检务公开工作的核心和"龙头"。以执法办案信息公开为重点，近年来全国检察机关不断加大检务公开和法律文书公开的力度、深度和广度，充分利用互联网、微博、微信、手机报等新媒体，拓展公开内容，创新公开形式，完善公开机制，强化公开效果，为人民群众提供更加便捷高效的信息和服务。最高人民检察院先后建立健全了新闻发布制度和职务犯罪大要案信息发布制度，建立完善了检察机关信息发布和政策解读机制，定期通报检察机关工作情况，不定期召开专题新闻发布会，对社会关注的重大敏感案事件进行回应。开通了微博、微信和新闻客户端，建立新闻网上发布厅。每月均召开新闻发布会，及时、常态地通过官方微博发布检察机关查办职务犯罪大要案信息。2014 年以来，最高人民检察院共举办新闻发布会 9 次，利用"两微一端"发布信息 15000 多条，订阅数和拥有粉丝超过 1366 万，权威发布了一系列省部级官员职务犯罪案件信息。各地检察机关也依托新媒体，积极打造集案管公开大厅实体平台、传统媒体平台和新媒体平台"三位一体"的检务公开立体网阵。

　　目前，全国共新建或升级检察机关门户网站约 70 个，全国已有 27 个省级院及 1600 多个地市院和基层院开通官方微博，400 多个检察院开通官方微信，人民检察院案件信息公开网也于 10 月 1 日起正式上线运行，这些都为进一步深化案件信息公开搭建了平台，拓宽了渠道，共同推动了检察机关案件信息公开工作再上新台阶。

希望新闻媒体朋友继续关心关注各项检察工作，主动开展舆论监督，提供良性舆论支持，汇聚舆论监督与法律监督的正能量，为确保检察机关公正廉洁规范执法，保障人民群众的合法权益营造良好的舆论环境。

**发布会文件**

## 人民检察院案件信息公开工作规定（试行）

（2014年6月20日最高人民检察院第十二届检察委员会第二十四次会议通过）

### 第一章 总 则

**第一条** 为了保障人民群众对检察工作的知情权、参与权和监督权，进一步深化检务公开，增强检察机关执法办案的透明度，规范司法办案行为，促进公正执法，根据有关法律规定，制定本规定。

**第二条** 人民检察院公开案件信息，应当遵循依法、便民、及时、规范、安全的原则。

**第三条** 人民检察院应当通过互联网、电话、邮件、检察服务窗口等方式，向相关人员提供案件程序性信息查询服务，向社会公开重要案件信息和法律文书，以及办理其他案件信息公开工作。

最高人民检察院依托国家电子政务网络建立统一的人民检察院案件信息公开系统，各级人民检察院依照本规定，在该系统办理案件信息公开的有关工作。各级人民检察院互联网网站应当与人民检察院案件信息公开系统建立链接。

**第四条** 人民检察院对涉及国家秘密、商业秘密、个人隐私和未成年人犯罪的案件信息，以及其他依照法律法规和最高人民检察院有关规定不应当公开的信息，不得公开。

人民检察院应当建立健全案件信息发布保密审查机制，明确审查的程序和责任。案件信息公开前，应当依照《中华人民共和国保守国家秘密法》、《中华人民共和国保守国家秘密法实施条例》、《检察工作中国家秘密范围的规定》等相关规定，审查拟公开的案件信息。各部门对案件信息不能确定是否可以公开的，应当依照规定报保密部门确定。

**第五条** 人民检察院案件管理部门是案件信息公开工作的主管部门，负责案件信息公开的组织、监督、指导和有关服务窗口的查询服务等工作；案件办理部门负责本部门案件信息公开的密级确定、文字处理和审核；新闻宣传部门负责审核、发布重要案件信息和收集、处理舆情反映；保密部门负责保密检查、管理；技术信息部门负责技术保障。相关部门应当分工负责，相互配合。

**第六条** 任何单位和个人不得利用案件信息公开工作谋取利益。

### 第二章 案件程序性信息查询

**第七条** 人民检察院应当依法、及时履行法律规定的通知、告知、送达、公开宣布等职责。当事人及其法定代理人、近亲属、辩护人、诉讼代理人，可以依照规定，向办理该案件的人民检察院查询案由、受理时间、办案期限、办案部门、办案进程、处理结果、强制措施等程序性信息。

**第八条** 当事人及其法定代理人、近亲属、辩护人、诉讼代理人查询案件程序性信息，应当向办理该案件的人民检察院案件管理部门提交身份证明、委托书等证明材料。

人民检察院对查询申请人身份审核认证后，对符合条件的，应当提供查询服务，或者提供网上查询账号。查询申请人可以凭账号登录人民检察院案件信息公开系统，查询相关案件程序性信息。

**第九条** 当事人及其法定代理人、近亲属、辩护人、诉讼代理人需要查询经常居住地以外的人民检察院办理的案件程序性信息的，可以到经常居住地所在的县、区级人民检察院案件管理部门请求协助办理身份认证。被请求协助的人民检察院应当及时与办理该案件的人民检察院联系，传输有关材料，办理该案件的人民检察院审核认可后，应当提供查询服务或者查询账号。

第十条　辩护人、诉讼代理人因与当事人解除委托关系等原因丧失查询资格的，人民检察院应当及时注销其查询账号。

### 第三章　重要案件信息发布

第十一条　人民检察院应当及时向社会发布下列重要案件信息：

（一）有较大社会影响的职务犯罪案件的立案侦查、决定逮捕、提起公诉等情况；

（二）社会广泛关注的刑事案件的批准逮捕、提起公诉等情况；

（三）已经办结的典型案例；

（四）重大、专项业务工作的进展和结果信息；

（五）其他重要案件信息。

人民检察院对正在办理的案件，不得向社会发布有关案件事实和证据认定的信息。

第十二条　人民检察院可以通过新闻发言人、召开新闻发布会、提供新闻稿等方式对外发布重要案件信息，并且应当同时在人民检察院案件信息公开系统上发布该信息。

第十三条　重要案件信息由办理该案件的人民检察院负责发布。对于重大、敏感案件以及上级人民检察院交办、督办的案件，在发布信息前应当报上级人民检察院批准；对于在全国范围内有重大影响的案件，在发布信息前应当层报最高人民检察院批准。上级人民检察院可以与下级人民检察院同步发布已经获得批准的重要案件信息。

**第十四条** 各级人民检察院案件办理部门负责拟制本部门应当发布的案件信息，经分管副检察长或者检察长批准后，由本院新闻宣传部门负责发布。没有设立新闻宣传部门的，由案件管理部门负责在人民检察院案件信息公开系统上发布，需要向其他媒体发布的，由办公室或者其他指定的部门负责发布。

**第十五条** 新闻宣传部门、案件管理部门发现有应当发布的案件信息没有及时发布的，应当协调案件办理部门及时发布。

### 第四章　法律文书公开

**第十六条** 人民检察院制作的法律文书，应当依照法律规定，及时向当事人、其他诉讼参与人和有关单位送达、宣布。

**第十七条** 人民检察院作出撤销案件、不批准逮捕等决定的法律文书，可以通过在本院设立电子触摸显示屏等方式提供查阅。

**第十八条** 人民检察院制作的下列法律文书，应当在人民检察院案件信息公开系统上发布：

（一）人民法院所作判决、裁定已生效的刑事案件起诉书、抗诉书；

（二）不起诉决定书；

（三）刑事申诉复查决定书；

（四）最高人民检察院认为应当在该系统发布的其他法律文书。

人民检察院不得在案件信息公开系统发布内部工作性文书。

**第十九条** 人民检察院在案件信息公开系统上发布法律文书，应当采取符号替代等方式对下列当事人及其他诉讼参与人的姓名做匿名处理：

（一）刑事案件的被害人及其法定代理人、证人、鉴定人；

（二）不起诉决定书中的被不起诉人；

（三）被判处三年有期徒刑以下刑罚以及免予刑事处罚，且不属于累犯或者惯犯的被告人。

当事人或者其他诉讼参与人要求公开本人姓名，并提出书面申请的，经承办人核实、案件办理部门负责人审核、分管副检察长批准后，可以不做相应的匿名处理。

**第二十条** 人民检察院在案件信息公开系统上发布法律文书，应当屏蔽下列内容：

（一）自然人的家庭住址、通讯方式、身份证号码、银行账号、健康状况等个人信息；

（二）未成年人的相关信息；

（三）法人以及其他组织的银行账号；

（四）涉及国家秘密、商业秘密、个人隐私的信息；

（五）根据文书表述的内容可以直接推理或者符合逻辑地推理出属于需要屏蔽的信息的；

（六）其他不宜公开的内容。

**第二十一条** 案件承办人应当在案件办结后或者在收到人民法院生效判决、裁定后十日以内，依照本规定，对需要公开的法律文书做出保密审查和技术处理，报部门负责人审核、分管副检察长或者检察长批准后，提交案件管理部门复核、发布。

对需要报上级人民检察院备案审查的法律文书，应当在备案审查后十日以内，依照前款规定办理法律文书发布手续。

**第二十二条** 向社会公开的法律文书，除依照本规定的要求做技术处理的内容以外，应当与送达当事人的法律文书内容一致。

## 第五章　监督和保障

**第二十三条**　上级人民检察院应当组织、指导下级人民检察院依法、有序开展案件信息公开工作，发现下级人民检察院在案件信息公开工作中存在不合法或者不适当情形的，应当及时纠正。

案件当事人及其法定代理人、近亲属、辩护人、诉讼代理人或者其他单位、个人认为人民检察院发布案件信息不规范、不准确的，可以向人民检察院案件管理部门反映。案件管理部门应当及时协调相关部门核实、处理。

**第二十四条**　各级人民检察院新闻宣传部门或者其他指定部门，应当全面收集、研判案件信息公开工作引发的社会舆情，并会同相关部门及时处理。

**第二十五条**　人民检察院案件管理部门应当定期统计、通报本院和本地区检察机关案件信息公开工作情况。

## 第六章　附　则

**第二十六条**　人民检察院案件信息公开的技术规范、标准由最高人民检察院另行制定。

**第二十七条**　省级人民检察院可以根据本规定，结合本地实际情况，制定案件信息公开工作实施细则。

**第二十八条**　本规定自 2014 年 10 月 1 日起试行。最高人民检察院此前发布的相关规定与本规定不一致的，以本规定为准。

**部分新闻链接**

1. 新华社 2014 年 10 月 17 日报道《案件信息公开制度实施半月　近 20 万案件信息"晒上网"》。

2. 中央人民广播电台 2014 年 10 月 17 日报道《最高人民检察院案件信息公开网在全国开通》。

3. 法制日报 2014 年 10 月 18 日报道《全国检察机关半月网晒 8301 条重要案件信息　3000 余检察院打虎拍蝇信息一网收》。

4. 检察日报 2014 年 10 月 18 日报道《人民检察院案件信息公开工作规定开始试行　检察环节重要案件信息将依法及时发布》。

5. 新京报 2014 年 10 月 18 日报道《最高检：重要案件信息在"案件信息公开网"发布》。

6. 澎湃新闻 2014 年 10 月 18 日报道《检察院案件信息公开网上线 16 天，每天公开信息逾 1.3 万条》。

# "两高"明确定罪量刑标准
# 依法惩治危害药品安全犯罪

## 最高人民检察院、最高人民法院发布办理危害药品安全刑事案件司法解释

发布时间：2014 年 11 月 18 日 10:00

发布内容：发布《最高人民法院、最高人民检察院关于办理危害药品安全刑事案件适用法律问题的司法解释》

发布地点：最高人民检察院电视电话会议室

主 持 人：最高人民检察院新闻发言人　肖玮

出席嘉宾：最高人民检察院法律政策研究室副主任　韩耀元[①]

最高人民法院研究室副主任　胡伟新[②]

---

① 现任中央纪委国家监委办公厅正局级纪检监察员兼副主任。
② 原任最高人民法院研究室副主任，现已退休。

## 🎤 主题发布

**肖　玮**

　　各位记者，上午好！欢迎大家出席最高人民检察院的新闻发布会。今天新闻发布会的主题是发布《最高人民法院、最高人民检察院关于办理危害药品安全刑事案件适用法律若干问题的解释》（以下简称《解释》）。

　　今天的新闻发布会还专门邀请了最高人民检察院法律政策研究室副主任韩耀元，最高人民法院研究室副主任胡伟新同志到会，并就大家感兴趣的话题进行交流。我是今天的主持人、新闻发言人肖玮。

　　下面，首先请最高人民检察院法律政策研究室韩耀元副主任通报《解释》制定的背景和主要内容。

**韩耀元**

　　各位记者，大家好。今天新闻发布会的主题，是发布《最高人民法院、最高人民检察院关于办理危害药品安全刑事案件适用法律若干问题的解释》（以下简称《解释》）。这部司法解释将于2014年12月1日起施行。现将《解释》的制定背景和主要内容说明如下。

### 一、《解释》的制定背景

（一）《解释》的出台背景

近年来，借助现代化生产技术手段与销售途径，生产、销售假药、劣药的行为大量出现，严重危害人民群众的身体健康和生命安全，破坏正常的社会主义市场经济秩序，危及社会的和谐与稳定。为严厉打击制售假药、劣药的违法犯罪行为，"两高"立足刑法有关药品安全犯罪法律条文的修改，结合近年来司法实践情况，联合制定了该《解释》。制定该司法解释，主要考虑到以下两个方面。

一是生产、销售假药犯罪，需进一步完善定罪量刑标准。为进一步加大对危害药品安全犯罪的打击力度，全国人大常委会于 2011 年 2 月 25 日通过了《刑法修正案（八）》，将《刑法》第 141 条生产、销售假药罪由危险犯修改为行为犯，取消了"足以严重危害人体健康"的入罪门槛，并增加规定"有其他严重情节"和"有其他特别严重情节"的刑罚适用条件。2009 年 5 月 13 日，最高人民法院、最高人民检察院出台的《关于办理生产、销售假药、劣药刑事案件具体应用法律若干问题的解释》（法释〔2009〕9 号）（以下简称《2009 年解释》）中的相关规定因法律修改不再适用，亟须制定新的生产、销售假药罪定罪量刑标准。

二是危害药品安全犯罪出现了一些新的情况。《刑法修正案（八）》施行之后至 2014 年 9 月，各地司法机关办理了大量的生产、销售假药案件。2011 年 5 月至 12 月，各地人民检察院审查批捕 458 件 782 人，提起公诉 415 件 715 人；各地人民法院一审收案 350 件，一审结案 343 件 413 人均为有罪判决。2012 年各地人民检察院审查批捕 1226 件 1823 人，提起公诉 3826 件 5248 人；各地人民法院一审收案 3690 件，一审结案 3609 件 3260 人均为有罪判决。2013 年各地人民检察院审查批捕 1432 件 1972 人，提起公诉 2945 件 4079 人；各地人民法院一审收案 2907 件，一审结案 2877 件 3399 人均为有罪判决。

2014 年 1 月至 9 月，各地人民检察院审查批捕 1217 件 1569 人，提起公诉 2524 件 3532 人；各地人民法院一审收案 2860 件，一审结案 2343 件 2783 人均为有罪判决。上述数据充分表明司法机关对危害药品安全犯罪的打击力度不断加大。

司法机关在加大打击力度的同时，也发现危害药品安全犯罪活动在一些地方仍然猖獗，许多制售假药犯罪活动形成了跨省市、组织严密的犯罪团伙；药品辅料问题严重，直接影响到药品质量安全；药品流通领域，未取得合法资质，非法生产、经营药品的行为较为突出等。这些新情况给药品安全监管行政执法与刑事司法工作提出了新的要求。

最高人民法院、最高人民检察院对办理危害药品安全刑事案件适用法律问题，进行了为期两年多的深入调研，对司法实践中存在的各种问题进行了全面系统梳理，广泛征求了立法机关、行政执法机关、地方司法机关、专家学者等各方面的意见、建议，经反复研究、论证，对解释稿进行修改、完善，分别经过最高人民法院审判委员会第1626次会议、最高人民检察院第十二届检察委员会第十八次会议讨论，通过了本《解释》。

（二）《解释》的制定意义

制定出台《解释》意义重大。

第一，制定出台《解释》，是依法打击制售假药、劣药犯罪的迫切需要。通过明确生产、销售假药、劣药犯罪的定罪量刑标准等适用法律问题，有利于统一、规范司法行为，为依法打击此类犯罪行为提供明确的适用法律依据。

第二，制定出台《解释》，是保护人民群众合法权益的现实要求。生产、销售假药、劣药等犯罪，侵犯了公民生命权、健康权、财产权等权益。明确生产、销售假药、劣药等犯罪的定罪量刑标准，对生产、销售假药、劣药犯罪予以精准打击，有利于保护人民群众的合法权益。

第三，制定出台《解释》，是维护社会主义市场经济秩序的需要。生产、销售假药、劣药等犯罪行为，严重破坏正常的社会主义市场经济秩序。司法机关依法惩治此类犯罪，可以为药品行业创造良好的发展环境，有利于维护有序竞争的市场秩序，促进我国药品市场健康发展。

二、《解释》的主要内容

《解释》共有十七条，主要规定了以下几个方面的内容：

（一）明确生产、销售假药、劣药应当酌情从重处罚的情形

《解释》第1条采取列举的方式，对实践中易发、多发，且危害

性严重的生产、销售假药的情况予以总结，明确了应当酌情从重处罚的情形：（1）生产、销售的假药以孕产妇、婴幼儿、儿童或者危重病人为主要使用对象的；（2）生产、销售的假药属于麻醉药品、精神药品、医疗用毒性药品、放射性药品、避孕药品、血液制品、疫苗的；（3）生产、销售的假药属于注射剂药品、急救药品的；（4）医疗机构、医疗机构工作人员生产、销售假药的；（5）在自然灾害、事故灾难、公共卫生事件、社会安全事件等突发事件期间，生产、销售用于应对突发事件的假药的；（6）两年内曾因危害药品安全违法犯罪活动受过行政处罚或者刑事处罚的；（7）其他应当酌情从重处罚的情形。

这里需要指出的是，根据《刑法》第141条的规定，生产、销售假药罪是行为犯，只要行为人实施了生产、销售假药的行为，无论数量多少，均依法构成生产、销售假药罪。具有《解释》第1条规定的七种情形之一的，还应当酌情从重处罚。同时，第5条第3款对生产、销售劣药具备《解释》第1条规定的七种情形之一的，也规定应当酌情从重处罚。

（二）明确了生产、销售假药罪严重情节的认定标准

《解释》第3条确定了从危害后果、犯罪数额、假药种类、犯罪主体等方面衡量生产、销售假药罪构成要件中的"其他严重情节"：（1）造成较大突发公共卫生事件的；（2）生产、销售金额20万元以上不满50万元的；（3）生产、销售金额10万元以上不满20万元，并具有本解释第一条规定情形之一的；（4）根据生产、销售的时间、数量、假药种类等，应当认定为情节严重的。

（三）明确了生产、销售假药罪特别严重情节的认定标准

《解释》第4条明确了生产、销售假药罪构成要件中的"其他特别严重情节"的认定标准。本条吸收了《2009年解释》中"对人体健康造成特别严重危害"的具体规定，同时又根据实际情况增加了四种认定"特别严重情节的"情形。具体包括：（1）致人重度残疾的；（2）造成三人以上重伤、中度残疾或者器官组织损伤导致严重功能障碍的；（3）造成五人以上轻度残疾或者器官组织损伤导致一般功能障碍的；（4）造成十人以上轻伤的；（5）造成重大、特别重大突发公共卫生事件的；

（6）生产、销售金额50万元以上的；（7）生产、销售金额20万元以上不满50万元，并具有本解释第1条规定情形之一的；（8）根据生产、销售的时间、数量、假药种类等，应当认定为情节特别严重的。

（四）明确了生产、销售假药、劣药罪"生产"的含义

实践中查获的生产、销售假药、劣药案件情况显示，危害药品安全犯罪活动分工明确、链条化特征明显，生产过程隐蔽、分散，有的案件药品监督管理部门和公安机关仅能查获犯罪链条的某个环节，难以查清全部犯罪活动。有的行为人往往通过声称自己"不明知"来逃避打击，难以按照生产、销售假药、劣药的共同犯罪来追究刑事责任。因此，《解释》第6条第1款明确规定，以生产、销售假药、劣药为目的，实施下列行为之一的，应当认定为"生产"：（1）具有合成、精制、提取、储存、加工炮制药品原料的行为；（2）将药品原料、辅料、包装材料制成成品过程中，进行配料、混合、制剂、储存、包装的行为；（3）印制包装材料、标签、说明书的行为。

（五）明确了对医疗机构及其工作人员从严惩处

《解释》从两个方面明确了对医疗机构及其工作人员要从严处罚。一是考虑到医疗机构及其工作人员从事生产、销售假药、劣药行为的危害性更大，为有效防止其从事生产、销售假药、劣药犯罪活动，《解释》第1条、第5条第3款中明确了医疗机构、医疗机构工作人员生产、销售假药、劣药应当酌情从重处罚。二是第6条第2款规定，医疗机构、医疗机构工作人员明知是假药、劣药而有偿提供给他人使用，或者为出售而购买、储存的行为，应当认定为"销售"。《解释》对医疗机构及其工作人员的销售行为明确予以规定，有利于加大对此类主体销售假药、劣药行为的刑事打击力度，维护人民群众生命健康安全。

（六）明确了危害药品安全的非法经营行为的定罪量刑标准

为惩治危害药品安全的非法经营行为，《解释》第7条第1款、第2款规定，违反国家药品管理法律法规，未取得或者使用伪造、变造的药品经营许可证，非法经营药品，情节严重的，或者以提供给他人生产、销售药品为目的，违反国家规定，生产、销售不符合药用要求的非

药品原料、辅料，情节严重的，依照《刑法》第 225 条的规定以非法经营罪定罪处罚。该条第 3 款结合危害药品安全犯罪的情况，进一步明确了非法经营行为的定罪量刑标准，即非法经营数额在 10 万元以上，或者违法所得数额在 5 万元以上的，应当认定为《刑法》第 225 条规定的"情节严重"；达到上述数额五倍以上的标准的，应当认定为《刑法》第 225 条规定的"情节特别严重"。

（七）明确了办理危害药品安全犯罪中贯彻宽严相济的刑事政策

对生产、销售假药、劣药的犯罪行为坚持从严打击，才能遏制危害药品安全犯罪行为蔓延的趋势，有效保护人民群众生命健康安全，维护社会和谐稳定。《解释》第 11 条第 1 款规定，对实施本解释规定之犯罪的犯罪分子，应当依照刑法规定的条件，严格缓刑、免予刑事处罚的适用。对于适用缓刑的，应当同时宣告禁止令，禁止犯罪分子在缓刑考验期内从事药品生产、销售及相关活动。

《刑法修正案（八）》虽然将生产、销售假药罪由危险犯修改为行为犯，但对社会危害性不大、主观恶性及人身危险性较轻的行为，仍然有必要贯彻宽严相济的刑事政策。第 11 条第 2 款规定了出罪条款，即销售少量根据民间传统配方私自加工的药品，或者销售少量未经批准进口的国外、境外药品，没有造成他人伤害后果或者延误诊治，情节显著轻微危害不大的，不认为是犯罪。

（八）明确了"生产、销售金额"的认定标准

鉴于"生产、销售金额"直接影响到生产、销售假药、劣药罪的定罪量刑标准。《解释》明确规定，"生产、销售金额"包括生产、销售假药、劣药所得和可得的全部违法收入。根据该条规定，"生产、销售金额"除包括生产假药、劣药的货值金额外，还包括已经全部销售、全部尚未销售以及部分销售部分未销售等所得和可得的全部违法收入，有利于加大打击力度。

此外，《解释》还对共犯、罚金刑、单位犯罪、假药劣药的认定等做了规定。

**现场答问**

**检察日报记者　徐盈雁**

　　我有两个问题想请韩主任回答，《2009年解释》从公布实施到现在只有五年多的时间，"两高"为何针对生产、销售假药、劣药犯罪又制定新的司法解释呢？《解释》是如何考虑应对打击生产、销售假药犯罪越来越隐蔽化、组织化、链条化的需要的？

**韩耀元**

　　近年来，随着社会经济的发展，制售假药、劣药违法犯罪行为呈现高发态势，严重破坏了公平正当的市场经济秩序，侵害了人民群众的生命健康安全，与我国全面建成小康社会的目标背道而驰，人民群众十分痛恨，社会各界反应强烈。为进一步加大对危害药品安全犯罪的打击力度，全国人大常委会2011年2月25日通过了《刑法修正案（八）》，修改了《刑法》第141条生产、销售假药罪的犯罪成立要件，取消了"足以严重危害人体健康"的入罪门槛，致使《2009年解释》中相关规定不再适用。

　　同时，危害药品安全犯罪出现了一些新的情况，一是制售假药、劣药犯罪行为的产业链特征明显，查处难度加大。许多制售假药、劣药的犯罪分子形成利益联盟，有的已形成了产、供、销"一条龙"的犯罪网络，有的形成了跨省市、组织严密的犯罪团伙。二是药品原辅料、包装材料安全问题严重。非法生产药用辅料的现象很突出，直接导致严重的药品安全问题；各地均出现了通过利用回收的废弃包装材料生产假药的案例。三是药品流通领域，未取得合法资质，非法生产、经营药品的行为较为突出；利用互联网、快递等现代物流手段成为假药流通的重要渠道。这些新情况给药品安全监管行政执法与刑事司法工作提出了新的要求。对上述制售假药、劣药犯罪活动中出现的新情况、新问题，需要通过出台相应的司法解释予以明确打击。

为进一步明确生产、销售假药罪的定罪量刑标准，促进各级司法机关准确适用法律，"两高"在进行深入、广泛调研的基础上，制定出台了《关于办理危害药品安全刑事案件适用法律若干问题的解释》。制发新的司法解释，是从严惩处严重危害药品安全犯罪，维护市场经济秩序，保护广大人民群众生命健康安全的现实需要。

下面我接着回答记者朋友的第二个问题。为应对打击隐蔽化、组织化、链条化的生产、销售假药犯罪的现实需要，一是对生产行为的认定不再局限于生产药品本身，根据《解释》第 6 条第 1 款的规定，具有以下几种行为之一的，就应该认定为生产行为：合成、精制、提取、储存、加工炮制药品原料的行为；将药品原料、辅料、包装材料制成成品过程中，进行配料、混合、制剂、储存、包装的行为；印制包装材料、标签、说明书的行为。对生产行为的重新界定，符合执法办案的实际需要，具有针对性和可操作性。可以有效应对危害药品安全犯罪行为分工明确化、链条化的特点，有利于药品监督管理部门和公安机关查获犯罪，有效避免部分行为人逃避打击。

二是进一步明确生产、销售假药、劣药行为的共犯范围。根据《解释》第 8 条之规定，对提供资金帮助、生产技术支持、原料辅料供给、广告宣传等帮助的人，要依法按照生产、销售假药、劣药罪的共犯定罪处罚。依法惩罚危害药品安全犯罪的各种帮助行为，对有效惩治危害药品安全犯罪的外部环境条件、分化瓦解犯罪组织具有重要意义。

**法制日报记者　蒋　皓**

研究起草《解释》时，对危害药品安全违法犯罪案件的行政执法与刑事司法的衔接问题有哪些考虑和规定？检察机关将如何做好药品安全违法犯罪案件行政执法与刑事司法衔接的法律监督工作？

**韩耀元**

对于危害药品安全的违法犯罪行为，除进入刑事司法程序被追究刑事责任的以外，还有一部分由有关行政执法机关追究行政责任。我们在研究起草《解释》时，对违法与犯罪的界限，行政执法与刑事司法衔接等问题进行了认真研究，本着加大对危害药品安全违法犯罪行为打击力度，同时加强可操作性的考虑，作出了相关规定。

例如，根据《刑法修正案（八）》的有关规定，对于生产、销售假药的，无论数量多少，都应当依法追究刑事责任。《解释》对生产、销售假药罪不再设置入罪门槛，除"销售少量根据民间传统配方私自加工的药品，或者销售少量未经批准进口的国外、境外药品，没有造成他人伤害后果或者延误诊治，情节显著轻微危害不大的，不认为是犯罪"的以外，对生产、销售假药的行为都应该追究刑事责任。

《解释》第1条明确了生产、销售假药罪七种从重处罚的情形。这条规定体现的精神就是：以"零容忍"的态度打击生产、销售假药犯罪，对于生产、销售假药具有《解释》第1条规定七种情形之一的，不仅要依法追究刑事责任，还要从重处罚。

又如，根据《药品管理法》第75条规定，生产、销售劣药的，没收违法生产、销售的药品和违法所得，并处违法生产、销售药品货值金额一倍以上三倍以下的罚款；情节严重的，责令停产、停业整顿或者撤销药品批准证明文件、吊销《药品生产许可证》《药品经营许可证》或者《医疗机构制剂许可证》；构成犯罪的，依法追究刑事责任。《解释》第2条将"造成轻伤或者重伤的""造成轻度残疾或者中度残疾的"等四种情形认定为《刑法》第142条规定的"对人体健康造成严重危害"，以生产、销售劣药罪追究刑事责任。

上述规定都明确了行政责任与刑事责任的界限，有利于加强行政执法与刑事司法的无缝衔接。在打击危害药品安全违法犯罪过程中，对于符合《解释》有关规定构成犯罪的，行政执法部门要依法移送公安机关；司法机关在进行刑事处罚的同时，对符合《药品管理法》等法律规范规定的行政处罚条件的行为，有关行政执法机关也要依照有关规定进行行政处罚。对于没有达到《解释》规定有关犯罪的定罪标准，以及刑法没有规定为犯罪但违反了《药品管理法》等法律规范的行为，要由相关行政执法机关追究行政责任。

还需要向大家介绍的是，检察机关是国家的法律监督机关，根据《刑法》《刑事诉讼法》《行政执法机关移送涉嫌犯罪案件的规定》等法律法规的要求，对行政执法机关应当移送涉嫌犯罪案件而不移送或者公安机关应当受理而不受理、应当立案而不立案的，依法督促行政执法机关移送涉嫌犯罪案件，监督公安机关依法立案侦查。对于负责药品监管行政执法部门的国家机关工作人员徇私舞弊，对依法应当移交司法机关追究刑事责任的不移交，情节严重的，检察机关应当及时立案查处，构成渎职犯罪的，依法追究刑事责任。

2014年上半年，最高人民检察院专门部署开展危害民生刑事犯罪专项立案监督活动，此次专项监督活动的目标就是要监督行政执法机关移送、监督公安机关立案侦查一批发生在群众身边、侵犯群众切身利益和社会公共利益的危害民生犯罪案件，其中包括危害药品安全犯罪案件，切实防止和纠正以罚代刑、有案不移、有案不立、放纵犯罪等行为，推动完善危害药品安全违法犯罪案件行政执法与刑事司法衔接机制，形成打击合力，切实维护人民群众生命健康安全。

**人民法院报记者　罗书臻**

从《解释》的内容看，生产、销售假药的金额是一个重要的量刑标准，但据了解，如何认定金额在实践中存在争议。《解释》这样规定是如何考虑的？

**胡伟新**

针对实践中生产、销售假药行为可能对人体健康造成的危害后果，以及这类案件取证和认证难的问题，我们总结司法实践经验，从数额加情节两个方面，分别确定了"其他严重情节"和"其他特别严重情节"的认定和量刑幅度，即《解释》第3条规定的"生产、销售金额二十万元以上不满五十万元的，生产、销售金额十万元以上不满二十万元，并具有本解释第一条规定情形之一的，属于"其他严重情节"，应处三年以上十年以下有期徒刑，并处罚金；第4条"生产、销售金额五十万元以上的，生产、销售金额二十万元以上不满五十万元，并具有本解释第一条规定情形之一的，属于"其他特别严重情节"，应处十年以上有期徒刑、无期徒刑或者死刑，并处罚金或者没收财产。

关于数额标准的规定，主要考虑到以下几个因素：其一，经过对药品市场上高、中、低档药品的价格分析对比，上述金额所购买药品的种类、数量及可能造成的危害等，与刑法中"严重情节""特别严重情节"所指的社会危害性基本匹配。其二，与"两高"2013年发布的《关于办理危害食品安全刑事案件适用法律若干问题的解释》的相关数额标准保持了均衡。其三，解释起草过程中，经广泛征求意见，各有关方面都认为上述金额标准是比较适宜的。

**人民网记者　李楠楠**

为什么《解释》要规定非法经营罪？根据《解释》，哪些危害药品安全的非法经营行为构成犯罪？

**韩耀元**

为保证药品质量，保障人体用药安全，维护人民群众身体健康和用药的合法权益，我国对药品的研制、生产、经营、使用和监督管理等都规定了严格的监管制度。实践中，一些非法生产、经营药品、药品原料的行为已经严重危害到药品安全，有必要予以刑事制裁。因此，《解释》规定了非法经营罪。

针对实践中存在的突出问题，在衡量社会危害性和刑罚必要性的基础上，《解释》对两类非法经营行为构成犯罪作了明确规定：一是违反国家药品管理法律法规，未取得或者使用伪造、变造的药品经营许可证，非法经营药品的；二是以提供给他人生产、销售药品为目的，违反国家规定，生产、销售不符合药用要求的非药品原料、辅料的。这两种非法经营行为，不仅严重扰乱了正常的药品生产经营秩序，而且给药品质量安全造成严重安全隐患，对生产、销售假药、劣药行为的泛滥起到了推波助澜的作用，应该予以惩处。

中国网记者　孙满桃

《解释》为什么专门对医疗机构、医疗机构工作人员从事生产、销售假药、劣药的犯罪行为作出规定？当前，危害药品安全犯罪活动形势严峻，社会各界要求予以严厉打击的呼声很高。对此类犯罪行为，是否还适用宽严相济的刑事政策？

胡伟新

宽严相济的刑事政策是我国现阶段基本的刑事政策。对生产、销售假药、劣药的犯罪分子，在坚持依法严厉打击的同时，也应当注意宽严相济刑事政策的适用。对初犯、偶犯等情节显著轻微，危害不大的行为，依法从宽处理。《解释》起草过程中，坚持并贯彻了宽严相济的刑事政策。

一是坚持从严打击危害药品安全犯罪、维护人民群众合法权益。《刑法修正案（八）》将生产、销售假药罪由危险犯修改为行为犯，犯罪构成要件的重大变化意味着对生产、销售假药罪不再有法定的入罪门槛。《解释》制定过程中，贯彻对制售假药犯罪分子从严打击的刑事政策，没有设置入罪门槛，而且在《解释》第1条中明确规定了七种应予酌情从重处罚的情形。在缓刑等适用方面，应当依照刑法规定的条件，严格缓刑、免予刑事处罚的适用。对于适用缓刑的，应当同时宣告禁止令，禁止犯罪分子在缓刑考验期内从事药品生产、销售及相关活动。

二是对社会危害性不大，不应该按照刑事犯罪进行刑事处罚的违法行为，明确规定不再认定为犯罪。制售假药、劣药的行为复杂多样，对销售少量根据民间传统配方私自加工的药品，或者销售少量未经批准进口的国外、境外药品，没有造成他人伤害后果或者延误诊治，情节显著轻微危害不大的，不认为是犯罪。《解释》规定了出罪条款，进一步明

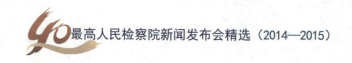

确了《刑法》第13条但书的具体应用，既有利于司法机关正确处理危害药品安全的违法犯罪行为，也易于行政机关准确行使行政执法权，便于行政执法与刑事司法的衔接。

### 凤凰卫视记者　倪晓雯

我有两个问题，一是如果医疗机构人员真的是有这些情况，他们也是接受了刑罚，之后他们是否还可以回到这个行业工作，就是在行业进入方面有没有相关规定？第二个问题，以前查处的这些情况当中，哪种药品是高发频发的？

### 胡伟新

关于医疗机构的工作人员如果制售了假药，受到了刑事处罚，他还能不能再从事医生职业，这个问题超出了本次司法解释规定的范围。但是《刑法修正案（九）》征求意见稿中准备增加规定资格刑，以后像这种情况法院就可以判决禁止他从事相关的工作。第二个问题，制售假药的情况复杂、类型多样，现在法院受理的各种类型的假药案件都有。

### 肖　玮

因为时间关系，今天的发布会提问就到这里。这次新闻发布会同时为大家提供了杨占强等人生产、销售假药案等四个典型案例。这些典型案例都是司法机关已经办结的刑事案件，虽然案件中被告人实施犯罪的行为方式、犯罪对象、危害后果不尽相同，但涉案假药都进入了流通和消费市场，已经对人民群众的生命健康安全造成了严重危害，应当依法严厉打击。

公布这四个典型案例，目的就是要以案说法，加强《解释》的宣传力度，加大《解释》的社会影响，既要全社会形成共识，加深对危害药品犯罪危害性的认识，也要警醒违法犯罪分子不要再以身试法，要对危害药品安全犯罪形成高压严打的态势。

## 发布会文件

**最高人民法院　最高人民检察院**

**关于办理危害药品安全刑事案件适用法律若干问题的解释**

（2014年9月22日最高人民法院审判委员会第1626次会议、2014年3月17日最高人民检察院第十二届检察委员会第18次会议通过）

为依法惩治危害药品安全犯罪，保障人民群众生命健康安全，维护药品市场秩序，根据《中华人民共和国刑法》的规定，现就办理这类刑事案件适用法律的若干问题解释如下：

第一条　生产、销售假药，具有下列情形之一的，应当酌情从重处罚：

（一）生产、销售的假药以孕产妇、婴幼儿、儿童或者危重病人为主要使用对象的；

（二）生产、销售的假药属于麻醉药品、精神药品、医疗用毒性药品、放射性药品、避孕药品、血液制品、疫苗的；

（三）生产、销售的假药属于注射剂药品、急救药品的；

（四）医疗机构、医疗机构工作人员生产、销售假药的；

（五）在自然灾害、事故灾难、公共卫生事件、社会安全事件等突发事件期间，生产、销售用于应对突发事件的假药的；

（六）两年内曾因危害药品安全违法犯罪活动受过行政处罚或者刑事处罚的；

（七）其他应当酌情从重处罚的情形。

第二条　生产、销售假药，具有下列情形之一的，应当认定为刑法第一百四十一条规定的"对人体健康造成严重危害"：

（一）造成轻伤或者重伤的；

（二）造成轻度残疾或者中度残疾的；

（三）造成器官组织损伤导致一般功能障碍或者严重功能障碍的；

（四）其他对人体健康造成严重危害的情形。

第三条 生产、销售假药，具有下列情形之一的，应当认定为刑法第一百四十一条规定的"其他严重情节"：

（一）造成较大突发公共卫生事件的；

（二）生产、销售金额二十万元以上不满五十万元的；

（三）生产、销售金额十万元以上不满二十万元，并具有本解释第一条规定情形之一的；

（四）根据生产、销售的时间、数量、假药种类等，应当认定为情节严重的。

第四条 生产、销售假药，具有下列情形之一的，应当认定为刑法第一百四十一条规定的"其他特别严重情节"：

（一）致人重度残疾的；

（二）造成三人以上重伤、中度残疾或者器官组织损伤导致严重功能障碍的；

（三）造成五人以上轻度残疾或者器官组织损伤导致一般功能障碍的；

（四）造成十人以上轻伤的；

（五）造成重大、特别重大突发公共卫生事件的；

（六）生产、销售金额五十万元以上的；

（七）生产、销售金额二十万元以上不满五十万元，并具有本解释第一条规定情形之一的；

（八）根据生产、销售的时间、数量、假药种类等，应当认定为情节特别严重的。

第五条 生产、销售劣药，具有本解释第二条规定情形之一的，应当认定为刑法第一百四十二条规定的"对人体健康造成严重危害"。

生产、销售劣药，致人死亡，或者具有本解释第四条第一项至第五项规定情形之一的，应当认定为刑法第一百四十二条规定的"后果特别严重"。

生产、销售劣药，具有本解释第一条规定情形之一的，应当酌情从重处罚。

**第六条** 以生产、销售假药、劣药为目的，实施下列行为之一的，应当认定为刑法第一百四十一条、第一百四十二条规定的"生产"：

（一）合成、精制、提取、储存、加工炮制药品原料的行为；

（二）将药品原料、辅料、包装材料制成成品过程中，进行配料、混合、制剂、储存、包装的行为；

（三）印制包装材料、标签、说明书的行为。

医疗机构、医疗机构工作人员明知是假药、劣药而有偿提供给他人使用，或者为出售而购买、储存的行为，应当认定为刑法第一百四十一条、第一百四十二条规定的"销售"。

**第七条** 违反国家药品管理法律法规，未取得或者使用伪造、变造的药品经营许可证，非法经营药品，情节严重的，依照刑法第二百二十五条的规定以非法经营罪定罪处罚。

以提供给他人生产、销售药品为目的，违反国家规定，生产、销售不符合药用要求的非药品原料、辅料，情节严重的，依照刑法第二百二十五条的规定以非法经营罪定罪处罚。

实施前两款行为，非法经营数额在十万元以上，或者违法所得数额在五万元以上的，应当认定为刑法第二百二十五条规定的"情节严重"；非法经营数额在五十万元以上，或者违法所得数额在二十五万元以上的，应当认定为刑法第二百二十五条规定的"情节特别严重"。

实施本条第二款行为，同时又构成生产、销售伪劣产品罪、以危险方法危害公共安全罪等犯罪的，依照处罚较重的规定定罪处罚。

**第八条**　明知他人生产、销售假药、劣药，而有下列情形之一的，以共同犯罪论处：

（一）提供资金、贷款、账号、发票、证明、许可证件的；

（二）提供生产、经营场所、设备或者运输、储存、保管、邮寄、网络销售渠道等便利条件的；

（三）提供生产技术或者原料、辅料、包装材料、标签、说明书的；

（四）提供广告宣传等帮助行为的。

**第九条**　广告主、广告经营者、广告发布者违反国家规定，利用广告对药品作虚假宣传，情节严重的，依照刑法第二百二十二条的规定以虚假广告罪定罪处罚。

**第十条**　实施生产、销售假药、劣药犯罪，同时构成生产、销售伪劣产品、侵犯知识产权、非法经营、非法行医、非法采供血等犯罪的，依照处罚较重的规定定罪处罚。

**第十一条**　对实施本解释规定之犯罪的犯罪分子，应当依照刑法规定的条件，严格缓刑、免予刑事处罚的适用。对于适用缓刑的，应当同时宣告禁止令，禁止犯罪分子在缓刑考验期内从事药品生产、销售及相关活动。

销售少量根据民间传统配方私自加工的药品，或者销售少量未经批准进口的国外、境外药品，没有造成他人伤害后果或者延误诊治，情节显著轻微危害不大的，不认为是犯罪。

**第十二条**　犯生产、销售假药罪的，一般应当依法判处生产、销售金额二倍以上的罚金。共同犯罪的，对各共同犯罪人合计判处的罚金应当在生产、销售金额的二倍以上。

**第十三条**　单位犯本解释规定之罪的，对单位判处罚金，并对直接负责的主管人员和其他直接责任人员，依照本解释规定的自然人犯罪的定罪量刑标准处罚。

第十四条　是否属于刑法第一百四十一条、第一百四十二条规定的"假药""劣药"难以确定的，司法机关可以根据地市级以上药品监督管理部门出具的认定意见等相关材料进行认定。必要时，可以委托省级以上药品监督管理部门设置或者确定的药品检验机构进行检验。

第十五条　本解释所称"生产、销售金额"，是指生产、销售假药、劣药所得和可得的全部违法收入。

第十六条　本解释规定的"轻伤""重伤"按照《人体损伤程度鉴定标准》进行鉴定。

本解释规定的"轻度残疾""中度残疾""重度残疾"按照相关伤残等级评定标准进行评定。

第十七条　本解释发布施行后，《最高人民法院、最高人民检察院关于办理生产、销售假药、劣药刑事案件具体应用法律若干问题的解释》（法释〔2009〕9号）同时废止；之前发布的司法解释和规范性文件与本解释不一致的，以本解释为准。

## 🔍 典型案例

### 最高人民检察院通报 4 起生产销售假药典型案例

最高人民检察院今日召开新闻发布会，发布《"两高"关于办理危害药品安全刑事案件适用法律若干问题的解释》（以下简称《解释》），并通报 4 起典型案例。

**一、杨占强等人生产、销售假药案**

基本案情：2008 年 6 月，被告人杨占强在河南省渑池县城关镇一里河村注册成立渑池县立康生物技术有限公司。2010 年至 2012 年，杨占强作为该公司的法定代表人，伙同被告人杨智勇、杨喜平、马耐烦等人，在公司生产、经营期间，为谋取非法利益，未经有关部门批准，采用私自在其生产的中药中添加治疗糖尿病的格列苯脲、苯乙双瓜等西药的方法，大量生产胰复康、消糖康、百草清糖等黄精苦瓜胶囊系列产品，并利用网络虚假宣传药品疗效，在全国范围内招聘代理商，将生产的假药通过物流快递方式销往全国 20 多个省、市、自治区代理商及糖尿病患者，以银行转账、汇款等结算货款，销售金额达人民币 183 万余元。经检验，涉案黄精苦瓜胶囊产品中含有格列本脲、苯乙双瓜等化学成分，上述产品所标示的批准文号为虚假文号，应按假药查处。

诉讼情况：本案由河南省三门峡市渑池县公安局侦查终结后，移送渑池县人民检察院审查起诉。2013 年 5 月 21 日，渑池县人民检察院以被告人杨占强、杨智勇、杨喜平、马耐烦生产、销售假药罪向渑池县人民法院提起公诉。

2013 年 9 月 9 日，渑池县人民法院一审认为，被告人杨占强、杨智勇、杨喜平、马耐烦违反国家药品管理法规，生产、销售假药，且销售范围广，销售金额达人民币183万余元，属具有其他严重情节，其中被告人杨占强生产、销售假药，其行为构成生产、销售假药罪，被告人杨喜平生产假药，构成生产假药罪，被告人杨智勇、马耐烦销售假药，构成销售假药罪。依照刑法相关条款规定，判决被告人杨占强犯生产、销售假药罪，判处有期徒刑八年，并处罚金人民币10万元；杨智勇犯销售假药罪，判处有期徒刑三年六个月，并处罚金人民币5万元；杨喜平犯生产假药罪，判处有期徒刑二年六个月，并处罚金人民币2万元；马耐烦犯销售假药罪，判处有期徒刑二年六个月，并处罚金人民币2万元。追缴以上各被告人违法所得人民币11万余元。

一审宣判后，杨占强、杨智勇、马耐烦提出上诉，河南省三门峡市中级人民法院二审裁定驳回上诉，维持原判。

**二、王美烽销售假药案**

基本案情：2011年7月至2013年3月，被告人王美烽在明知其向江西省新余市辉宇生物科技有限公司购进的"999皮炎平""狼毒软膏""维达宁喷剂""丁桂儿脐贴""妇科金鸡凝胶""妇科千金凝胶"等药品系假药的情况下，仍将上述假药销售给泉州市泉港区界山镇河阳村第一卫生所、泉港区狮东村第三卫生所、泉港区界山镇玉湖村第二卫生所、郭厝村卫生所、惠安县祝安堂药店、彭氏骨伤外科等卫生所和药店，销售金额为人民币5220元，从中非法获利人民币1950元。后被告人王美烽主动回收部分假药并销毁。经药监部门认定，上述药品应按假药论处。

诉讼情况：本案由福建省泉州市公安局泉港分局侦查终结后，移送泉港区人民检察院审查起诉。2014年2月7日，泉港区人民检察院以被告人王美烽犯销售假药罪向泉港区人民法院提起公诉。2014年2月27日，泉港区人民法院一审认为，被告人王美烽违反药品管理法规，明知是假药仍予以销售，销售金额达人民币5220元，其行为已构成销售假药罪，判决被告人王美烽犯销售假药罪，判处有期徒刑七个月，并处罚金人民币1.5万元；追缴违法所得人民币1950元。

一审宣判后，王美烽未提出上诉，检察机关也未提出抗诉，判决生效。

### 三、张士华非法经营、销售假药案

基本案情：2010年起，被告人张士华在未取得《药品经营许可证》的情况下，从安徽华源医药股份有限公司、安徽省六安市华裕医药有限公司、六安七星医药有限公司、六安市恒丰药业有限公司等购进药品后，在上海市浦东新区川沙新镇虹桥村7队吴家宅5号从事药品批发活动。2011年8月9日，公安机关在上述地址抓获被告人张士华，当场查获500余种待销售药品。经鉴定，现场查获的药品价值人民币78万余元。

2011年5月至7月，张士华从他人处购得"人血白蛋白"及"人免疫球蛋白"后，销售"人血白蛋白"2瓶，销售"人免疫球蛋白"5瓶。2011年8月9日，公安机关从张士华处查获尚未销售的"人血白蛋白"6瓶、"人免疫球蛋白"35瓶。经鉴定，上述"人血白蛋白""人免疫球蛋白"均系假药。

诉讼情况：本案由上海市公安局浦东分局侦查终结后，移送上海市浦东新区人民检察院审查起诉。2012年2月2日，浦东新区人民检察院以被告人张士华犯非法经营罪、销售假药罪向浦东新区人民法院提起公诉。

2012年2月23日，浦东新区人民法院一审认为，张士华违反国家药品管理法律法规的规定，未经有关国家药品监督管理部门许可，无证经营药品，扰乱市场秩序，情节特别严重，其行为已构成非法经营罪；张士华销售假药的行为又构成销售假药罪。判决张士华犯非法经营罪，判处有期徒刑五年，并处罚金人民币 15 万元；犯销售假药罪，判处有期徒刑一年三个月，并处罚金人民币 1 万元；决定执行有期徒刑五年十个月，并处罚金人民币 16 万元。查获的药品均予以没收。

一审宣判后，张士华未提出上诉，检察机关也未提出抗诉，判决生效。

### 四、蒋春明等人生产、销售假药案

基本案情：2010 年 11 月至 12 月间，被告人蒋春明从张莉（另案处理）处，购买假人用狂犬病疫苗 1000 盒，并将其中的 200 盒销售给被告人李文。被告人康兆电明知是假药的情况下，仍然从李文处购买该 200 盒假人用狂犬病疫苗，后通过滕养银（另案处理）将该 200 盒假人用狂犬病疫苗销售给被告人李海超，李海超在明知系假药的情况下仍购买，并将该 200 盒假人用狂犬病疫苗中的 10 余盒给他人注射，110 余盒销售给他人，其余的 70 余盒在案发后被李海超销毁。

2011 年 9 月，蒋春明通过李文从安徽太和县被告人李云荣处购买生产假人用狂犬病疫苗所需要的纸质包装盒及配套的说明书和标签等物品，在安徽省蚌埠市二岗附近租赁房屋内伙同被告人郝敬刚等人，生产长春长生生物科技股份有限公司生产的"万信"牌的假人用狂犬病疫苗 6000 余盒。

2012 年 3 月，蒋春明又通过李文从浙江省温州市苍南县龙港镇的鲍克端（另案处理）处，购买生产假人用狂犬病疫苗所用的纸质包装盒及配套的塑料托壳、说明书、不干胶标签等物品，在其位于安徽省滁州市凤阳县凤凰城小区住处内，伙同被告人黄玉芬等人，生产长春长生生物科技股份有限公司生产的"万信"牌的假人用狂犬病疫苗 6000 余盒。

诉讼情况：本案由江苏省徐州市丰县公安局侦查终结后，移送丰县人民检察院审查起诉。2013年1月21日，丰县人民检察院以蒋春明等人犯生产、销售假药罪向丰县人民法院提起公诉。2013年3月28日，丰县人民法院一审判决蒋春明犯生产、销售假药罪，判处有期徒刑五年，并处罚金人民币6万元；李文犯生产、销售假药罪，判处有期徒刑二年六个月，并处罚金人民币4万元；黄玉芬犯生产假药罪，判处有期徒刑二年，并处罚金人民币3万元；李云荣犯生产假药罪，判处有期徒刑一年六个月，并处罚金人民币2万元；郝敬刚犯生产假药罪，判处有期徒刑一年四个月，并处罚金人民币2万元；康兆电、李海超犯销售假药罪，均判处有期徒刑一年二个月，并处罚金人民币1万元。

一审判决后，被告人均未提出上诉，检察机关也未提出抗诉，判决生效。

## 部分新闻链接

1. 人民日报 2014 年 11 月 19 日报道《最高法、最高检出台办理危害药品安全刑事案件司法解释》。

2. 中新社 2014 年 11 月 18 日报道《最高检：非法经营药品致严重安全隐患 应予以惩处》。

3. 法制日报 2014 年 11 月 19 日报道《两高发布办理危害药品安全刑事案件司法解释 制售孕产妇婴幼儿假药从重处罚》。

4. 检察日报 2014 年 11 月 19 日报道《"两高"发布〈关于办理危害药品安全刑事案件适用法律若干问题的解释〉从重处罚七种生产销售假药情形》。

5. 新京报 2014 年 11 月 19 日报道《生产销售假药罪不设入罪门槛 两高发布司法解释明确医疗机构工作人员销售假药等六种情形将从重处罚》。

6. 澎湃新闻 2014 年 11 月 18 日报道《两高发布药品安全刑案司法解释：医疗机构制售假药从严惩处》。

# 开展国际追逃追赃行动
# 缉拿潜逃境外腐败分子

## 最高人民检察院通报职务犯罪国际追逃追赃专项行动工作情况

发布时间：2015 年 1 月 19 日 10:00

发布主题：通报检察机关职务犯罪国际追逃追赃专项行动工作情况；
　　　　　发布检察机关职务犯罪国际追逃追赃专项行为典型案例

发布地点：最高人民检察院电视电话会议室

主 持 人：最高人民检察院新闻发言人　肖玮

出席嘉宾：最高人民检察院反贪污贿赂总局局长　徐进辉[①]

---

① 原任最高人民检察院反贪污贿赂总局局长，现已退休。

## 主题发布

**肖 玮**

　　各位记者朋友，大家上午好！欢迎参加最高人民检察院新闻发布会。今天新闻发布会的主题是通报职务犯罪国际追逃追赃专项行动工作情况。出席今天发布会的是最高人民检察院反贪污贿赂总局徐进辉局长。我是主持人肖玮。

　　下面，请徐进辉局长通报检察机关职务犯罪国际追逃追赃专项行动工作情况。

**徐进辉**

　　各位记者朋友，大家上午好！下面，我向大家简要通报全国检察机关职务犯罪国际追逃追赃专项行动工作情况。

　　**一、基本情况介绍**

　　2014 年 9 月，最高人民检察院决定，从 2014 年 10 月起，在全国检察机关开展为期半年的职务犯罪国际追逃追赃专项行动。集中时间、集中精力、集中力量缉捕一批潜逃境外的贪污贿赂等职务犯罪嫌疑人。这是检察机关为贯彻落实党中央关于加强国际追逃追赃工作的重要部署、深入推进反腐败斗争所采取的重要举措。截止到 2014 年 12 月 31 日，专项行动开展 3 个月来，全国检察机关已成功地将潜逃美国、英国、加拿大等 17 个国家和地区的 49 名贪污贿赂等职务犯罪嫌疑人劝返或抓获归案。

已被劝返和抓获的 49 名潜逃境外的犯罪嫌疑人中，涉嫌贪污犯罪 11 人，涉嫌行贿受贿犯罪 31 人。涉案金额在 100 万元以上的有 16 人，涉案金额超过千万元的有 4 人。如涉嫌行贿 1000 余万元的深圳市远望谷信息股份有限公司原董事长徐某，在我强大的国际追逃政策感召下，于 2014 年 11 月 27 日回国投案自首。涉嫌贪污 700 万元的湖南省安乡县财政局徐某从泰国回国投案自首。

这些被抓获或劝返的职务犯罪嫌疑人中，有国家机关工作人员 12 人，国有企业或事业单位工作人员 13 人。既有厅级干部，如辽宁省凤城市委原书记王某，也有县处级干部，如涉嫌受贿和滥用职权罪的江苏省南京市江宁区科学园管委会原副主任金某，涉嫌受贿犯罪的浙江青田县船寮镇政府原镇长叶某等。潜逃 10 年以上的有 3 人，时间最长的 23 年。

如中国工商银行哈尔滨分行某分理处原副主任郑某，1990 年涉嫌挪用公款犯罪携款潜逃俄罗斯。专项行动开始以后，黑龙江省检察机关在当地公安机关的支持配合下，采取多种手段收集郑某行踪和生活信息，发现郑某与护照姓名为丁某的人员相貌极为相似，经过反复对比和科学辨认，检察人员发现郑某更名改姓辗转俄罗斯和国内，并于 2013 年在哈尔滨某区办理了暂住证。以此为线索顺藤摸瓜，检察人员一举将其抓获。涉嫌贪污罪畏罪潜逃境外 21 年的浙江省丽水市房地产处收款员叶某 2014 年 12 月 10 日被劝返从意大利回国投案自首。

### 二、采取九项措施

近年来，随着我国对外开放的不断深化，国际交往和人员流动更加频繁，一些贪污贿赂等职务犯罪嫌疑人为逃避法律制裁，携款潜逃境外，坐享犯罪所得，不仅严重阻碍刑事诉讼的顺利进行、而且亵渎法治尊严，损害司法公正，给潜在的腐败分子带来不良示范效应，严重影响反腐败的成效。最高人民检察院高度重视职务犯罪国际追逃追赃，把这项工作摆在与办案同等重要的位置来抓，采取了九项切实有效的措施：

一是决定在全国检察机关开展为期半年的职务犯罪国际追逃追赃专项行动，集中时间、集中精力、集中人员缉捕潜逃境外的贪污贿赂等职务犯罪嫌疑人。最高检对携款潜逃境外时间长、数额大、职务高的 10

件职务犯罪案件和10件境内潜逃案件挂牌交办，强化直接指挥和督办。各省级检察院按照要求，在普遍调查和认真筛选的基础上，对66件潜逃境外的职务犯罪嫌疑人和149件境内潜逃犯罪嫌疑人挂牌督办，掀起强大的追逃追赃攻势。目前，最高检挂牌督办的10件境外追逃案件中已有1人回国投案自首，10起境内追逃案件中已有4人被抓获。

二是最高检联合最高法、公安部、外交部共同下发《关于敦促在逃境外经济犯罪嫌疑人投案自首的通告》，规劝犯罪嫌疑人限期回国投案自首，占领国际追逃追赃的法律和道义制高点。

三是最高检与公安部联合下发《关于公安机关与检察机关在职务犯罪国际追逃追赃专项行动中加强协调配合的通知》《关于进一步加强协作配合共同推进缉捕外逃经济犯罪人员专项行动的通知》，推动建立职务犯罪国际追逃追赃工作信息沟通、情况交换、协作配合机制，将检察机关开展的职务犯罪国际追逃追赃专项行动与公安机关开展的猎狐2014专项行动有机结合，形成合力。

四是全面排查潜逃犯罪嫌疑人底数，多措并举开展追逃追赃专项行动。最高检要求各地检察机关与当地公安机关平行对接，根据犯罪嫌疑人涉嫌犯罪的性质、金额、情节以及潜逃的具体经过、家庭背景、社会交往等，确定追逃追赃的主攻方向和重点，综合运用引渡、遣返、劝返和执法合作等多种措施开展追逃追赃工作。符合条件但尚未办理上网通缉的一律办理上网通缉；符合国际通缉通报条件的，完善相关法律手续尽快办理；建立"一人一档""一人一策"的追逃追赃专案调查机制。

五是切实加大对潜逃犯罪嫌疑人及其近亲属、重要关系人的政策和心理攻势，动员犯罪嫌疑人投案自首。如涉嫌共同受贿犯罪的张某，系吉林省国税局原局长孙某的妻子。孙某受贿犯罪案发后，张某潜逃美国。专项行动开始后，检察人员第一时间向孙某宣讲《关于敦促在逃境外经济犯罪嫌疑人投案自首的通告》，帮助孙某分析形势，晓以利害。在检察人员规劝下，孙某主动给妻子张某写信，要求其配合调查，促使张某携儿子一同回国，并将转移美国的3500万元赃款全额转回国内退赃。

重庆市检察院与公安机关共同梳理潜逃职务犯罪嫌疑人情况，分析掌握他们的活动轨迹，摸排走访，多方收集信息，及时掌握外逃人员的行踪，逐案制定抓捕方案，促使 4 名犯罪嫌疑人归案。涉嫌贪污 200 多万美元的重庆建设集团有限公司甘某主动从利比里亚回国投案自首。

湖北省检察院整合内部资源，推动建立"领导小组统一领导、指挥中心组织协调、办案部门主体责任、司法警察常态参与"的组织领导体制，党委反腐败协调小组领导、相关职能部门协调配合的协作机制，实现追逃追赃一盘棋，促使潜逃境外的 6 名犯罪嫌疑人回国投案自首。

六是立足检察职能，有针对性地开展职务犯罪国际追逃追赃工作。黑龙江、云南等省发挥边境合作优势，充分发挥自身优势和区域特点，加强与临近国家和地区执法部门在追逃追赃方面的合作，两省共抓获和促使 9 名犯罪嫌疑回国投案自首。广东、浙江等省检察机关发挥侨乡和联系港澳台的区位优势，向海外商会、华侨华人组织邮寄《关于敦促在逃境外经济犯罪人员自首投案的通告》，向在逃人员家属深入宣传通告精神，共同规劝犯罪嫌疑人回国投案自首，目前两省已有 14 名潜逃犯罪嫌疑人从境外回国投案自首。

七是切实加强与有关国家和地区的司法协作，建立健全国际追逃追赃机制。最高检认真落实国家主席习近平与有关国家元首会谈达成的共识，以及 APEC 反腐败机制、G20 峰会反腐败行动计划，与美国、法国、加拿大、澳大利亚等国家加强磋商，拟定追逃追赃名单和追逃程序，开展积极和务实的追逃追赃协作。

八是加强防逃机制建设，重视对重大案件嫌疑人及其他可能潜逃人员的资金和行踪监测监控。目前犯罪嫌疑人携款潜逃案件已大幅减少。

九是积极探索开展对潜逃犯罪嫌疑人违法所得的没收工作。最高检挂牌督办的 10 起违法所得没收案件中已有 5 起申请法院审理。

### 三、工作情况特点

职务犯罪国际追逃追赃专项行动开展以来的工作情况有这样几个特点：

一是对潜逃犯罪嫌疑人开展劝返工作成功率较高。已回国投案自首的 49 名犯罪嫌疑人中，经对犯罪嫌疑人及其家属、重要关系人开展劝返工作，主动回国投案自首的 36 人，占 73.5%。

二是在潜逃境外人员较多的地区和华人华侨群体中开展追逃追赃攻势效果较好。潜逃境外的职务犯罪犯罪嫌疑人大多生活在国外的华人社区，依靠乡邻接济度日，一些逃犯彼此联络、感情慰藉，在潜逃人员集中的地区和华人华侨群体中开展追逃追赃攻势，往往能够形成连锁效应。

如广东省检察机关通过广泛宣传和向海外华人华侨群体邮寄敦促在逃犯罪嫌疑人投案自首的通告，促使开平市政协原副主席冯某从新西兰回国投案自首，开平市公用事业管理局原局长关某从加拿大回国并退缴赃款 1700 多万元。福建省石狮市检察院通过对在逃犯罪嫌疑人龚某家属宣传开展国际追逃追赃及规劝犯罪嫌疑人投案自首的政策，在旅居菲律宾的乡贤和我驻菲使馆的帮助下，促使龚某回国投案自首。也有的犯罪嫌疑人通过家属代为投案、先行退赃、或采取发电邮等方式向检察机关表达意愿并最终投案。

三是境内抓捕与开展国际司法协作相结合效果好。在劝返和抓获的 49 人中，通过开展边境地区国际司法协作、境内追逃与境外协作抓捕相结合，抓获在逃犯罪嫌疑人 13 人，占 26.5%。

四是切断境内外经济联系，追逃与追赃相结合是促成在逃人员投案自首的重要条件。重庆市犯罪嫌疑人宁某案发后潜逃非洲，谈起逃亡的日子懊悔不已，他说，"那里物质紧缺，经常停水停电，吃的很差，蚊虫又多又大，又得不到家人的帮助。到非洲不久遇上流行病，哪里也不敢去，就跟坐牢差不多。原本以为只要离开中国，就可以逃避惩罚，过上安逸的生活，哪知道会有这样的下场"。浙江省苍南县某村支部书记赵某贪污土地征用补偿金后潜逃缅甸，在那里他生活无着，也不敢与家人联系，走投无路之下走进缅甸有关部门申请回中国投案自首。

检察机关职务犯罪国际追逃追赃专项行动时间已经过半，最高法、最高检、公安部、外交部《关于敦促在逃境外经济犯罪人员投案自首的通告》限定的投案自首从宽处理的期限已经届满，但是我国坚定地开展国际追逃追赃的决心和部署没有变，检察机关加强对职务犯罪国际追逃追赃的工作力度没有减。

随着中国与世界各国司法协作的加强，追逃追赃能力建设和技术水平的提高，特别是伴随联合国反腐败公约、APEC 北京反腐败宣言和 G20 国家反腐败行动计划的贯彻实施，越来越多的国家加入反腐败国际追逃追赃的行动之中，贪污贿赂等职务犯罪嫌疑人跨国潜逃的空间越来越小。检察机关将把党和国家的要求、人民的期盼作为深入开展反腐败国际追逃追赃的导向和动力，采取进一步的行动和措施，不断加大国际追逃追赃的力度，尽最大努力将潜逃境外的职务犯罪嫌疑人绳之以法，维护法律尊严。

我们也正告那些心存侥幸的在逃职务犯罪嫌疑人，看清形势，找准方向，抓住机会，不要误判，不要侥幸，及时作出回国投案自首的正确抉择。对认识罪行、愿意悔改、积极退赃并愿意回国的犯罪嫌疑人，投案自首的大门永远是敞开的，宽严相济是党和国家的一贯方针。2015 年 3 月全国检察机关职务犯罪国际追逃追赃专项行动结束之前，向检察机关或有关主管部门投案自首的，参照《关于敦促在逃经济犯罪人员投案自首的通告》的规定办理。

**肖　玮**

下面请徐局长发布职务犯罪国际追逃追赃专项行动典型案例。

**徐进辉**

检察机关职务犯罪国际追逃追赃专项行动的 7 个典型案例：

1. 化名潜逃 23 年的犯罪嫌疑人郑某被抓获归案。犯罪嫌疑人郑某，男，53 岁，中国工商银行哈尔滨分行某分理处原副主任，1990 年挪用公款 60 万元潜逃至俄罗斯，化名丁某骗取我驻俄罗斯联邦大使馆签发的护照，往来于俄罗斯与国内。专项行动开展以来，黑龙江省检察机关与公安机关联合行动，确认丁某就是在逃人员郑某，于 2014 年 12 月 10

日将其抓获。

2. 广东省开平市政协原副主席冯某从新西兰回国投案自首。犯罪嫌疑人冯某，男，广东省开平市政协原副主席，2013年潜逃新西兰。2014年3月5日因涉嫌受贿罪被检察机关立案侦查。2014年12月19日，冯某由新西兰回国向检察机关投案自首。

3. 广东省开平市公用事业管理局原局长关某从加拿大回国投案自首。犯罪嫌疑人关某，男，广东省开平市公用事业管理局原局长。2005年9月1日逃往加拿大。因涉嫌私分国有资产罪于2007年1月8日被检察机关立案侦查。2014年11月28日，关某通过亲属到开平市检察院转交投案自首书，并由亲属代其退赃77600元。2014年12月24日关某回国向检察机关投案自首。

4. 福建省石狮市宝盖镇某村原村长龚某从菲律宾回国投案自首。犯罪嫌疑人龚某，男，原系福建省石狮市宝盖镇某村负责人。2013年1月涉嫌贪污犯罪潜逃至菲律宾。2014年11月28日从菲律宾回国向检察机关投案自首，并退回赃款近40万元。

5. 江苏省南京市江宁区科学园管委会原副主任金某从香港入境投案自首。犯罪嫌疑人金某，男，江苏省南京市江宁区科学园管委会原副主任，2011年7月辞去公职，案发前出逃香港。2014年7月10日因涉嫌滥用职权、受贿罪被检察机关立案侦查。2014年12月9日入境向检察机关投案自首。

6. 浙江省青田县船寮镇政府原镇长叶某从意大利回国投案自首。犯罪嫌疑人叶某，男，浙江省青田县船寮镇政府原镇长，2001年7月因涉嫌受贿犯罪逃往意大利。2014年12月23日从意大利回国投案自首。

7. 浙江省青田县建设局房地产管理局收款员叶某从意大利回国投案自首。犯罪嫌疑人叶某，男，浙江省青田县建设局房地产管理局收款员。1993年3月逃往意大利。1994年8月检察机关以贪污罪对其立案侦查，2014年12月10日，叶某从意大利回国投案自首并退交全部赃款。

## 部分新闻链接

1. 人民日报 2015 年 1 月 20 日报道《49 名职务犯罪嫌疑人归来》。

2. 中央人民广播电台 2015 年 1 月 19 日报道《最高检：国际追逃追赃专项行动三个月归案 49 人》。

3. 中央电视台 2015 年 1 月 19 日报道《最高检：职务犯罪国际追逃追赃专项行动　近三月 49 名嫌疑人被劝返或抓获》。

4. 中国青年报 2015 年 1 月 20 日报道《3 个月国际追逃 49 人 最高检反贪总局局长详解"国际追逃九招"》。

5. 中国日报 2015 年 1 月 20 日报道《49 suspects brought back from abroad》。

6. 北京晚报 2015 年 1 月 19 日报道《职务犯罪国际追逃 49 人归案》。

# 履行社区矫正法律监督
## 完善"墙外"刑事执行检察

最高人民检察院部署开展社区服刑人员脱管漏管专项检察活动

发布时间：2015 年 4 月 16 日 10:00

发布主题：通报最高人民检察院部署开展社区服刑人员脱管、漏管
专项检察活动的有关情况

发布地点：最高人民检察院电视电话会议室

主 持 人：最高人民检察院新闻发言人　肖玮

出席嘉宾：最高人民检察院刑事执行检察厅厅长　袁其国①
最高人民检察院刑事执行检察厅副厅长　周伟

---

① 原任最高人民检察院刑事执行检察厅厅长，现已退休。

## 主题发布

**肖　玮**

大家上午好！欢迎参加最高人民检察院新闻发布会。今天新闻发布会的主题是通报最高人民检察院部署开展社区服刑人员脱管、漏管专项检察活动的有关情况。

出席今天发布会的有最高人民检察院刑事执行检察厅袁其国厅长，最高人民检察院刑事执行检察厅周伟副厅长，我是新闻发言人肖玮。今天的新闻发布会有两项议程，首先，我向大家通报有关情况，然后，请各位记者提问。下面我先向大家通报有关情况。

大家知道，社区矫正作为非监禁刑罚执行活动，在我国经历了2003年开始试点、2005年扩大试点、2009年全面施行和2014年全面推进等四个阶段。2011年5月1日起施行的《刑法修正案（八）》首次将社区矫正写入刑事立法，2013年1月1日起施行的修改后刑事诉讼法明确规定，对被判处管制、宣告缓刑、假释或者暂予监外执行罪犯，依法实行社区矫正，标志着我国社区矫正法律制度的确立。

伴随着社区矫正制度的发展，社区矫正法律监督也应运而生。检察机关认真履行法律监督职责，积极做好检察环节的社区矫正工作，为推进中国特色的刑罚执行制度改革，从根本上提高对罪犯的教育改造质量，预防和减少重新犯罪发挥了积极作用。

社区服刑人员脱管、漏管一直是检察机关社区矫正法律监督所重点关注的问题。近年来，一些地方对社区矫正工作重视不够，对社区服刑人员没有依法交付执行和进行有效的监督管理，加之市场经济条件下人员流动性加大，社区服刑人员脱管、漏管问题有所反弹，虚管问题也日益凸显，对刑罚执行的权威性和严肃性造成一定影响。有的社区服刑人员脱管、漏管后继续违法犯罪，严重影响了社会稳定。

在 2015 年的全国两会上，代表委员也对此提出意见和建议。为贯彻落实全国两会精神，回应人民群众对司法公正的新期待、新要求，保障刑罚执行公平公正，最高人民检察院日前决定，自 2015 年 4 月中旬至 7 月中旬，在全国检察机关集中部署开展社区服刑人员脱管、漏管专项检察活动。

这次专项检察活动为期三个月，主要任务是：全面准确查清当前社区服刑人员的底数以及刑罚执行的基本情况，核查纠正社区服刑人员脱管、漏管和虚管等问题，严厉打击社区服刑人员又犯罪，依法查办发生在刑罚执行和监管活动中的职务犯罪，进一步健全和完善社区矫正检察工作体制机制，促进社区矫正活动依法、公正、规范进行。

这次专项检察活动将通过核查摸底实现"四清"，即：社区服刑人员的底数清；社区服刑人员脱管、漏管和虚管的情况清；社区服刑人员又犯罪的情况清；社区服刑人员刑罚变更执行违法的情况清。

在内部，检察机关要对掌握的社区服刑人员进行清理、核对、建立台账，查明基本情况和底数。在外部，检察机关要与司法行政机关、公安机关等执行机关协调沟通，把检察机关掌握的社区服刑人员名单与执行机关掌握的名单逐人进行对比，查明社区服刑人员脱管、漏管的情况及其原因。

检察机关要采取多方法、多渠道，核查了解执行机关在管理教育活动中是否存在有列管无监管的或者不到位的虚管问题。检察机关还要对现有的社区服刑人员刑罚变更执行情况进行核查，逐人、逐项记录台账。特别是对暂予监外执行罪犯要逐人见面，重点检察刑罚执行机关落实《暂予监外执行规定》要求的"每三个月审查保外就医罪犯的病情复查情况"，强化对暂予监外执行罪犯适用社区矫正的监督。

对于核查摸底中发现的问题，检察机关将采取措施加以纠正整改。对于检察机关自身存在的问题，例如社区服刑人员底数不清、情况不明的，要及时提出纠正意见并督促整改；对于发现的脱管、漏管和虚管问题，要分析原因，厘清责任主体，依法监督有关机关及时纠正整改；对于发现的刑罚变更执行活动中存在的问题，要及时提出纠正意见，对于符合收监执行法定条件的社区服刑人员，要依法监督收监执行；在开展核查纠正社区服刑人员脱管、漏管以及刑罚变更执行监督工作中，检察机关要注意发现有关人员徇私舞弊、权钱交易、失职渎职线索，既要办理社区服刑人员又犯罪案件，也要深挖背后可能存在的职务犯罪。

各级检察机关要把这次专项检察活动作为今年的一项重点工作，加强组织协调、督促指导，推动活动顺利开展、取得实效。要坚持问题导向，增强创新意识，注意总结经验，进一步健全和完善监督体制机制。特别是要主动加强与司法行政机关、公安机关等相关部门的沟通协调，共同做好核查摸底、纠正整改、完善制度等工作，共同维护执法司法公正。要以依法开展专项检察活动为契机，进一步健全完善社区矫正检察工作体制机制，推动社区矫正检察工作重心由专项检察向日常检察转移，切实加强对社区矫正各个执法环节的检察监督，努力为推动平安中国建设作出新的贡献。

检察机关做好社区服刑人员脱管、漏管专项检察活动，进一步加强和规范社区矫正检察工作，离不开广大人民群众和新闻媒体的理解、关心和支持。检察机关将积极拓宽渠道，加强法律监督与舆论监督的互动，欢迎媒体朋友积极参与。对社区服刑人员脱管、漏管等问题以及背后的职务犯罪线索，欢迎媒体朋友及时向当地检察机关提供。

## 现场答问

**中国日报记者 张 琰**

针对社区服刑人员脱管漏管问题，检察机关采取了哪些积极有效措施？下一步工作重点在哪里？

**袁其国**

首先，我代表刑事执行检察厅向各位记者朋友问好，对于大家出席今天新闻发布会表示感谢。2014 年 8 月 26 日，也是在这个地方，我就我们开展减刑假释暂予监外执行专项检察活动回答了一些记者提出的问题。2015 年 1 月，我们的监所检察厅正式更名为刑事执行检察厅。今天的新闻发布会，是我们更名后的第一场新闻发布会。

对于今天新闻发布会的主题，刚才新闻发言人已经介绍了，我再补充一下，随着我们厅的更名，工作职能也发生了改变，增加了许多新的职能，而且，这些职能大多是不在监所里的监督，是在大墙外的法律监督，如对财产刑执行的监督、死刑执行临场监督，等等。今年的新闻发布会主要是针对大墙以外的刑事执行检察工作。

对媒体朋友刚才的提问，请我们周伟副厅长来回答。

## 周 伟

　　为积极做好社区矫正环节中的法律监督工作，我们主要从以下几个方面来抓，一是成立了专门的刑事监外执行检察部门。二是我们对社区矫正工作，制定和出台了一系列的相应制度规范。三是为了突出监督在监外执行和社区矫正的服刑人员，尤其是社区服刑人员的脱管漏管问题，我们开展了一系列的专项检察活动。四是通过专项检察活动，我们将这项工作纳入社会治安综合治理考评之中，由最高人民检察院指导各级人民检察院，会同各级社区治安综合治理部门，对这个工作进行有效监督。

　　2003年我国社区矫正开始试点以来，检察机关认真履行法律监督职责，积极做好检察环节的社区矫正工作。2005年9月，最高人民检察院监所检察厅（最近经中央编办批准，已更名为"刑事执行检察厅"）印发《关于加强监外执行检察工作的意见》，把社区服刑人员脱管、漏管问题作为监外执行检察的重点。为进一步督促纠正社区服刑人员脱管漏管问题，以确保刑罚的正确执行，最高人民检察院监所检察厅于2006年2月在天津、辽宁、湖北、广东、重庆、甘肃等六省市部署开展核查纠正社区服刑人员脱管、漏管问题专项检察活动试点工作。

　　接着，最高人民检察院会同中央综治办、最高人民法院、公安部、司法部，于2007年6月至2008年年初联合组织开展了全国核查纠正监外执行罪犯脱管、漏管专项行动，取得了较好成效，得到中央领导的肯定。2007年8月，最高人民检察院印发《最高人民检察院关于加强对监外执行罪犯脱管、漏管检察监督的意见》，进一步加大了对脱管、漏管问题的监督力度。

　　2009年6月，中央综治办、最高人民法院、最高人民检察院、公安部、司法部联合颁布《关于加强和规范监外执行工作的意见》，将核查纠正社区服刑人员脱管、漏管纳入社会治安综治考评工作，由各级社会治安综合治理部门和人民检察院共同负责。至此，核查纠正社区服刑人员脱管、漏管不但是社区矫正检察工作的重要内容，而且成为检察机关参与社会治安综合治理的重要平台。2009 年至今，最高人民检察院每年组织各级检察机关对核查纠正社区服刑人员脱管、漏管工作进行考核评价，以履行法律监督职责为切入点，认真做好检察环节社会治安综合治理工作，有效地推动了社区矫正检察工作健康发展，保证了社区矫正依法顺利进行。

这次专项检察活动的一个主要任务，就是通过核查社区服刑人员脱管、漏管的情况，进一步查明产生问题的原因，及时进行清理纠正，从而督促交付执行机关、执行机关进一步解决对社区服刑人员交付执行、监督管理不力的问题。

在下步工作中，我们将采取以下几点对策，防止脱管、漏管现象的发生。

一是依法履行监督职责，掌握社区服刑人员底数及脱管、漏管情况，认真开展社区矫正检察工作，督促纠正监外罪犯脱管、漏管现象，从而督促执行机关进一步解决对监外罪犯监督管理矫正不力的问题。

二是加强与人民法院、公安机关、司法行政机关的协调配合，整合社会资源，动员社会力量参与社区矫正工作。推动建立社区矫正人员的信息交换平台，实现人民法院、人民检察院、公安机关、司法行政机关社区矫正工作数据动态共享。促进社区矫正监督管理措施进一步落实，保证国家刑罚的正确执行。

三是健全和完善社区矫正检察制度，规范和强化社区矫正检察工作。通过这次专项检察活动，检察机关将总结经验，对正在调研起草的有关加强和规范社区矫正检察工作的文件予以修改和完善，尽快颁布实施。从而在工作体制机制上为检察机关充分发挥职能作用，准确把握职责定位和工作要求，把积极参与社会治安综合治理与社区矫正检察工作有机结合起来，创新监督方式，增强监督实效，实现工作日常化、规范化的新常态，推动社区矫正检察工作全面健康发展，打下坚实基础。

四是加大职务犯罪案件查办力度，发现有关工作人员在社区矫正执法活动中违反法律规定徇私舞弊、权钱交易、失职渎职构成犯罪的，依法严肃查处。

**上海电视台法治天地频道记者　程文韬**

社区服刑人员脱管、漏管和虚管是什么含义，有什么危害？发生在哪些环节？相关部门管理存在哪些漏洞？

**袁其国**

脱管是指社区服刑人员擅自脱离执行机关的监督管理。因此，社区服刑人员脱管发生在执行机关接收社区服刑人员之后，已经开始刑罚执行活动的监督管理环节。漏管是指社区服刑人员交付执行脱节，执行机关未将服刑人员列入监督管理。因此，社区服刑人员漏管发生在有关机关（人民法院、公安机关、司法行政机关、监狱、看守所）的刑罚交付执行环节。虚管是指社区服刑人员已经被列入监督管理，但是执行机关没有采取监督管理措施或者监督管理不到位。总之，脱管，就是这个人"不见了"；漏管就是在名单当中没有这个人，或者换句话说，叫没见到人，虚管就是不管。这三个"管"，是造成我们社区服刑人员又犯罪的一个重要原因。

这次新闻发布会，我们还会给大家公布四个案例，都是与脱管、漏管以及虚管有关，比如浙江假释罪犯李增良抢劫致人死亡案，就是典型的脱管。河北假释罪犯朱峻峰又犯罪案也是脱管，河南缓刑罪犯武威故意杀人案，是漏管的表现。北京保外就医罪犯石文胜又犯罪案也是脱管问题。在司法实践当中，有的社区矫正机构对其所矫正的对象居然不知

道，这就属于典型的虚管问题，值得我们大家注意。

社区服刑人员和在监狱里服刑人员，只是服刑的场所不同而已，他们本质上有一个共同的名字——就是罪犯。社区服刑人员与在监狱里服刑的人员有两个方面没有改变，第一，罪犯的身份没有改变；第二，依法接受教育改造监督管理的义务没有改变。从这个意义上说，如果不断发生脱管、漏管和虚管现象，对我国的刑罚有极大的负面影响，刑法执行的权威性和严肃性以及司法的公信力受到影响。而这也是给社区服刑人员再犯罪提供了机会，给社会治安带来了重大的隐患。

从上面说的两个意义上来讲，我们必须关注这个问题。2015 年 4 月 13 日，中共中央办公厅、国务院办公厅联合印发了《关于加强社会治安防控体系建设的意见》（以下简称《意见》），这个《意见》中也强调，要加强对社区服刑人员的监督和管理。所以，我们开展这个专项活动，就是一方面回应人民群众对我们工作新要求和新期待，另一方面，贯彻落实中央的决策部署，同时也是为了依法履行我们应尽的职责，为了加强和创新社会管理、维护社会的和谐和稳定。

造成社区服刑人员脱管、漏管的原因是复杂的，有法律文书交付脱节的问题，有社区服刑人员交付脱节的问题，也有执行机关履行责任不到位的问题。为了向大家解释地更清楚，我把司法实践中由于有关机关工作中存在问题，导致社区服刑人员脱管、漏管的主要情形以列举的方式予以说明。

一是人民法院、监狱、看守所没有依法送达交付执行法律文书，且未将罪犯交付执行，致使漏管的。二是人民法院、监狱、看守所在交付执行时，未向社区服刑人员履行法定告知义务，致使漏管的。三是司法行政机关依法应接收而未接收，致使漏管的。四是社区服刑人员未按规定时间报到，司法行政机关也未及时组织查找，致使漏管的。五是对于暂予监外执行的罪犯，交付执行的监狱、看守所未将其押送至居住地并办理交接，致使漏管的。六是人民法院决定暂予监外执行，未通知相关司法行政机关到庭办理交接手续，或者司法行政机关接到通知后未到庭办理交接手续，致使漏管的。七是社区服刑人员报到后，司法行政机关未向社区服刑人员履行法定告知义务，致使其未按照有关规定接受监管，致使其脱管的。八是司法行政机关违反法律法规规定批准社区服刑人员离开所居住的市、县（旗），或者违反人民法院禁止令的内容批准社区服刑人员进入特定区域或者场所，致使其脱管的。九是司法行政机关未采取针对性措施及时掌握社区服刑人员活动情况，未履行法定监督管理职责，致使其脱管的。十是社区服刑人员违反社区矫正有关规定，司法行政机关未依法采取警告、提请给予治安处罚、提出撤销缓刑或假释的建议、提出收监执行建议等处置措施，致使其脱管的。十一是法院作出撤销缓刑、假释裁定，暂予监外执行批准、决定机关作出收监执行决定后，缓刑、假释、暂予监外执行的社区服刑人员逃跑的，司法行政机关没有通知公安机关进行追逃，或者公安机关接到司法行政机关通知后没有追逃，致使应收监执行的社区服刑人员脱逃的。十二是其他原因造成脱管、漏管的。

对于上面提到的这些问题，从这个意义上看，我们开展社区服刑人员脱管漏管专项检察活动是非常有意义的。

**人民日报记者　彭　波**

目前，检察机关与司法行政部门监管系统间的信息共享系统建设情况如何？是否已经实现了对监管信息的实时查询？

**袁其国**

信息技术与社区矫正法律监督工作有机结合，是社区矫正检察监督方式、手段和工作机制的重大变革，对于规范监督程序，强化监督职能，提高监督的及时性、准确性和有效性，推进刑事执行检察队伍建设都具有重要意义。

近年来，检察机关积极推进社区矫正法律监督信息化建设，主要做了以下几个方面的工作：

一是积极探索应用各地"政务网"平台或司法行政机关的社区矫正罪犯信息共享平台建设。通过这些信息平台的建设，不少地方检察机关基本实现了社区服刑人员基础数据和工作情况在网上流转衔接，基本做到了社区矫正法律监督底数清、情况明、信息及时。这些探索主要是在基层检察机关开展。目前，中央层面和大多数省级层面的信息共享平台还尚未建立。

二是推进统一业务应用系统的开发。实现社区矫正法律监督信息化，需要开发与其相适应、相配套的业务应用系统。2010年，最高人民检察院按照"统一规划、统一标准、统一设计、统一实施"的原则，作出了全国检察机关信息化应用软件统一的决策部署。社区矫正法律监督信息化建设也是统一业务应用系统的重要组成部分。目前，刑事执行检察（包含社区矫正法律监督）的业务需求已经报送研发部门，相关应用软件正在研发过程中。

三是最高人民检察院刑事执行检察厅与司法部社区矫正管理局建立了相关信息通报制度。通过交流信息，核对基础数据，及时发现问题、解决问题。2013年下半年，最高人民检察院在全国组织开展社区矫正法律监督基础数据专项调查活动，强化了信息数据在工作中的应用，促进了社区矫正法律监督工作的经常化、制度化和规范化，取得了良好效果。

四是通过培训使信息化真正发挥作用。全国各级检察机关不断加大业务培训力度，为社区矫正法律监督信息化建设工作的深入发展打下了坚实的基础。信息化是我们下一步开展社区矫正法律监督的重要平台，我们将坚持不懈地把这件事抓紧抓好。

**法治中国记者　王泽南**

根据今年的最高检的报告，2014年开展的"减、假、暂"专项检察活动已经取得了明显成效，那么今年在这一方面的工作力度如何？

**袁其国**

我想用四组数据来说明，第一组是收监了一批暂予监外执行罪犯，共监督收监2244人，其中原厅局级以上121人；第二组是纠正了一批违法减刑假释案件，共监督法院撤销减刑裁定60件，撤销假释裁定15件；第三组是发现了一批违法案件线索，一共发现850件，通过各个渠道，有群众举报，也有检察机关自行发现的；第四组是查办了一批相关职务犯罪案件，共213件252人。

通过这四组数据，大家就能清楚专项活动的成绩有多大。除此之外，我们2014年还出台了3个规定，《人民检察院关于办理减刑、假释案件规定》，《最高人民检察院关于办理职务犯罪罪犯减刑、假释、暂予监外执行案件实行备案审查的规定》，凡是厅局级以上的罪犯减刑假释和暂予监外执行，要报最高人民检察院备案审查。2014年有一些案件的罪犯已经减刑或假释了，但我们通过审查发现有问题，要求他们重新复查。

**肖　玮**

还有一个规定是，专项检察活动期间，最高检与最高法、公安部、司法部、卫计委联合出台了《暂予监外执行规定》。这些规定的出台，对进一步规范减假暂监督工作起到了积极的作用，对于规范和限制暂予监外执行起了非常重要的作用。

**袁其国**

2015年的一项重要工作就是抓好这些规定的贯彻落实工作。

第一，组织工作组对几个规定的落实情况进行调研。2015年4月初，我们派出几个工作组对2014年制定的几个规定的贯彻落实情况进行了调研，主要掌握各地落实的基本情况、主要做法和成效，存在的突出问题、困难与阻碍，以及下一步整改方案及措施等。目前调研工作已经结束，我们正在对有关情况进行汇总，对存在的主要问题将进一步研究并有针对性的提出指导意见。

第二，我们与我院检察技术信息研究中心联合下发了《关于贯彻执行〈暂予监外执行规定〉的通知》，解决暂予监外执行（保外就医）工作中存在的突出问题。

第三，进一步完善刑罚变更执行同步监督制度，推动对减刑假释暂予监外执行案件实行统一案件管理，开发应用办理减刑假释案件流程软件，推动网上协同办案平台建设，探索推广出席减刑假释法庭标准化模式。

特别要给大家介绍的是，进一步加大查办职务犯罪案件力度，扩大专项检察活动成果。在专项检察活动中，全国检察机关在发现违法，纠正查处的过程中发现了850件职务犯罪案件线索。目前，我们正在着手对这些案件线索进行分析和排查，指导各地加大对职务犯罪案件，特别是徇私舞弊减假暂案件的查办力度，以扩大专项检察活动的成果。

新华网记者　于子茹

这次专项检察活动是针对社区服刑人员监管中存在的哪些问题而开展的？预计会取得什么样的效果？

周　伟

脱管和漏管的问题，我前面已经介绍了。2006年搞了一次六省、市的专项检察活动，2007年、2008年中央五部门联合搞了一个协议，我们开始部署检察机关关于脱管、漏管的问题，这个问题现在正逐步规范。关于您提到的第一个问题，脱管、漏管、虚管针对的人员，我们主要针对五种人员：被判处管制、宣告缓刑、裁定或者决定暂予监外执行、判处附加刑、剥夺政治权利的，还有一个是在监狱服刑阶段的假释。

在2011年《刑法修正案（八）》颁布实施前，以及在2012年的刑事诉讼法修改之前，按照法律规定，上述五种人员是由公安机关负责监督管理的。随着这两部基本法的修改和完善，这部分人员的监督和管理的职责，从法律上由过去的公安机关转移到社区矫正机关，社区矫正机构履行着对社区矫正的职责，这五种人罪犯身份没有变，在社区进行矫正实际上就是在社区进行服刑，跟监狱地点不一样，但还是在服刑。

社区矫正要取得成果，除了我们执法机关积极作为外，还需要社会组织、社会志愿者参与。关于专项检察活动预计取得的效果，主要有以下几方面：一是检察机关掌握的全国社区服刑人员底数和"脱管、漏管数"更加准确。二是集中清理纠正一批社区服刑人员的脱管、漏管和虚管问题。三是依法惩治一批在社区服刑期间重新违法犯罪的罪犯。四是查办一些在刑罚执行和监管活动中的职务犯罪案件。五是通过专项检察活动，进一步加强与相关部门的沟通协调，健全和完善相关工作机制。六是认真总结经验，进一步加强和规范社区矫正检察工作，适时出台相关的规范性文件，为检察机关充分发挥职能作用，准确把握职责定位和工作要求，创新监督方式，增强监督实效，实现工作日常化、规范化的新常态，推动社区矫正检察工作全面健康发展打下坚实基础。

**农民日报记者　钟　欣**

> 看了刚才提供的典型案例后，我想问一下两位厅长，在广大农村地区，脱管、漏管现象占的比例相对高一些。这个专项检察对广大农村地区有没有一些针对性的要求和做法？

**袁其国**

中国很大一部分社区服刑人员分布在农村，农村地区社区矫正机构较不健全，人力物力不足，脱管漏管现象更为突出，此次专项活动也很关注这个问题。希望各部门更加重视农村地区社区矫正工作，给予更大支持和保障。

在此，我借这个机会呼吁，党和政府要关注农村的社区服刑人员情况，真真切切地向基层倾斜，把基层社区矫正工作重视起来，在人、财、物方面给予必要的支持和保障。我们通过这次专项检察活动，也为下一步在这方面出台政策提供决策依据。

## 🔍 典型案例

### 最高人民检察院通报 4 起社区服刑人员
### 脱管漏管又犯罪典型案例

最高人民检察院 4 月 16 日召开新闻发布会，通报 4 起社区服刑人员脱管漏管又犯罪的典型案例。记者发现，上述 4 起案例中，有 2 起是服刑人员脱管漏管后又涉及命案。

**一、河北省假释罪犯朱峻峰又犯罪案**

朱峻峰，因犯盗窃罪于 1998 年 8 月 17 日被天津市第二中级人民法院判处无期徒刑。2001 年 5 月 25 日被裁定减为有期徒刑十八年零六个月，在石家庄监狱服刑。2010 年 11 月 7 日被石家庄中级人民法院裁定假释（假释考验期自 2010 年 11 月 7 日至 2017 年 12 月 24 日）。魏县司法局泊口乡司法所所长昝某负责对罪犯朱峻峰进行监管。其间，由于昝某严重不负责任，导致朱犯脱管。在脱管期间，朱峻峰于 2013 年 6 月 8 日、6 月 13 日实施两次盗窃，6 月 14 日实施绑架。2014 年 9 月 27 日，朱峻峰被邯郸市丛台区人民法院以绑架罪判处有期徒刑十一年，盗窃罪判处有期徒刑一年三个月，决定执行有期徒刑十二年，撤销假释合并执行有期徒刑十六年。司法所所长昝某因犯玩忽职守罪被依法追究刑事责任。

**二、浙江省假释罪犯李增良抢劫致人死亡案**

李增良，1997 年因多次盗窃、脱逃、故意伤害罪被判处死刑，缓期二年执行，剥夺政治权利终身。2012 年 1 月 13 日被假释（假释考验期自 2012 年 1 月 18 日至 2015 年 8 月 25 日）。2012 年

9 月后，李增良长期处于脱管状态，并于 2012 年 12 月 13 日在永康县实施抢劫时致一人死亡。2012 年 12 月 16 日，金华市人民法院以抢劫罪判处李增良死刑，剥夺政治权利终身。负责社区矫正工作的司法所干部叶某，因犯玩忽职守罪被依法追究刑事责任。

### 三、河南省缓刑罪犯武威故意杀人案

武威，2009 年 12 月 2 日因犯盗窃罪被河南省唐河县人民法院判处有期徒刑三年，缓刑四年。12 月 4 日，唐河县人民法院书记员张某受该案件审判员的指派，持判决书和执行通知书到唐河县看守所将罪犯武威释放。张某未向武威告知其在缓刑期间应当遵守的法定义务，也没有将武威的判决书送达执行机关，导致武威在缓刑期间漏管。2010 年 9 月 26 日晚，武威伙同他人持刀将唐河县实验高中学生崔某刺死。2011 年 9 月 15 日，南阳市中级人民法院一审判处武威死刑。法院书记员张某因渎职被依法追究刑事责任。

### 四、北京市保外就医罪犯石文胜又犯罪案

石文胜，1997 年因诈骗罪被法院判处有期徒刑十五年，剥夺政治权利三年，在延庆监狱服刑。2003 年 6 月至 2008 年 6 月，因病被批准保外就医。石文胜在保外就医期间长期脱管，后被北京市公安局房山区分局刑事拘留。经公安机关侦查，石文胜于 2004 年 2 月至 2009 年 1 月，共诈骗作案 25 起，骗取 120 余万元。2010 年 12 月 17 日，北京市房山区人民法院以石文胜犯诈骗罪，判处其有期徒刑十四年零六个月，剥夺政治权利二年。与其前犯诈骗罪尚未执行完毕刑罚有期徒刑二年二个月零十二天，剥夺政治权利三年，数罪并罚，决定执行有期徒刑十六年，剥夺政治权利五年，并处罚金 1.5 万元。

**部分新闻链接**

1. 新华社 2015 年 4 月 17 日报道《最高检：专项检察社区服刑人员脱管漏管》。

2. 工人日报 2015 年 4 月 17 日报道《最高检将全面核查摸底社区服刑人员》。

3. 中国妇女报 2015 年 4 月 17 日报道《最高检将专项检察社区服刑人员脱管漏管》。

4. 法制日报 2015 年 4 月 17 日报道《最高检：摸底社区服刑人员严打又犯罪》。

5. 检察日报 2015 年 4 月 17 日报道《最高检部署开展社区服刑人员脱管漏管专项检察活动　核查纠正社区服刑人员脱管漏管虚管问题》。

6. 法制晚报 2015 年 4 月 16 日报道《最高检：未来三个月——社区服刑人员脱管等问题严查》。

# 推动实现未成年人司法保护全覆盖

## 最高人民检察院通报未成年人司法保护工作相关情况

发布时间：2015 年 5 月 27 日 10:00

发布内容：发布《检察机关加强未成年人司法保护八项措施》；发布
　　　　　检察机关加强未成年人司法保护的典型案（事）例

发布地点：最高人民检察院电视电话会议室

主 持 人：最高人民检察院新闻发言人　肖玮

出席嘉宾：最高人民检察院公诉厅副厅长　张相军

## 主题发布

肖 玮

各位记者朋友，大家上午好！欢迎参加最高人民检察院的新闻发布会。六一国际儿童节即将到来，今天的新闻发布会与未成年人有关，主题是"推动实现未成年人司法保护的全覆盖"，主要有两项内容：一是发布《检察机关加强未成年人司法保护八项措施》；二是发布检察机关加强未成年人司法保护的典型案（事）例。出席今天新闻发布会的有最高人民检察院公诉厅副厅长张相军。在发布前，我先介绍下 2014 年全国未成年人检察工作主要情况。

### 一、2014 年度全国未成年人检察工作主要情况

近年来，在全社会的共同努力下，未成年人保护工作取得了长足进步。2014 年，最高人民检察院以全国人大常委会开展未成年人保护法及相关法律规定实施情况执法检查为有利契机，制定下发《关于进一步加强未成年人刑事检察工作的通知》，全面加强检察环节对未成年人的司法保护，取得了良好的法律效果和社会效果。

一是以零容忍态度严厉打击侵害未成年人犯罪，保护救助未成年被害人。

检察机关加大对侵害未成年人犯罪的打击力度，坚持零容忍态度，依法从严从快批捕、起诉。依法办理了浙江温州摔婴案、广西"9·26"小学生被砍杀案等有广泛社会影响的重大案件，切实维护未成年人的合法权利，充分发挥法律的震慑作用。注重做好未成年被害人的身体康复、心理疏导、法律援助、司法救助等工作，其中为未成年被害人提供法律

援助 5548 人，比 2013 年增加 1210 人；请专业人员为未成年被害人进行心理疏导 4471 人 4681 次，并探索开展对未成年被害人父母的亲职教育辅导，努力帮助未成年被害人恢复正常生活。

对在办案中发现的对未成年人管理服务方面的薄弱环节，如未成年人因上网引发犯罪问题、未成年人进酒吧滋生犯罪问题、未成年人遭受校园性侵害问题等，向相关职能部门发出检察建议，立足职能参与社会治理。结合执法办案，采取担任法制副校长、举办法制讲座、以案释法等形式，加强对未成年人的法制宣传教育，提高预防犯罪和自我保护意识。

二是坚持对未成年人犯罪少捕慎诉，提高办理未成年人刑事案件的质量和效果。

检察机关认真落实"教育、感化、挽救"方针和"教育为主，惩罚为辅"原则，在办理未成年人刑事案件中依法严格把握批捕、起诉条件，坚持对未成年人犯罪少捕慎诉，确保案件质量和效果，努力为涉罪未成年人改过自新、重返社会创造条件。

2014 年，全国检察机关共受理审查批捕未成年人犯罪案件 32838 件 56276 人，其中，不批准逮捕未成年犯罪嫌疑人 14892 人，不捕率为 26.66%，比全国整体不捕率高 7.26 个百分点。共受理审查起诉未成年人犯罪案件 45169 件 77405 人，其中，不起诉未成年犯罪嫌疑人 5269 人，不诉率为 7.34%，比全国刑事案件总不诉率高 2.2 个百分点。全国共有 1463 个检察机关对未成年犯罪嫌疑人开展附条件不起诉，占检察机关总数的 40.96%，共决定附条件不起诉 3948 人，比 2013 年上升了 17.08 个百分点。一定程度上反映了涉罪未成年人的少捕慎诉少监禁政策得到了较好落实。

三是认真执行修改后刑事诉讼法规定，实现对涉罪未成年人的特殊保护。

检察机关按照修改后刑事诉讼法关于未成年人刑事诉讼特别程序的有关规定，对未成年人犯罪案件进一步落实各项特殊检察制度。

2014 年，全国检察机关为犯罪嫌疑人申请法律援助的人数占受案人数的比例，比 2013 年上升 10.78 个百分点；合适成年人到场案件的人数占受案人数的比例，比 2013 年上升 5.84 个百分点；开展社会调查人数占受案人数的比例，比 2013 年上升 10.5 个百分点；开展犯罪记录封存占所判决人数的比例，比 2013 年上升了 24.33 个百分点。通过落实这些制度，进一步加强了对未成年人的特殊保护。

四是进一步促进办理未成年人案件制度机制建设和社会化帮教预防体系建设。

最高人民检察院与最高人民法院、公安部、民政部联合出台了《关于依法处理监护侵害行为若干问题的意见》，建立了公、检、法、司与相关组织联系协作、报告处置、临时监护、判后安置等多项制度机制，明确了检察机关承担的提起公诉、法律监督、检察建议等职责。江苏省徐州市铜山区检察院办理了全国首例依据该《意见》，建议民政部门向法院提起撤销未成年人父母监护资格诉讼案。指导和推动地方检察机关根据办案需求，建立适合未成年人身心特点的未检工作室，规范讯问（询问）未成年人和不起诉训诫、宣布、不公开听证等特殊程序，建立讯问（询问）未成年人的录音、录像制度等。探索建立了未检工作异地协助机制，有效解决了社会调查、附条件不起诉、犯罪记录封存等特殊制度在外来未成年人适用上的难题。进一步加强检察机关未检队伍专业化建设，稳步推进地市级和基层检察院专门机构建设，一批富有爱心、耐心细致、具有一定专业性的检察人员充实到未检工作岗位。

## 二、介绍《检察机关加强未成年人司法保护八项措施》相关情况

下面我介绍一下《检察机关加强未成年人司法保护八项措施》相关情况。针对当前侵害未成年人合法权益案件不断发生的紧迫现实，以及未成年人犯罪案件的特点，为更好地加强对未成年人的司法保护，最高检近日制定印发了《检察机关加强未成年人司法保护八项措施》（以下简称《八项措施》），突出强调检察机关在保护未成年人合法权益方面要切实履行好五项职责，建立完善好三项制度机制，充分发挥各项检察职能，利用各检察工作环节和诉讼阶段，全方位加强未成年人检察工作，保护未成年人合法权益。《八项措施》已印发大家。我突出强调几点。

一是强调检察机关对未成年人司法保护对象范围的全覆盖。

《八项措施》将检察机关的司法保护对象，从以前的刑事检察工作中的涉罪未成年人，进一步扩大范围到未成年被害人以及检察机关办理所有案件过程中涉及的未成年人。第一条规定，要严厉惩处性侵害、拐卖、绑架、遗弃、伤害、虐待未成年人等各类侵害未成年人的犯罪。第六条规定，检察机关"在审查逮捕、审查起诉、职务犯罪侦查等工作中，发现犯罪嫌疑人、被告人家中有无人照料的未成年人，或者发现未成年人合法权益保护方面存在漏洞和隐患的，应当及时通知并协助未检部门介入干预"。目的就是要实现检察机关在执法办案过程中，只要涉及未成年人，不论是未成年犯罪嫌疑人、被告人、被害人，还是其他未成年人，都要加强司法保护，切实防止在检察环节出现保护真空。

二是强调检察机关保护未成年人职能作用的全发挥。

《八项措施》第一条提出，要"加大对侵害未成年人权益、怠于落实未成年人保护制度方面职务犯罪的查处力度，依法严惩侵吞、挪用、违法发放未成年人专项救助、救济资金等贪污犯罪，对国家工作人员发现或者应当发现未成年人权益受到侵害或可能受到侵害，应当采取措施而未采取措施，导致未成年人重伤或者死亡等严重后果的，应当依法及时查办"。第四条提出"充分发挥法律监督职能优势"，第五条提出"积极参与犯罪预防和普法宣传工作"等。目的在于发挥全部检察职能，无论是审查批捕、起诉，还是职务犯罪侦查、诉讼活动监督等，检察机关都要注重加强对未成年人的司法保护，促进国家对未成年人保护的法律规定、福利政策落实到位。

三是强调各种特殊保护制度和保护手段的全运用。

《八项措施》第三条规定，要最大限度教育挽救涉罪未成年人，依法落实专业化办理、法律援助、合适成年人到场、社会调查、亲情会见、附条件不起诉、社会观护、帮扶教育、犯罪记录封存等特殊保护制度。第二条规定，要依法保障未成年被害人各项诉讼权利，保护名誉权、隐私权等合法权利。目的就是要运用各种法律手段，实现对未成年人的特殊保护，最大限度地促进涉罪未成年人悔过自新、回归社会，最大限度地保护帮助未成年被害人恢复正常的学习生活。

四是强调在检察机关内外推动形成未成年人司法保护力量的全整合。

《八项措施》第六条规定，要建立检察机关内部保护未成年人联动机制，在侦查监督、公诉、职务犯罪侦查、刑事执行监督、民事行政监督、控告、申诉、死刑复核监督等部门，形成未成年人保护合力。第七条提出，要推动完善政法机关衔接配合以及与政府部门、未成年人保护组织等跨部门合作机制，形成公、检、法、司保护未成年人合法权益的工作体系，形成司法保护与家庭保护、学校保护、社会保护紧密衔接机制。第八条强调，要推动建立未成年人司法借助社会专业力量的长效机制。目的在于推动全社会整合各种资源力量，实现对未成年人的司法保护和犯罪预防。

检察机关作为国家法律监督机关，对于倡导推动全社会加强未成年人保护具有重大责任。下一步，我们将充分履行检察职能作用，为加强未成年人司法保护作出应有的贡献。同时，也呼吁全社会都来关心爱护未成年人，各部门各司其职，全社会携手努力，共同把家庭保护、学校保护、社会保护和司法保护的各项要求落到实处，为未成年人的健康成长营造良好的社会环境。

## 现场答问

**中国妇女报记者　王春霞**

检察机关将采取哪些措施减少对涉案未成年人的逮捕、起诉和羁押？

**张相军**

修改后刑诉法新增了未成年人刑事案件诉讼程序，第266条规定"对犯罪的未成年人实行教育、感化、挽救的方针和教育为主、惩罚为辅的原则"，第269条"对未成年犯罪嫌疑人、被告人应当严格限制适用逮捕措施"，并增设了附条件不起诉制度等。在检察工作中，体现为：坚持依法少捕、慎诉、少监禁原则，最大限度地降低对涉罪未成年人的批捕率、起诉率和监禁率。

检察机关主要采取了以下措施：

一是严格逮捕、起诉等条件。2012年《最高人民检察院关于进一步加强未成年人刑事检察工作的决定》规定：对于罪行较轻，具备有效监护条件或者社会帮教措施，没有社会危险性或者社会危险性较小的，一律不捕；对于罪行较重，但主观恶性不大，真诚悔罪，具备有效监护条件或者社会帮教措施，并具有一定从轻、减轻情节的，一般也可不捕；对已经批准逮捕的未成年犯罪嫌疑人，经审查没有继续羁押必要的，及时建议释放或者变更强制措施；对于犯罪情节轻微的初犯、过失犯、未遂犯、被诱骗或者被教唆实施犯罪，确有悔罪表现的，可以依法不起诉；对于必须起诉但可以从轻、减轻处理的，依法提出从宽处罚的量刑建议；对于可以不判处监禁刑的，依法提出适用非监禁刑的建议。

二是建立逮捕必要性证明制度和双向说理机制。要求公安机关在提请逮捕书中说明未成年人具有社会危险性的理由和依据，检察机关则从严把握羁押标准，全面审查羁押必要性；同时，检察机关对未成年人作出无社会危险性不捕决定后，书面说明无社会危险性的理由和依据。该制度机制有利于改变侦查人员构罪即捕的观念，统一双方对五种社会危险性情形及证明标准的认识。

三是落实听取辩护律师意见制度。律师作为受过专业训练的人员，律师了解的事实和律师意见对作出逮捕、起诉决定具有重要价值，在审查批捕、审查起诉未成年犯罪嫌疑人时，检察机关均应听取辩护律师的意见。

四是落实捕后继续羁押必要性审查制度。检察机关在捕后侦查阶段要跟踪审查羁押措施，对因取保条件不足而批准逮捕的涉罪未成年人，继续由专人跟进，通过和解促赔等工作，尽可能为其创造非羁押措施适用条件；在审查起诉阶段，听取各方意见，重新评估非羁押风险。

五是对未成年人犯罪的起诉与成年人把握不同的尺度。根据我国刑事诉讼法的规定，检察机关对于有足够证据证明确有犯罪事实且具备起诉条件的案件，应当作出起诉决定；只有对犯罪情节轻微、依照刑法规定不需要判处刑罚或者可以免除刑罚的，才可以裁量决定是否起诉。但对未成年人则采取不同的起诉政策，强调少诉慎诉，可诉可不诉的不诉。因此，检察机关对未成年人犯罪具有更大的裁量权。对于未成年人初犯、过失犯、未遂犯、被诱骗或者被教唆实施犯罪，情节较轻的，可以依法不起诉；对必须起诉但可以不判处监禁刑的，则依法提出适用非监禁刑的量刑建议。修改后的刑诉法还专门规定了附条件不起诉制度，对于未成年人犯罪案件符合起诉条件，但有悔罪表现，且可能判处一年有期徒刑以下刑罚的，检察机关可以附加一定条件，并在六个月以上一年以下设定考验期进行考察，考验期满未成年人表现好的，检察机关作出不起诉的决定。这些附加的条件，如要求未成年人完成戒瘾治疗、心理辅导或者其他适当的处遇措施，向社区或者公益团体提供公益劳动，不得进入特定场所，不与特定的人员会见或者通信，不从事特定的活动，向被害人赔偿损失、赔礼道歉等，如果未成年人在考验期间实施新罪或者违反检察机关有关附条件不起诉的监督管理规定等，则撤销附条件不起诉决定，对其提起公诉。该制度进一步扩大了检察机关对未成年人犯罪的起诉裁量权，有利于更好地教育挽救失足未成年人。

**中国日报网记者　杨舒文**

今年开始实施的《关于依法处理监护人侵害未成年人权益行为若干问题的意见》规定了人民检察院的相关职责，请介绍一下这方面的情况。

**张相军**

2014 年 12 月，最高法、最高检、公安部、民政部制定印发了《关于依法处理监护人侵害未成年人权益行为若干问题的意见》（以下简称《意见》），自 2015 年 1 月 1 日起实施。《意见》规定了检察机关负有以下职责：

一是法律监督职责。《意见》第 3 条第 5 款规定，"人民检察院对公安机关、人民法院处理监护侵害行为的工作依法实行法律监督"。

二是起诉职责。《意见》第14条规定，"监护侵害行为可能构成虐待罪的，公安机关应当告知未成年人及其近亲属有权告诉或者代为告诉，并通报所在地同级人民检察院。未成年人及其近亲属没有告诉的，由人民检察院起诉"。

三是书面告知和书面建议职责。《意见》第30条规定，"人民检察院对于监护人因监护侵害行为被提起公诉的案件，应当书面告知未成年人及其临时照料人有权依法提起撤销监护人资格诉讼。对符合撤销监护人资格情形而相关单位和人员没有提起诉讼的，人民检察院应当书面建议未成年人住所地民政部门或者未成年人救助保护机构提起撤销监护人资格诉讼"。

四是专门办理职责。《意见》第3条第6款规定，"人民法院、人民检察院、公安机关设有办理未成年人案件专门工作机构的，应当优先由专门工作机构办理监护侵害案件"。

五是沟通协作职责。《意见》第4条规定，"人民法院、人民检察院、公安机关、民政部门应当充分履行职责，加强指导和培训，提高保护未成年人的能力和水平；加强沟通协作，建立信息共享机制，实现未成年人行政保护和司法保护的有效衔接"。

为推动这些工作的开展，2014年12月最高检印发的《关于进一步加强未成年人刑事检察工作的通知》，已将监护侵害案件纳入未检专门机构受案范围，实行专门办理。2014年江苏省徐州市铜山区检察院办理了全国首例依据该《意见》支持民政部门提请撤销未成年人父母不合格监护资格案，2015年浙江省宁波市鄞州区检察院又办理了一起支持未成年人母亲提请撤销不合格父亲监护资格案，均取得了良好的法律效果和社会效果。

**新华社记者 陈 菲**

当前检察机关在加强未成年人司法保护方面还面临的主要问题有哪些？

**张相军**

2014年，全国人大常委会关于未成年人保护法的《执法检查报告》和审议意见，对各地各部门为贯彻实施未保法所做的大量工作给予了充分肯定，特别是对检察机关加强未成年人刑事检察队伍专业化、制度化建设，健全未成年人检察工作的特殊制度等工作给予了充分肯定。同时《执法检查报告》也指出，未成年人司法保护措施有待进一步落实：一是对侵害未成年人人身安全的违法犯罪行为打击不力，一些犯罪行为没有及时发现和依法惩处，导致对犯罪分子威慑不足，发案数量居高不下。二是贯彻落实刑事诉讼法对未成年人诉讼程序的规定不够，未成年人轻罪犯罪记录封存执行不严，社会调查、强制辩护存在走形式、走过场现象。三是全面执行未成年人司法保护规定有偏差，过分强调对涉罪未成年人的司法保护，忽视对未成年被害人的保护和救助。四是对附条件不起诉的未成年人缺乏考察和行为矫治措施，个别地方没有执行分别关押和分案处理规定，没有落实办案人员专业化要求。解决这些问题，不仅需要检察机关自身严格落实法律规定，也需要强化诉讼监督和加强与其他部门的工作衔接，加强未成年人司法保护，促进家庭保护、学校保护、社会保护与司法保护紧密衔接。

**中央人民广播电台记者 孙 莹**

异地嫌疑人同等适用不批捕、不起诉待遇问题有何进展？检察机关在未成年人犯罪记录封存工作上采取了哪些措施？

**张相军**

刑事诉讼过程中，一些犯罪情节轻微无须逮捕的外来未成年人，往往由于不具备本地人那样的有保证人、固定住所等取保候审条件，只能在看守所羁押候审；由于不具备必要的帮教条件，也难以适用附条件不起诉。为平等保护涉案未成年人合法权益，实现对本地未成年人和外地未成年人"同城待遇"，上海、江苏、浙江、北京、福建等地检察机关先后探索尝试与热心公益的企业建立关爱、观护、帮教基地，为外来涉罪未成年人取保候审、考察帮教提供平台。如江苏省江阴市检察院牵头，会同关工委等单位，选取部分优秀民营企业建立"涉罪外来未成年人管护教育基地"，由企业担任取保候审保证人，免费提供食宿、配合帮教活动等，对未成年人在管护教育期间从事企业适当工作的，给予同工同酬的待遇。2014年管护基地接纳近百名涉罪外来未成年人，其中98%以上被适用不起诉、缓刑等非监禁处置，无一重新犯罪。又如上海宝山区院依托宝钢等大型国企和区工读学校，专门设立来沪未成年人观护基地；2011年年底，上海市检察院推动建立了全市第一家市级观护基地即"阳光基地"，依托大型民营企业集团，为观护资源有限、无法落实来沪未成年人观护的区县提供社会帮教矫正服务，对于无法提供保证人和保证金的外地来沪涉罪未成年人，通过将其纳入特殊观护基地，由基地负责人或帮教人员担任其保证人等形式，解决了对其难以适用取保候审措施的问题，为顺利落实非羁押措施和社会帮教矫正扫清了障碍。此外，观护基地还积极为生活无着、谋生手段欠缺的涉罪外来未成年人提供食宿条件和知识学习、劳动技能培训的机会，为其畅通回归社会的渠道。

近年来，一些地方检察机关积极探索建立未检工作异地协助机制，在外来未成年人的取保候审执行监督、社会调查、附条件不起诉监督考察等方面开展跨区域协作，由办案地检察机关委托涉罪未成年人居住地相关机构进行异地观护，降低了对外来未成年人的起诉率、羁押率。如山东省聊城市东昌府区检察院与天津市河北区检察院对一名在天津涉罪、发案后一直在户籍地聊城市东昌府区学习厨艺的未成年人小徐，共同在聊城举行了附条件不起诉宣告仪式，并会签了《对徐某某实施附条件不起诉异地帮教考察协议》；河南省商丘市梁园区检察院与北京市东城区检察院对一名在北京涉罪、法定代理人均在商丘的未成年人进行附条件不起诉异地监督考察帮教。经协商，梁园区检察院派专人负责对小王每月开展一次"帮教谈心"，每月做一次"考察对象生活情况考察记录"，并根据小王意愿，将其安排进入梁园区院"三类阳光帮教基地"接受技能培训。东城区检察院对小王的日常生活、学习表现进行不定期抽查监督，两院定期交流考察情况。

刚才记者的第二个问题，关于未成年人犯罪记录封存工作，2013年最高检修订了《人民检察院办理未成年人刑事案件的规定》，在修改后刑诉法规定基础上，细化了封存程序：一是关于封存程序的启动，规定人民检察院收到人民法院的生效判决后，只要符合有关条件，即自行启动犯罪记录封存程序；二是关于具体操作要求，规定人民检察院要将拟封存的未成年人犯罪记录、卷宗等相关材料装订成册，加密保存，不予公开，并建立专门的未成年人犯罪档案库，执行严格的保管制度；三是关于封存的效力，规定未成年人的犯罪记录一旦封存，终身有效，除了发现不符合封存条件而解除封存的外，人民检察院不能向任何单位和个人提供，也不得提供未成年人有犯罪记录的证明，除非是司法机关为办案需要或者有关单位根据国家规定进行查询；四是关于查询封存的犯罪记录，司法机关或者有关单位需要查询犯罪记录的，应当向封存犯罪记录的人民检察院提出书面申请，人民检察院应当在 7 日以内作出是否许可的决定。对符合法定查询条件的，在查询范围内提供犯罪记录，并告知其保密义务；对不符合法定查询条件的，依法出具无犯罪记录证明。2014 年，全国检察机关对未成年犯罪嫌疑人开展犯罪记录封存 46013 人。

检察机关还通过探索建立异地协助机制，有效解决了异地犯罪记录封存问题。如去年被北京市海淀区院依法作出不起诉处理的某未成年人，回原籍山西晋中考上了一所艺术学校，学校要求报到时提交公安机关出具的违法犯罪情况证明。由于其遗失了不起诉决定书，且当地派出所查询到其曾被传唤，拒绝开具无违法犯罪记录证明。经高检院和山西省院协调，海淀区院将相关材料提供给晋中市院，由晋中市院协调当地公安机关为该未成年人出具了无犯罪记录证明，使其顺利入学就读。

**检察日报记者　徐日丹**

检察机关在被侵害儿童的保护方面有什么新的举措？在未检捕诉监防一体化办案模式下，如何加强内部制约？

**张相军**

检察机关高度重视保护未成年人合法权益工作，坚持零容忍态度，依法从快从严批捕、起诉侵害未成年人人身安全的犯罪，充分发挥法律的威慑作用。

已采取和拟采取的新措施有：

一是扩大未成年人检察部门受案范围，将性侵未成年人，拐卖（绑架）儿童，胁迫、诱骗、利用未成年人犯罪等专门针对未成年人的犯罪案件纳入未检部门受案范围，加大打击力度，强化诉讼监督，保护救助未成年被害人。

2014年9月至2015年4月，全国检察机关共批捕猥亵儿童、拐骗儿童、引诱幼女卖淫、雇用童工从事危重劳动、引诱未成年人聚众淫乱、性侵幼女等侵害未成年人人身权利犯罪案件1683件1727人，起诉2104件2160人。

二是第一时间了解受害儿童需求，并与公安、法院、司法行政、民政、教育、妇联、共青团、学校、社区等部门和组织密切合作，共同做好受害儿童的救护治疗、经济救助、生活安置、心理干预等工作。

三是协助受害儿童获得法律援助和司法救助，对于有需要的未成年人被害人，检察机关将积极帮助未成年被害人及时获得专业法律帮助，获得刑事司法救助。

下面我回答第二个问题。检察机关办理未成年人犯罪案件，实行捕诉监防一体化办案模式，与办理成年人犯罪案件实行捕诉分离模式不同。这是根据未成年人犯罪案件的特点而设置的。一是特殊对象需要特别关注，未成年人犯罪案件大部分属于案情简单、嫌疑人认罪、证据不复杂的案件，因此检察机关办案的精力主要不是用于对事实、证据的审查认定，而是用于教育、感化、挽救上；二是特殊对象需要特殊程序，在未成年人犯罪案件的诉讼程序中，有一系列的亲情式、感召式、宽缓化的特殊程序和制度需要落实。

因此，适用于办理成年人犯罪案件的捕诉分离式工作模式，虽然有利于加强内部制约，防冤防错，防止权力滥用，但不利于教育、感化、挽救工作的连续性，也不利于协调一致地落实各项特殊程序和制度。"捕诉监防一体化"工作模式打破了检察机关内设机构壁垒，以未成年人这一特殊主体为标准，将审查逮捕、审查起诉、诉讼监督和预防帮教四项检察职能统归未检机构，由同一承办人跟进同一案件的全程，符合未成年人检察工作规律，有利于全面掌握涉案未成年人案件情况和思想状况，提高办案专业化、维权全面化、帮教社会化水平，使开展教育、感化和挽救工作更有针对性，最大限度预防、矫治、减少未成年人违法犯罪。

捕诉监防一体化办案模式下，虽然捕、诉之间没有制约了，但其他方面的监督制约仍在发挥作用。2012 年出台的《最高人民检察院关于进一步加强未成年人刑事检察工作的决定》要求健全内外部监督制约机制，充分发挥部门负责人、分管检察长和案件管理部门的职能作用，严格案件的流程管理和质量管理，组织开展案件评查、备案审查等业务活动，严格办案纪律，确保依法公正办理好未成年人犯罪案件。

## 发布会文件

### 检察机关加强未成年人司法保护八项措施

一、严厉惩处各类侵害未成年人的犯罪。对成年人性侵害、拐卖、绑架、遗弃、伤害、虐待未成年人以及教唆、胁迫、诱骗、利用未成年人犯罪等严重侵害未成年人身心健康和合法权益犯罪，坚持零容忍态度，依法从严从快批捕、起诉，加大指控犯罪力度，充分发挥法律威慑和震慑作用，坚决斩断伸向未成年人的黑手。同时，加大对侵害未成年人权益、怠于落实未成年人保护制度方面职务犯罪的查处力度，依法严惩侵吞、挪用、违法发放未成年人专项救助、救济资金等贪污犯罪，对国家工作人员发现或者应当发现未成年人权益受到侵害或可能受到侵害，应当采取措施而未采取措施，导致未成年人重伤或者死亡等严重后果的，应当依法及时查办，保证国家对未成年人保护的法律规定、福利政策落实到位。

二、努力保护救助未成年被害人。依法保障未成年被害人及其法定代理人参与权、知情权等各项诉讼权利，保护未成年被害人的名誉权、隐私权等合法权利，避免在办案中造成"二次伤害"。对于性侵未成年人等刑事案件，有条件的地方检察机关可以会同公安机关建立询问未成年被害人同步录音录像制度。同时，要注重加强与司法、民政、教育、卫生等相关部门和未成年人保护组织的联系和协作，推动落实法律援助、司法救助、身体康复、心理疏导、转移安置、技能培训、经济帮扶等综合救助工作，努力帮助未成年被害人恢复正常的生活和学习。

三、最大限度教育挽救涉罪未成年人。贯彻国家对犯罪未成年人"教育、感化、挽救"方针和"教育为主、惩罚为辅"原则，坚持依法对涉罪未成年人"少捕慎诉少监禁"，落实专业化办理、法律援助、合适成年人到场、社会调查、亲情会见、附条件不起诉、社会观护、帮扶教育、犯罪记录封存等特殊保护制度，最大限度促进涉罪未成年人悔过自新、回归社会。对于因年龄原因不负刑事责任的未成年人，应当与公安机关以及家庭、学校、社会保护组织等加强协调、配合，通过加强管教、社会观护等措施，预防再犯罪。

四、充分发挥法律监督职能优势。强化对各类侵害未成年人犯罪的立案、侦查和刑事审判、刑事附带民事审判活动的法律监督，坚决监督纠正有罪不究、以罚代刑、漏捕漏诉、重罪轻判等执法不严、司法不公问题，促进有关部门严格执法、公正司法。对公安机关、人民法院处理监护侵害行为的工作加强法律监督，确保未成年人得到妥善监护照料。

五、积极参与犯罪预防和普法宣传工作。结合办案注意查找未成年人权益保护和犯罪预防方面存在的隐患，通过检察建议等形式，督促相关部门建章立制、堵塞漏洞，推动有关部门更加重视对农村留守儿童、城乡流动乞讨儿童、正在服刑人员的子女等重点未成年人群体的保护，努力营造关爱保护未成年人的社会环境；建立"谁执法谁普法"的普法责任制，广泛开展以案释法、法制讲座、法制进社区、进学校、进幼儿园、进农村、进家庭等宣讲活动，培育尊重未成年人权益的文化，提高未成年人明辨是非和自我保护的意识和能力。

六、建立检察机关内部保护未成年人联动机制。未检部门在工作中发现侵害未成年人合法权益的职务犯罪线索时，应当及时移送职务犯罪侦查部门予以查处，并协调相关部门做好保护未成年人善后工作；各部门在审查逮捕、审查起诉、职务犯罪侦查等工作中，发现犯罪嫌疑人、被告人家中有无人照料的未成年人，或者发现未成年人合法权益保护方面存在漏洞和隐患的，应当及时通知并协助未检部门介入干预，防止在检察环节存在保护真空。对于涉及未成年人权益保护的职务犯罪案件、具有重大社会影响案件等，上级检察院要加大对下业务指导和案件督办。

七、推动完善政法机关衔接配合以及与政府部门、未成年人保护组织等跨部门合作机制。进一步加强与公安机关、人民法院、司法行政机关的沟通协调，在工作评价标准、法律援助、社会调查、讯问（询问）未成年人同步录音录像、逮捕必要性证据收集与移送、合适成年人选聘、分案起诉、观护帮教、犯罪记录封存等需要配合的制度机制上相互衔接，形成保护未成年人合法权益的工作体系；积极与政府各部门、未成年人保护组织等加强联系，推动建立跨部门合作的长效机制，促进司法保护与家庭保护、学校保护、社会保护的紧密衔接，形成保护未成年人合法权益、救助困境儿童、挽救失足未成年人以及预防和减少未成年人犯罪的工作合力。

八、推动建立未成年人司法借助社会专业力量的长效机制。大力支持青少年事务社会工作专业人才队伍建设工作，主动与青少年事务社会工作专业机构链接，以政府购买服务等方式，将社会调查、合适成年人参与未成年人刑事诉讼、心理疏导、观护帮教、附条件不起诉监督考察等工作，交由专业社会力量承担，提高未成年人权益保护和犯罪预防的专业水平，逐步建立司法借助社会专业力量的长效机制。

## 典型案例

### 检察机关加强未成年人司法保护典型案例

5月27日上午，最高人民检察院召开新闻发布会，向社会介绍了2014年度全国未成年人检察工作主要情况，并发布了十起检察机关加强未成年人司法保护的典型案（事）例供各地检察机关参考借鉴。"六一"国际儿童节来临之际，检察机关再次呼吁全社会都来关心爱护未成年人，各部门各司其职，全社会携手努力，共同把家庭保护、学校保护、社会保护和司法保护的各项要求落到实处，为未成年人的健康成长营造良好的社会环境。

**一、对未成年人附条件不起诉案**

王某某（14岁）因和父母吵架于凌晨负气出走，在街上闲逛。当发现被害人李某某一人在路边打电话后，便采用捂嘴、用随身携带的折叠刀威胁等方式，抢走李某某价值4039元的苹果5S手机一部和现金90余元。两天后，王某某的父亲发现了来源不明的手机，遂带王某某到派出所投案。该案社会调查显示，王某某因父母不答应其购置手机看科幻小说而离家出走，后临时起意进行抢劫，之前无其他劣迹亦无不良嗜好。心理测试显示王某某存在较严重的情绪不平衡因子，存在中等程度的偏执、强迫、敌对、焦虑心理，有中等程度的适应障碍，人际关系紧张、敏感。鉴于王某某年龄较小、在校学习、有强烈的学习欲望以及在父母陪同下投案自首、认罪态度较好、具备有效家庭监管、教育条件等，重庆市开县人民检察院依法对其作出不批准逮捕决定。公安机关将该案移送审查起诉后，根据王某某及法定代理人与被害人李某某双方自愿达成的赔偿谅解协议，检察机关主持制作了和解协议书，并依法决定对王某某附条件不起诉，考察期9个月。在考察期间，检察机关对王某某进行了两次心理疏导，并邀请其旁听庭审两次，目前王某某学习成绩大幅提高，与父母、老师、同学沟通也日益顺畅。

典型意义：检察机关在本案办理过程中较好地运用了社会调查、心理疏导、刑事和解、附条件不起诉帮教考察等手段，引导、教育、帮助涉罪未成年人改过自新、重返社会。

## 二、查办侵吞孤儿救助金案

2012年8月，江苏省徐州市铜山区人民检察院未检部门在协助涉罪未成年人宋某某（17岁）办理孤儿救助金过程中，发现该资金已被他人领取。未检部门迅速将该线索移送本院自侦部门，并配合开展调查取证工作。经查，2011年至2013年间，原铜山区民政局社会事务科科长吴某与李某等四人交错结伙，在负责审核、申报、发放孤儿救助金过程中，利用职务便利，采取虚报冒领、私自截留等手段，骗取、侵吞孤儿救助金25万余元。后该4名被告人分别被法院判处十一年至一年零六个月不等的有期徒刑。针对专项救助金管理、使用存在监管不到位、信息不公开等问题，检察机关依法向民政部门发出《检察建议》，并督促开展全区"孤儿救助金"专项核查工作。在清理整顿中，清退、撤销了部分不符合条件主体，将192名儿童纳入救助范围。

典型意义：通过办理未成年人案件发现、查处侵害未成年人合法权益的职务犯罪，并推动解决案件背后社会管理问题，促进国家保护未成年人的福利政策落实到位。

## 三、整治未成年人不良社团案

2013年8月，山东省邹城市人民检察院未检部门在办理王某某故意伤害一案过程中，发现一个由中学生为主体形成的"红玫瑰"社团，严重危害校园安全和社会秩序。经查，该社团具有独立口号、章程及金字塔式的组织结构。社团成立初衷是几个关系要好的退学学生联系在校生一起吃喝玩乐，随着加入人数的不断增加，社团成员发展至350余人（90%为未成年人），并因"红玫瑰的伙计挨了欺负，是红玫瑰的人就得为他出头做主"的帮规引发数起犯罪及治安案件。对此，检察机关从王某某故意伤害一案着手，抽丝剥茧，深挖细查，会同有关部门成功拔除"红玫瑰"这一影响未成年人身心健康的"毒刺"。一是提出检察建议，建议公安机关彻查"红玫瑰"成员情况。用时一个多月将"红玫瑰"社团的组织分布情况彻底摸清，具体核实了每个学校内的参团学生情况。二是针对摸查获取的"红玫瑰"社员信息，主动联系其家长、所在学校等，劝其退出社团，并密切关注其学习生活情况，跟踪、督促其彻底脱离"红玫瑰"。三是针对涉嫌故意伤害、情节轻微的王某某作附条件不起诉处理，给其一个悔过自新的机会。四是联合团委、关工委、教育局等单位启动了"未成年人成长环境优化"工程，组织"少年模拟法庭"进校园和以"慎重交友、远离犯罪、健康成长"为主题的法治宣讲活动，传递正能量，净化校园环境。

典型意义：从某种意义上说，未检部门的工作往往功夫在"案外"。通过办理一起故意伤害案件，挖出一个350余人的未成年人不良社团，并通过充分发挥教育、挽救和预防犯罪职能，拉回误入歧途的失足少年，铲除潜在的犯罪苗头，有利于未成年人成长环境尤其是校园环境的净化。

**四、未达刑事责任年龄的未成年人再犯预防案**

喻某（14岁）、张某（14岁）因琐事纠集马某（15岁）、曹某（16岁）对史某（14岁）拳打脚踢，曹某还用西瓜刀将史某砍伤，经鉴定为轻伤。后曹某主动向公安机关投案，并如实供述了自己的犯罪事实。浙江省宁波市鄞州区人民检察院在对曹某涉嫌故意伤害罪审查起诉期间，努力促成曹某以及3名因年龄原因对轻伤害犯罪不负刑事责任的未成年人与被害方达成和解，由4名未成年人的家长赔偿被害方8万元，并在履行协议时对4人进行训诫教育。在对曹某进行附条件不起诉考察帮教的同时，还会同公安机关对3名因年龄原因不负刑事责任的未成年人进行定期回访帮教，督促家长进行正确管护教育。

典型意义：对于已经涉嫌犯罪但因年龄原因不负刑事责任的未成年人，司法机关不能一放了之，要与家庭、学校、社会等各方面加强协调、配合，通过加强管教、社会观护等措施，预防其违法犯罪。

### 五、办理未成年人抚养费申诉案

小李（15岁）自记事起就在父母不断的争吵、打斗中生活。父母经过多次诉讼，好不容易达成了离婚协议，不久又为小李的抚养费问题再次诉诸法院。法院判决生效后，作为小李法定监护人的妈妈仍然不服，以小李名义到上海市长宁区人民检察院申诉。该院经了解相关情况后受理了此案。未检科检察官在送达立案审查告知书时与父母双方进行了沟通，指出双方以往行为对孩子的伤害以及作为父母对孩子应尽的责任，要求双方注意避免因自己的行为对未成年人的身心造成再次伤害。该案经过三次和解、双方终于就抚养费的支付问题达成共识后成功结案。在办案中，检察官发现家庭的破碎和伤害给小李留下了深深的阴影，他平时刻意回避和人交流，一旦觉得别人冒犯了自己，便试图报复对方。为此，检察官请专业的心理咨询师分别对小李及其父母进行心理干预。在心理咨询过程中，小李宣泄了内心压抑已久的情绪，渐渐地能面对生活的挫折，小李父母也有所触动，表示愿意尽自己最大的努力弥补孩子的创伤，让孩子健康成长。

典型意义：家庭破碎及合法权益没有得到保障往往是未成年人犯罪的重要原因。该案的典型意义在于未检部门通过受理涉及未成年人的民事申诉案件，最大限度地保护未成年人合法权益，并对未成年人心理问题进行提前干预。

### 六、撤销不合格父母监护资格案

2014 年邵某某因强奸、猥亵自己 10 岁未成年女儿被判处有期徒刑十一年，剥夺政治权利一年。在办案过程中，江苏省徐州市铜山区人民检察院发现被害女童除了在异省生活且身患残疾不能履行监护抚养义务的母亲外，没有其他亲友。为此，检察机关根据最高人民法院、最高人民检察院、公安部、民政部于 2014 年 12 月出台的《关于依法处理监护人侵害未成年人权益行为若干问题的意见》，向民政部门发出《检察建议书》，建议民政部门依法向人民法院提起申请撤销监护人资格的诉讼。最终，法院判决撤销被害女童父母的监护人资格，并指定民政部门作为被害女童的监护人。

典型意义：该案系由检察机关通过检察建议形式促成的全国首例依据《关于依法处理监护人侵害未成年人权益行为若干问题的意见》处理的撤销监护人资格案件，为此类案件的办理积累了宝贵经验。

### 七、救助失管未成年人案

河南省郑州市中原区人民检察院在审查起诉张某某涉嫌非法行医罪过程中，发现其妻、母患病，无劳动能力和经济来源，其父虽有退休工资但因患糖尿病需长期服药，其三名未成年子女均主要靠其违法开办的诊所收入抚养，大女儿（16 岁）和二女儿（13 岁）分别在高、初中住校，上小学的儿子（9 岁）因父亲涉案，整天泡在网吧不上学。未检部门经评估认为，三名未成年子女有失管风险，应当确定为救助对象。为此，该院依据《郑州市中原区刑事诉讼中失管未成年人救助工作实施方案（试行）》，由未检科申请从专项救助资金中拨付 1 万元对张某某的子女进行生活救助，教育部门负责对张某某的小儿子进行心理辅导，在张某某取保候审期间及司法处理完毕后，由民政部门负责对其进行就业培训和工作推荐，防止其再次实施犯罪。

典型意义：该院率先探索试行失管未成年人动态监控机制，并积极搭建联动平台，推动建立以政府职能部门为主体、未成年人权益保护组织协同、社会公众参与的救助工作体系。

## 典型事例

### 检察机关加强未成年人司法保护典型事例

#### 一、委托公益律师开展社会调查机制

为充分发挥社会调查报告在未成年人案件办理及帮教中的重要参考作用，切实解决当前社会调查实践中存在的主体资源短缺、报告内容单一、分析浅显、流于形式等突出问题，2014年初，四川省成都市人民检察院会同成都市律师协会共建委托公益律师开展社会调查机制，制定了《委托公益律师开展涉罪未成年人社会调查暂行规定》。目前已成立了由200余名公益律师组成的公益律师志愿服务队，依据《暂行规定》开展对涉罪未成年人的社会调查。对于委托公益律师制作的社会调查报告，检察机关在认真审查其客观性、规范性、专业性的基础上将其作为是否适用逮捕强制措施、是否作不起诉或者附条件不起诉处理、提出合理化的量刑建议、开展继续羁押必要性审查以及有针对性地开展跟踪帮教的重要参考。截至2015年4月，全市检察机关委托公益律师对84件120余人开展了社会调查；根据公益律师出具的社会调查报告，检察机关依法不批准逮捕50余人，不起诉60余人；检察机关结合公益律师出具的社会调查报告开展针对性的跟踪帮教，30余名涉罪未成年人被送往帮教（观护）基地参加职业技能培训；法院在判决中越来越多地直接引用社会调查报告的内容；多名涉罪未成年人的家属在参加不公开听证后心悦诚服。

典型意义：该项机制的探索为解决在落实社会调查制度中存在的专业社工力量不足、财政投入有限等实际困难提供了样

本，为建立健全未检工作社会化支持体系迈出了重要的一步。

**二、司法社工参与未检工作机制**

为了将"教育、感化、挽救"方针和"教育为主、惩罚为辅"原则真正落到实处，北京市海淀区人民检察院与首都师范大学少年司法社会工作研究与服务中心（2012年该机构在北京市民政局注册登记为北京超越青少年社工事务所，主管单位是共青团北京市委）合作，由区政府出资，购买该中心社工服务，委托专职司法社工介入未成年人案件开展社会调查、担任合适成年人、附条件不起诉考察帮教、被害人救助等多项工作。自2010年9月该院未检处成立伊始，至2015年5月初，社工帮教未成年人及在校学生1093人。其中，2011年至2014年四年间，该院共对131名未成年人作相对不起诉处理。"委托司法社工开展未成年人帮教服务机制"也被辖区内公安、法院所认可、借鉴，目前已形成侦查、起诉、审判阶段全程无缝隙的社会调查、帮教一体机制。

典型意义：司法社工利他、助人的价值观和社会学、教育学、心理学的专业背景与未检工作理念、工作要求相契合。将社会调查、合适成年人参与未成年人刑事诉讼、心理疏导、观护帮教、附条件不起诉监督考察等工作，交由专业社会力量承担，可以保障未成年人案件特殊刑事诉讼制度的全面落实，提升办案效果，形成司法借助社会专业力量的长效机制。

**三、建立全方位观护帮教基地**

为落实附条件不起诉考察帮教工作，对被附条件不起诉的未成年人开展法治教育、行为矫正、公益劳动、技能培训、心理辅导、戒瘾治疗等矫治、教育工作，北京市门头沟区人民检察院以检察机关为主导，依托社会单位，建立了多元化（5家）的"扬帆观护基地"："扬帆义工培育基地"依托区图书馆，培养未成年人从小养成读书的好习惯，塑造心智，并在进行义工劳动时体会劳动和服务他人带来的人生价值；"扬帆军检观护基地"安排附条件不起诉对象到部队接受军训教育，培养观护对象的内在和外在气质以及吃苦耐劳的精神，规范行为；"扬帆公益实践基地"依托区义工联开展社会公益活动，通过安排观护对象参加扶贫救困、助孤安老、急救培训、法治宣传等社会公益活动，增强观护对象的社会责任感和道德修养；"社会调查及心理教育基地"则由首都师范大学"超越少年司法社工事务所"对未成年犯罪嫌疑人进行社会调查、风险评估、心理疏导和矫治，为案件处理提供参考；"非京籍观护基地"依托区义工联青少年教育活动基地，选择出身农村、有学习农业技能欲望的被附条件不起诉未成年人，进行封闭式农业劳动和学习，促使其远离犯罪，劳动树人。

典型意义：发挥多元化观护基地文化教育、军事训练、社会公益实践、劳动教育、法治教育、心理疏导等功能，对涉罪未成年人的心理和行为进行全方位的观护帮教，"德、智、行、规、劳"五育结合，提升帮教效果。

## 部分新闻链接

1. 人民日报 2015 年 5 月 28 日报道《最高检出台八项措施推动未成年人司法保护全覆盖》。

2. 中央电视台 2015 年 5 月 27 日报道《最高检：未成年人司法保护对象范围全覆盖》。

3. 中国青年报 2015 年 5 月 28 日报道《未成年人司法保护将"全覆盖"》。

4. 中新社 2015 年 5 月 27 日报道《最高检：以零容忍态度严打侵害未成年人犯罪》

5. 检察日报 2015 年 5 月 28 日报道《最高检召开新闻发布会通报去年全国未成年人检察工作主要情况 坚持对未成年人犯罪少捕慎诉促进改过自新》。

6. 北京青年报 2015 年 5 月 28 日报道《最高检出台八项措施加强未成年人司法保护 检察机关对未成年人犯罪"少捕慎诉"》。

# 加强司法保护　呵护美丽中国

最高人民检察院通报检察机关加强生态环境司法保护工作情况

发布时间：2015 年 6 月 16 日 11：00

发布内容：通报检察机关立足检察职能，加强生态环境司法保护的
　　　　　有关情况；发布典型案例

发布地点：最高人民检察院电视电话会议室

主　持　人：最高人民检察院新闻发言人　肖玮

出席嘉宾：最高人民检察院渎职侵权检察厅副厅长　李忠诚[①]
　　　　　最高人民检察院民事行政检察厅副厅长　吕洪涛
　　　　　最高人民检察院侦查监督厅副厅级检察员　刘慧玲

① 原任最高人民检察院反贪污贿赂总局二局副局长，现已退休。

## 🎤 主题发布

**肖玮**

　　各位记者朋友，大家上午好！欢迎参加最高人民检察院的新闻发布会。我是新闻发言人肖玮。今天新闻发布会的主题是"加强司法保护，呵护美丽中国"。主要有两项内容：一是通报检察机关立足检察职能，加强生态环境司法保护的有关情况；二是发布 10 个典型案例。

　　出席今天新闻发布会的有最高人民检察院渎职侵权检察厅副厅长李忠诚、民事行政检察厅副厅长吕洪涛、侦查监督厅副厅级检察员刘慧玲。下面我先向大家介绍去年以来检察机关加强生态环境司法保护的有关情况。

### 一、检察机关立足检察职能，加强生态环境司法保护有关情况

　　生态环境能否得到有效保护，关系基本民生，关系长治久安，关系子孙后代。党的十八大把生态文明建设纳入中国特色社会主义事业"五位一体"总布局，提出了建设美丽中国的目标；十八届三中全会明确了生态文明体制改革的主要任务；四中全会又进一步要求加快建立生态文明法律制度。良好的生态环境，离不开法治的保障和护航。检察机关作为全面依法治国的重要力量，在保护生态环境方面承担着义不容辞的重大责任。

　　近年来，全国检察机关充分发挥检察职能作用，整合资源力量，积极主动作为，强化法律监督，建立完善机制，不断加大对生态环境的司法保护，为推动实现天蓝、水清、地绿的目标作出了积极贡献，取得了显著成效。

（一）立足检察职能，依法严惩破坏生态环境领域犯罪

破坏生态环境资源犯罪危害深远，人民群众反映强烈。检察机关充分发挥检察职能作用，严厉打击破坏生态环境领域的刑事犯罪，严肃查办和积极预防生态环境领域职务犯罪，不断加大对生态环境执法司法活动的监督力度，有效震慑了犯罪。

一是坚持依法从严打击原则，认真履行批捕起诉职能，坚决惩治盗伐滥伐林木、非法采矿、非法采砂、非法占用农用地、偷排偷放、非法排放有毒有害污染物等多发性破坏生态环境的刑事犯罪。2014年1月至2015年4月，全国检察机关共批捕污染环境、非法采矿、盗伐滥伐林木等破坏环境资源犯罪嫌疑人10084人，起诉28707人。

二是依法及时介入重大环境污染事故，深挖破坏环境资源现象背后的职务犯罪线索，严查国家工作人员索贿受贿、失职渎职等犯罪。2014年1月至2015年4月，共查办生态环境领域贪污贿赂犯罪案件489件581人，查办渎职犯罪1123件1582人。

三是加强对环境保护执法司法活动的法律监督。依托行政执法与刑事司法衔接机制，会同有关部门，对破坏环境资源类案件线索的受理、立案、查处等情况进行集中排查，坚决监督纠正有案不移、有案不立和以罚代刑等问题。2014年1月至2015年4月，共监督行政机关移送破坏环境资源类案件1866件2229人，监督公安机关立案侦查破坏环境资源类案件1639件1984人。

（二）突出工作重点，全面有效开展专项打击犯罪工作

检察机关紧紧围绕党和国家工作大局，突出问题导向，紧贴检察实际，以部署开展专项活动为抓手，全面推动各检察工作环节对生态环境的司法保护。

一是强化立案监督。针对环境保护领域存在的行政执行和刑事司法脱节、法律威慑力不够的现象，检察机关通过开展专项立案监督、挂牌督办等方式，强化对破坏环境资源犯罪的立案监督。继2014年在全国部署开展为期8个月的专项立案监督活动后，2015年最高人民检察院又决定继续开展为期两年的"破坏环境资源犯罪专项立案监督活动"，重

点监督纠正有案不移、有案不立、以罚代刑等问题。

最高人民检察院专门成立了领导小组，派员走访公安部、食药监总局、环保部，建立会商、督办等工作机制，挂牌督办了第一批12起非法处置危险废物数量巨大、污染环境后果严重、犯罪情节恶劣的涉嫌污染环境犯罪案件，切实解决群众反映强烈的环境污染突出问题

二是强化职务犯罪查办。通过办案我们发现，许多危害生态环境案件背后，都有相关执法监管人员不作为、乱作为甚至索贿受贿等问题。结合"查办和预防发生在群众身边、损害群众利益职务犯罪"专项工作，各地检察机关深入摸排职务犯罪案件线索，从群众举报、媒体报道中发现线索，从相关环境污染犯罪案件中深挖线索，从行政审批、日常监管环节入手主动排查线索，形成多渠道、全方位的主动摸排方式，织密线索收集网络，确保每一起生态环境领域职务犯罪案件都得到严肃查处。

三是强化地域特色。各地紧密结合实际，部署开展有特色的"小专项"活动，整合资源力量推动生态环境司法保护的全面进行。河北省检察机关开展生态环境司法保护专项工作，严肃查处大气污染、水体污染、土壤污染等环境污染问题所涉刑事犯罪，突出查办非法占用农用地、非法采矿、盗伐滥伐林木等破坏环境资源背后的职务犯罪。

广东省检察机关立足生态文明和幸福广东建设，部署开展为期两年的查办与预防危害生态环境职务犯罪专项工作。福建、浙江、内蒙、海南、辽宁、上海、江西、四川、云南等地检察机关相继开展专项工作，突出重点，严肃查处，有力惩治了生态环境领域犯罪行为。

（三）创新执法理念，积极探索开展公益诉讼活动

许多破坏生态环境的刑事案件，犯罪分子被判入狱，受到了应有的惩罚，但受损的生态环境得不到修复，"荒山依旧"。检察机关积极探索，把恢复性司法理念运用于生态环境司法保护实践。对于破坏生态环境的犯罪案件，在依法批捕起诉的同时，根据案件具体情况，可以要求犯罪嫌疑人依法停止侵害、排除妨碍、恢复原状或者修复环境、赔偿损失，切实将资源破坏和环境污染对国家、集体和人民群众的损害降低程度。

福建省检察机关探索建立了林业案件"补植复绿"机制，既惩罚了

犯罪，又使受损的生态环境得到及时、有效修复与补偿，办一个案件、恢复一片青山、挽救一个家庭，实现了惩罚犯罪与保护生态环境的双赢。

同时，检察机关还积极探索建立对生态环境领域的突出问题提起公益诉讼制度。探索通过督促起诉、支持起诉等多种手段，更好地维护社会公共利益，江苏、福建、贵州等地检察机关进行了有益探索。

中央全面深化改革领导小组第十二次会议审议通过了《检察机关提起公益诉讼改革试点方案》，将生态环境和资源保护领域作为重点。近期最高人民检察院将提请全国人大常委会授权在部分地区开展为期两年的提起公益诉讼改革试点工作，我们将依法稳步探索建立检察机关提起公益诉讼制度。

（四）完善工作机制，推动形成保护生态环境的整体合力

2015 年 2 月，最高人民检察院印发《关于贯彻落实〈中共中央关于全面推进依法治国若干重大问题的决定〉的意见》，明确要求检察机关要认真落实用严格的法律制度保护生态环境的要求，加大生态环境保护力度。最高人民检察院加强与最高人民法院、环境保护部等有关部门的密切配合，进一步完善惩治破坏生态环境犯罪的司法解释，明确定罪量刑标准，指导司法实践，为生态环境立法提供支持。

为增强打击的及时性和有效性，检察机关不断建立完善内外部工作机制。在内部，针对破坏生态资源案件开通"绿色通道"，建立快速反应机制。对犯罪事实清楚、证据确实充分的案件，提前介入侦查，依法快捕快诉；对社会影响大、群众反映强烈的重特大案件，依法从重打击。同时，综合发挥"捕、诉、侦、防"职能，形成保护生态环境整体合力。

2014 年 9 月，腾格里沙漠污染环境系列案曝光后，最高人民检察院高度重视，侦查监督厅、公诉厅、渎职侵权检察厅均列为重点挂牌督办案件，联合公安部、环保部等组成督导组，从严惩治犯罪行为。同时，各地检察机关积极参与生态环境综合治理，加强与有关行政执法部门的密切配合，联合工商、环保、森林等执法部门定期组织力量对土地、森林、海洋资源等领域进行检查巡查，发现存在破坏环境资源行为，及时启动联动机制，形成打击合力。

习近平总书记强调，只有实行最严格的制度、最严密的法治，才能为生态文明建设提供可靠保障。这为检察机关强化对生态环境的司法保护指明了方向。

下一步，检察机关将进一步强化对生态环境的司法保护力度，一是积极参与生态环境综合治理，加大打击力度，强化对破坏生态环境犯罪的立案监督、侦查监督和审判监督。

二是扎实推进生态环境领域行政执法与刑事司法衔接，依法履行监督职责，建立健全信息共享、案情通报、案件移送制度。

三是加强对行政违法行为的监督，对在履行职责中发现行政机关违法行使职权或不行使职权的行为坚决监督纠正，并重点查办重大生态修复工程、防灾减灾体系建设、矿产资源开发利用、环境监管、环境评价、污染治理、重大环境事故等环节的职务犯罪。

四是探索建立检察机关对生态环境领域的突出问题提起公益诉讼制度，综合运用检察建议、督促起诉、支持起诉和提起公益诉讼等多种手段，维护好社会公共利益。以上是去年以来检察机关加强生态环境司法保护简要情况。

## 二、发布典型案例

第二项议程是发布 10 个典型案例。考虑到民事行政检察监督工作目前正在试点阶段，此次只发布刑事检察案例。

### （一）最高检挂牌督办 4 起腾格里沙漠污染环境案

腾格里沙漠位于内蒙古、宁夏和甘肃交界处，自 2014 年 9 月以来，相继曝出内蒙古阿拉善盟腾格里工业园部分企业、宁夏中卫明盛染化公司、宁夏中卫工业园区部分企业、甘肃武威市荣华工贸有限公司等企业通过私设暗管，将未经处理的污水排入沙漠腹地，对腾格里沙漠生态环境造成严重危害。

案发后，最高人民检察院高度重视，要求当地检察机关迅速了解掌握情况，从严惩治环境污染犯罪行为，严查国家工作人员监管失职渎职犯罪。最高检侦监厅、公诉厅和渎检厅分别将内蒙古阿拉善盟腾格里工业园部分企业污染环境案、宁夏中卫明盛染化公司污染环境案、宁夏中卫工业园区部分企业污染环境案、甘肃武威市荣华工贸有限公司污染环境案等 4 起案件列为重点挂牌督办案件。

最高检联合公安部、环保部相关部门组成督办组，赶赴内蒙古阿拉善盟、宁夏中卫、甘肃武威三地，实地勘查、督导案件办理。经督办，宁夏检察机关追加起诉 1 人，公安机关对宁夏大漠药业有限公司、利安隆（中卫）新材料有限公司等 7 家单位以涉嫌污染环境罪立案侦查；内蒙古检察机关对新亚化工有限责任公司、渤亚化工有限责任公司、恒盛化工有限责任公司 3 家单位以涉嫌污染环境罪移送审查起诉。

内蒙古、宁夏、甘肃三地检察机关立即介入案件调查，依法履行批捕、起诉职能，对涉嫌破坏环境资源犯罪开展立案监督，引导公安机关侦查取证，固定完善证据，对涉嫌犯罪的依法批捕，并提起公诉；同时，对案件涉及的相关监管部门工作人员涉嫌渎职犯罪案件依法开展调查。

经查，部分化工企业存在违法排污行为，个别企业未按规范要求处置污泥等危险废物；部分环境监管人员对工业园区有关企业排污行为监管不力，放任企业私设暗管、偷排污水，致使非法排污问题未能得到及时有效解决，存在滥用职权、玩忽职守和监管失职等问题。

截至目前，在宁夏明盛染化有限公司污染环境案和宁夏中卫工业园区污染环境案中，经检察机关提起公诉，法院对明盛染化有限公司判处罚金 500 万元，对廉兴中判处有期徒刑一年六个月，缓刑两年，并处罚金 5 万元。在职务犯罪查处方面，宁夏检察机关依法对中卫市环保局环境监察支队原副支队长利俊成、中卫市环保局环评科负责人刘国芳分别以涉嫌玩忽职守罪、滥用职权罪立案侦查；甘肃检察机关依法对武威市凉州区环保局局长林兴述、凉州区环保局副局长兼环境监察大队大队长文武以涉嫌玩忽职守罪立案侦查。

典型意义：2014 年 9 月，腾格里沙漠污染环境系列案曝光后，最高人民检察院高度重视，综合发挥"捕、诉、侦、防"职能，侦查监督厅、公诉厅、渎职侵权检察厅均列为重点挂牌督办案件，联合公安部、环保部等组成督导组，从严惩治犯罪行为，形成保护生态环境整体合力。

（二）韩甲福非法采矿案

2014 年 2 月，被告人韩甲福在未办理采矿许可证的情况下，以 6.5 万元的价格租得青海省湟中县多巴镇康城村砖瓦厂附近 6 亩农田后，擅自开采砂石。同年 2 月 22 日，该地砂石采空区发生事故后停止开采。经青海建立矿业有限公司测绘：砂石采空区平均面积为 1335.71m²，砂石层平均厚度为 8.78m，蕴含砂石资源量为 11727.53m³。

经湟中县价格认证中心鉴定并经青海省国土资源厅确认：被鉴定砂石在价格鉴定基准日的中等销售价为 30 元 /m³，11727.53m³ 砂石总价为 351825.9 元。

韩甲福涉嫌非法采矿罪一案，湟中县公安局于 2014 年 5 月 21 日立案侦查，同年 5 月 27 日湟中县人民检察院作出批准逮捕决定，同年 8 月 8 日提起公诉。2014 年 11 月 18 日青海省西宁市湟中县人民法院以非法采矿罪判处韩甲福有期徒刑三年二个月，并处罚金 6 万元。此判决为生效判决。

**典型意义：**本案涉及的破坏环境资源线索，系湟中县人民检察院会同县政府有关部门在开展非法盗挖砂石专项立案监督工作中发现并移送的。湟中县人民检察院配合当地党委、政府的砂石资源集中整治工作，组织开展"非法盗挖砂石案件立案监督专项活动"，先后介入 8 起非法采矿案，依法批准逮捕非法采矿犯罪案件 8 件 13 人，并对侦查活动违法问题发出 3 份纠正违法通知书，有效整治了青藏铁路周边环境的安全隐患。该案的成功办理，得益于检察机关与行政执法机关的工作衔接与协调配合，同时检察机关依法提前介入，对侦查活动进行全程跟进监督，为案件的成功办理奠定了坚实基础，有效遏制了当地滥采滥挖砂石、破坏环境资源的行为。

（三）彭安亮非法采伐国家重点保护植物案

2014 年 2 月 7 日至 17 日，彭安亮以营利为目的，违反国家规定，在贵州省施秉县黑冲风景区内非法采挖疑似红豆杉幼树 150 株，假植于施秉县白垛乡白垛村黑冲组龙会招家厢房后的菜土埂边，准备制作盆景出售获利。

经贵州省黔东南州林业科学研究所鉴定，确认 150 株疑似红豆杉幼树均为红豆杉科红豆杉属南方红豆杉，为国务院 1999 年 8 月 4 日批准的国家林业局、农业部第 4 号令发布的《国家重点保护野生植物名录（第一批）》中的一级保护植物。

施秉县人民检察院了解到公安机关未予立案的情况后，监督公安机关于 2 月 20 日立案侦查。3 月 3 日，施秉县人民检察院作出批准逮捕决定，并于 5 月 16 日提起公诉。同年 5 月 27 日，施秉县人民法院以非法采伐国家重点保护植物罪判处被告人彭安亮有期徒刑四年六个月，并处罚金 8000 元。此判决为生效判决。

典型意义：该案系施秉县人民检察院在日常工作中发现案件线索，并进行立案监督的成功范例。检察机关经实地调查走访，确认了存在非法采伐国家重点保护植物的犯罪事实，在开展立案监督后，依法提前介入，引导公安机关侦查取证，确保案件事实清楚、证据确实充分。通过紧密结合全国检察机关打击破坏环境资源犯罪专项立案监督活动，当地检察机关严厉查处了多起破坏生态环境资源犯罪，切实履行法律监督职能，遏制了当地多发频发的非法采伐国家重点保护植物犯罪，有力保护了当地生物多样性。

（四）莫长生、潘其安、杨昌勇非法毁坏国家重点保护植物案

2014 年 3 月下旬，被告人莫长生路经贵州省榕江县兴华乡高排村"大坟"坡时，发现小路下方有一株长有树瘤的楠木树，意欲盗割并出售牟利。同年 4 月 8 日下午，莫长生电话联系杨昌勇，邀其上山查看是否购买，又邀潘其安入伙共同偷割楠木。次日凌晨 2 时许，莫长生、潘其安趁夜深持消声伸缩电锯进入"大坟"坡，杨昌勇按事先约定驱车赶到"大坟"坡查看楠木。莫长生与杨昌勇在现场碰头并议定好价格后，按指定位置割锯楠木树长有树瘤的部位。后三人被当地群众发现并抓获。莫长生后寻机逃脱。

经鉴定，本案被非法毁坏的树木为国家二级重点保护植物闽楠，树基毁坏程度超过 50%，被非法毁坏楠木活立木蓄积为 1.8634 立方米。

2014 年 4 月 9 日，高排村村民向榕江县森林公安分局报案，公安

机关未予立案。榕江县人民检察院接到举报后，要求榕江县森林公安分局说明不立案理由，并建议立案侦查。榕江县森林公安分局于同年4月10日立案。5月7日，榕江县人民检察院对潘其安、杨昌勇作出批准逮捕决定，并对莫长生发出追捕意见，5月9日莫长生被抓获。榕江县人民检察院于同年7月18日提起公诉。8月13日，榕江县人民法院以非法毁坏国家重点保护植物罪，判处被告人莫长生有期徒刑一年八个月，并处罚金2万元；判处被告人潘其安有期徒刑一年，缓刑二年，并处罚金2万元；判处被告人杨昌勇有期徒刑一年，缓刑二年，并处罚金2万元。此判决为生效判决。

典型意义：榕江县人民检察院结合本县境内森林覆盖率高、林业资源丰富，盗伐滥伐林木及非法采伐、毁坏国家重点保护植物案件发案率较高的实际情况，积极拓宽立案监督案件信息来源，做好信息分析及调查核实工作，突出立案监督工作实效。本案系榕江县首例采用新型伐木工具实施非法毁坏国家重点保护植物的案件，被告人采用消声伸缩电锯切割楠木蔸块，作案手段隐蔽，后果极其恶劣，被切割蔸块的楠木树往往无法存活。榕江县人民检察院通过认真分析群众举报线索，深入现场调查取证，及时向公安机关提出立案监督意见，有效打击了破坏环境资源犯罪，震慑了潜在的犯罪分子，也为全国检察机关今后办理同类型案件起到了良好的示范作用。

（五）赵大闯等人污染环境案

2014年3月，赵大闯、刘刚卫等6人在河南省尉氏县邢庄乡芦馆村开办化工厂，利用硫酸二甲酯生产甲硫醇钠产品，生产过程中，上述人员在化工厂院内挖出1500立方米的渗坑用来排放污染物，严重污染环境。刘刚卫、郝书杰等6人在尉氏县门楼任乡另开一家化工厂非法排污，后因群众举报将化工厂迁到邢庄乡芦馆村生产。

2014年4月，尉氏县人民检察院接举报，邢庄乡芦馆村有化工厂违法排污，污染环境，而公安机关以没有污染鉴定为由不予立案。尉氏县人民检察院及时联系环保部门，经检测发现该地区水质COD、氨氮含量均严重超标，涉嫌污染环境犯罪。同年5月7日，尉氏县人民检察院向公安机关发出《要求说明不立案理由通知书》，并附环保部门鉴定意见。尉氏县公安局于 5 月 9 日立案侦查。6 月 9 日，尉氏县公安局以赵大闯涉嫌污染环境犯罪提请批准逮捕，并对刘刚卫等 6 人涉嫌污染环境罪进行立案侦查。

目前，尉氏县人民法院以污染环境罪分别判处赵大闯、李超峰、杨水正有期徒刑八个月，并各处罚金 5 万元；判处杨建伟拘役四个月，并处罚金 10 万元；分别判处郝富民、郝书杰、陈豪杰有期徒刑二年，缓刑二年，并各处罚金 2 万元。上述判决已经生效。本案其他涉案人员尚处于审查起诉或侦查阶段。

典型意义：深挖上下游犯罪案件线索是打击破坏环境资源犯罪的一条重要途径。检察机关在办理赵大闯等 6 人涉嫌污染环境罪案件中，发现了刘刚卫与郝书杰等另 5 人的污染环境犯罪事实及徐勤江、许增超等 4 人涉嫌非法买卖、运输危险物质罪的案件线索，通过加大监督力度，引导公安机关侦查取证，一举打掉了一条非法生产、销售危险化工产品的利益链，实现了标本兼治，有效发挥了法律监督职能。

（六）张有胜行贿、诈骗案

2014 年 2 月 25 日，甘肃省榆中县检察院以涉嫌行贿、诈骗犯罪决定对犯罪嫌疑人张有胜立案侦查，同日依法对其采取刑事拘留，2014 年 3 月 13 日以涉嫌行贿犯罪对其依法逮捕。2014 年 7 月 2 日移送审查起诉。全案侦查终结数额为 745 万元，造成损失 861 万元，挽回经济损失 829 万元。

经依法查明：张有胜在担任兰州市甘草水泥集团有限责任公司党委书记及集团公司下属甘草环保建材股份有限公司董事长兼法人期间，明知兰州市甘草水泥集团有限责任公司兰州造纸厂营业执照于 2007 年已注销，排放污染物许可证也已过期，申报奖励资金前三年没有连续生产，该企业并不符合奖励资金申报条件，却安排其公司职工向榆中县工业和商务局于 2010 年、2012 年先后申请关闭小企业项目及淘汰落后产能项目，骗取国家关闭小企业奖励资金及淘汰落后产能补助资金。2012 年 12 月下旬，张有胜在补助资金下拨该厂以后，安排甘草环保建材股份有限公司出纳王建军向榆中县工业和商务局行贿15万元人民币。

2014年10月14日，榆中县人民法院以对单位行贿罪，判处张有胜有期徒刑八个月，榆中县甘草环保建材股份有限公司犯对单位行贿罪判处罚金30万元。

典型意义：在推进生态文明建设过程中，国家投入了巨大的财力物力，设立了关闭小企业奖励资金及淘汰落后产能补助资金等专项资金。检察机关充分发挥职能作用，在查办行贿受贿等职务犯罪案件过程中，注重加大对骗取国家专项资金等犯罪的打击力度，为确保国家专项补助资金按照法律和制度要求正确使用提供了坚实保障。

（七）李来丽滥用职权案

2010年7月至2013年12月31日，时任河北省衡水市污水处理费稽征所所长李来丽违反城市污水处理费缴纳规定，对已被立案查处的不安装水表、拒不缴纳污水处理费的用户，擅自决定减少征收数额，予以结案；对工程施工项目擅自决定免征污水处理费；对未查清自备井数量的公司违法采取每季度定额收费的方式征收污水处理费，致使巨额污水处理费流失，共计给国家造成经济损失1332.2万余元。2014年3月18日，衡水市桃城区人民检察院以涉嫌滥用职权罪依法对李来丽立案侦查。2014年12月11日，衡水市桃城区人民法院以滥用职权罪判处李来丽有期徒刑五年。

典型意义：本案系典型的不认真履行职责，不严格落实法律规定，不征、少征排污费用，放任排污，导致企业和个人无限制排污，严重破坏污水处理费征收和排污管理秩序的渎职犯罪案件。河北省衡水市检察机关从治理水体污染出发，以排污管理、污水处理、排污费征收等环节为重点，严肃查办了一批少缴水资源费所涉渎职犯罪案件。此案的查处，对于规范污水处理费征收管理，规制企业和个人排污行为，减少污染物排放，强化当地生态环境保护具有重要的推动作用。

（八）冯华滥用职权、受贿案

浙江省宁波市港航局原党委书记、副局长冯华，在2004年至2012年，滥用职权，长期放纵林甫码头长期违法经营，授意他人同意并最终通过联席会议确定林甬码头为宁波市中心城区建筑渣土（泥浆）临时中转码头，致使林甬码头向甬江中偷排34.4余万立方米原状土，为此产生清淤费用达人民币1356.9余万元，给国家利益造成巨大损失。其间，林甬码头发生二起安全生产事故，造成二人死亡。此外，冯华还收受他人贿赂。2014年2月28日，宁波市江北北区人民检察院以涉嫌滥用职权罪、受贿罪对冯华立案侦查。2014年10月24日，宁波市江北区人民法院以滥用职权罪、受贿罪判处冯华有期徒刑九年。

典型意义：浙江省宁波市检察机关在查办本案过程中，多方取证，先后调查了130多家单位，主动与水利水电设计研究院、价格认定中心等单位沟通联系，科学测量具体的泥浆偷排量，严格计算造成的损害后果，认真评估造成的社会影响，最终该系列案件均被法院认定为情节特别严重，有关人员得到了应有的惩处。通过查办此类发生在环境监管过程中的渎职犯罪案件，有效促使相关职能部门健全机制、依法行政、加大环境监管力度，为促进环境资源保护、保障当地经济社会可持续发展发挥了积极作用。

（九）倪可佃等3人环境监管失职案

福建省三明市三元区环境保护局副局长倪可佃、监察大队大队长林星华、工作人员郑书琦，在2012年7月至2014年1月环境监察执法过程中，工作严重不负责任，没有及时发现、制止福建省三明市永丰化工公司非法建设提炼铟的生产设施、车间内存放大量与正常生产范围无关的原辅材料、非法排放最高超标达994倍的铟萃余液等违法行为，造成自渔塘溪流经的水体严重污染，经当地政府应急处置共花费455万余元，给国家利益造成重大损失。2014年3月23日，福建省三明市三元区人民检察院以涉嫌环境监管失职罪对倪可佃、林星华、郑书琦立案侦查。2015年2月16日，福建省三明市三元区人民法院以环境监管失职罪分别判处倪可佃、林星华、郑书琦有期徒刑六至八个月，缓刑一年。目前，案件还在法院二审过程中。

典型意义：本案中因为渎职犯罪放任排污行为不仅造成了重大经济损失，并造成水体环境的长期污染，难以一时修复，损害后果持久，严重影响人民群众的生产生活。本案是在福建省推进生态文明先行示范区建设过程中，检察机关主动履职，集中查办危害生态文明建设渎职犯罪的具体体现。本案由福建省三明市三元区人民检察院自行发现，检察机关主动履职，通过办案严肃查办了国家机关工作人员在环境监管中的懒政、怠政造成的渎职犯罪，为推进生态文明先行示范区建设发挥了积极作用。

（十）张建强环境监管失职案

广东省揭阳市揭西县环保局原副局长兼环境监察大队原大队长张建强，在 2009 年至 2011 年 6 月期间，工作严重不负责任，在发现辖区内存在非法经营的洗钨矿场后，不认真履行职责，未依法予以取缔，仅以罚款了事，导致该非法洗钨矿场长期持续排污，造成重大环境污染，受污染的土壤修复费用高达 618.6 余万元，给国家利益造成巨大损失。2014 年 3 月 19 日，揭阳市揭西县人民检察院以涉嫌环境监管失职罪对张建强立案侦查。2015 年 1 月 12 日，法院以环境监管失职罪判处张建强有期徒刑一年。

典型意义：本案属于环保部门工作人员在环境监管、执法过程中不严格履职，以罚代管，长期放任违法行为，导致土地污染持续扩大，造成严重后果的渎职犯罪案件。此案的查处是落实广东省检察机关开展查办和预防危害生态环境职务犯罪专项工作的重要举措，有力促使当地环境监察、土地管理等部门在履行职责过程中，及时发现并依法查处污染环境行为，对于当地生态环境保护、经济社会健康发展具有重要的推动作用。

## 现场答问

**经济日报记者　李万祥** ▎

2015 年 3 月，最高检部署在全国范围内开展破坏环境资源犯罪专项立案监督活动，集中力量突出打击破坏环境资源犯罪。请介绍下这一专项活动的情况，截至目前，发现了哪些问题？另外，检察机关提起公益诉讼的核心、重点及范围上有什么特点？

**刘慧玲** ▎

我来回答你的第一个问题。刚才新闻发言人已经讲到，我对专项活动情况再做些补充。高检院 2015 年 3 月部署在全国检察机关开展"破坏环境资源犯罪专项立案监督活动"以来，3 月 25 日挂牌督办的第一批 12 起涉嫌污染环境犯罪案件中，天津、辽宁、江苏、浙江等地检察机关办理的 10 起案件已取得明显进展，多名涉案犯罪嫌疑人被依法批准逮捕、提起公诉，3 起案件已经作出有罪判决。

第二批挂牌督办的 11 起案件的通知已经会签，即日下发。另有 7 起涉嫌污染环境犯罪线索转相关省级院挂牌督办。对人民群众反映强烈的腾格里沙漠排污系列案件，我院牵头与公安部、环保部多次联合赴内蒙古阿拉善盟、宁夏中卫市、甘肃武威市现场督导，也取得明显进展，

其中宁夏明盛染化公司污染环境案件已经作出有罪判决。

各省级检察院也迅速动员部署，目前均成立了专项监督活动领导小组，结合本地实际制定并下发了实施方案，多地还积极走访相关行政执法机关，推动相关领域行政执法和刑事司法衔接机制的建立健全，各项工作取得了初步成效。

当前专项监督活动也存在一些问题。比如地方保护主义问题；在一些地方两法衔接工作还不够顺畅，协作执法能力不足；行政执法机关和刑事司法机关对取证要求存在认识差距。一些地方在办案中严重依赖第三方作出的危险废物鉴定、污染损失评估意见，导致费用高、耗时长，案件进展缓慢。这些问题如不及时解决，或将影响检察机关开展破坏环境资源犯罪专项立案监督活动的深度和广度。

下一步，侦查监督厅将制定挂牌督办案件的具体办法，防止只挂不督、只挂不办、督办不力的现象发生；研究污染环境罪等案件的立案标准、取证要点，推动专项监督活动"动真格、出真招、求实效"；采取有效措施推动基层行政执法和刑事执法的有效衔接。

**吕洪涛**

我来回答你的第二个问题。中央全面深化改革领导小组第十二次会议审议通过了《检察机关提起公益诉讼改革试点方案》，会议强调：党的十八届四中全会提出探索建立检察机关提起公益诉讼制度，目的是充分发挥检察机关法律监督职能作用，促进依法行政、严格执法，维护宪法法律权威，维护社会公平正义，维护国家和社会公共利益。要牢牢抓住公益这个核心，重点是生态环境和资源保护、国有资产保护、国有土地使用权出让、食品药品安全等领域造成国家和社会公共利益受到侵害的案件。

根据中央的精神，检察机关提起公益诉讼改革中，要牢牢抓住公益这个核心，以生态环境和资源保护领域为重点，准确把握提起公益诉讼的范围。习近平总书记在中央全面深化改革领导小组审议检察机关提起公益诉讼改革试点方案时，突出强调"检察机关要牢牢抓住公益这个核心"。

公益诉讼的范围分民事、行政而各有侧重：民事公益诉讼的案件范围为检察机关在履行职责中发现的污染环境、食品药品安全领域侵害众多消费者合法权益等损害社会公共利益的案件；行政公益诉讼的案件范围为生态环境和资源保护、国有资产保护、国有土地使用权出让等领域负有监督管理职责的行政机关违法行使职权或不作为，造成国家和社会公共利益受到侵害的案件，试点期间以生态环境和资源保护领域为重点。

## 上海电视台法治天地频道记者　程文韬

尘肺病等职业病，生态环境司法保护怎么去保护当事人？

## 吕洪涛

对于环境污染导致的职业病，检察机关要根据具体情形开展全方位的司法保护：如果构成刑事犯罪，通过追究生产企业相关责任人员的刑事责任和附带民事责任，保护受害者的权利；如果存在行政监管部门不作为或乱作为的情形，要追究相关负责人和监管人员的失职渎职责任；如果潜在的患病群体十分广泛而不确定，也可通过公益诉讼的方式，维护不特定当事人的合法权益。

人民日报记者 彭 波

我也有两个问题。第一，近年来，检察机关将生态环境司法保护摆到突出位置，原因何在？第二，目前类似大气污染或水污染多呈现跨区域的特点，检察机关在管辖上是否存在困难？有没有比较成功的解决范例？

刘慧玲

　　环境污染犯罪不仅直接危害我们每一个人的生命健康，而且影响经济持续健康发展，阻碍生态文明建设和美丽中国建设。为落实中央关于生态文明建设的重大部署，保障和改善民生，全国检察机关于今明两年继续深入开展破坏环境资源犯罪专项立案监督活动，以有效遏制犯罪的多发态势，严惩"保护伞"，为人民安居乐业提供有力的司法保障。

　　近年来，检察机关对于破坏环境资源犯罪的打击力度不断加大。2014年，全国检察机关批准逮捕、提起公诉涉嫌破坏环境资源犯罪案件，同比分别增长25.5%和22.4%。但是，污染环境犯罪仍然时有发生，行政处罚和刑事处罚力度离人民群众的要求仍有不小差距。一些地方有案不移、有案不立、以罚代刑等不严格执法的现象仍不同程度存在。

　　检察机关作为法律监督机关，既要依法履行批捕、起诉职能，又要积极履行法律监督职能。在专项立案监督活动中，依法监督行政执法机关移送涉嫌犯罪案件、监督公安机关及时立案侦查；严肃查办破坏环境资源犯罪背后的职务犯罪。以促进严格公正执法，推动在环境资源监管领域普遍建立、完善行政执法和刑事司法衔接机制的有效运行。

　　对于你提的第二个问题，你所说的跨区域的污染环境案件确实存在。但是按照刑事诉讼法关于管辖的分工，破坏环境资源保护犯罪属于公安机关立案侦查管辖的范围。刑事诉讼法和《公安机关办理刑事案件程序规定》对公安机关案件管辖问题作出了明确的规定。刑事案件由犯罪地的公安机关管辖。对管辖不明确或者有争议的刑事案件，可以由有关公安机关协商。协商不成的，由共同的上级公安机关指定管辖。因此，在案件管辖方面如果说存在困难，首先是由公安机关按照法律规定依法解决。

在遇到上述困难时，检察机关按照刑事诉讼法的规定，会与公安机关分工负责，互相配合，互相制约。目前，我们还没有发现因为管辖问题出现不同地区公安机关互相推诿、有案不立的问题。

## 中央人民广播电台记者　孙　莹

第一个问题，"两高"司法解释开始实行以来，检察机关查处破坏环境犯罪背后的职务犯罪的重点是什么？有什么新的进展？第二个问题比较具体，在一些地方环保部门都在企业、工厂派驻了驻场监察，但是有些形同虚设，内外勾结互相通风报信，检察机关在查处过程中通过什么渠道能够得到一些线索？是怎么处理的？

## 李忠诚

"两高"《关于办理环境污染刑事案件适用法律若干问题的解释》的实施，对于办理环境污染刑事案件和查办背后的渎职犯罪都具有较大的推动作用。"两高"司法解释实施以来，检察机关突出重点从以下几方面查办环境污染事

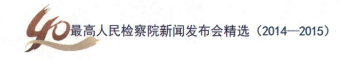
件背后的渎职犯罪。

一是重点查办造成严重损害后果、恶劣社会影响的环境污染事件背后的国家机关工作人员不作为、乱作为等渎职犯罪。二是重点查办在环保审批、环境监管、环境执法等环节中发生的内外勾结，贪渎交织的职务犯罪。三是重点查办国家机关工作人员充当环境污染企业和环境污染犯罪"保护伞"，徇私舞弊不移交刑事案件的渎职犯罪。四是重点查办国家机关工作人员落实国家环保政策不力，挪用、挤占、私分国家环保专项资金，致使环保专项资金损失、流失的渎职犯罪。

近年来，检察机关查办了一批重点案件，如甘肃、宁夏检察机关查办的腾格里沙漠污染事件背后4名环保部门工作人员渎职犯罪案件，河北省衡水市污水处理费稽征所所长李来丽滥用职权不征、少征城市污水处理费的渎职犯罪案件，浙江省宁波市港航局原党委书记、副局长冯华滥用职权，长期放纵码头长期违法经营，偷排建筑渣土（泥浆），造成重大经济损失和人员伤亡的渎职犯罪案件等。通过办案，有力打击了生态环境领域的渎职犯罪，遏制了懒政、怠政、以权谋私、以权谋利的职务犯罪问题，有效促使负有环境保护职责的国家机关工作人员认真履职，依法行政。

现实中确实还存在少数环保部门工作人员与企业相勾结，徇私舞弊，充当环境污染企业"保护伞"的问题，影响十分恶劣。对此，检察机关积极发挥职能作用，采取有效措施发现并打击这些问题背后的渎职犯罪。一方面，主动从群众举报、媒体报道中发现线索，从相关环境污染犯罪案件中深挖线索，从行政审批、日常监管环节入手主动排查线索，织密线索收集网络，确保每一起生态环境领域渎职犯罪案件都得到严肃查处。另一方面，加强沟通联系，健全行政执法与刑事司法衔接机制，强化案件线索的发现、移送、通报等工作，及时发现环境监管过程中国家机关工作人员的渎职犯罪线索。

同时，检察机关切实强化措施，严肃查办生态环境领域的渎职犯罪案件。一是积极介入环境污染事件调查，认真查办事件背后的渎职犯罪问题，坚持贪渎并查，严查渎职犯罪背后的贪污贿赂犯罪，深挖窝案串案，努力做到"查一案，挖一窝，带一串"，严厉打击环境监管部门工作人员的渎职等职务犯罪。二是充分运用侦查一体化办案模式，统一调动、整合提升侦查力量，做到上下联动、整体作战，灵活采用督办、交办等多种方式，化解办案干扰阻力，确保案件查办工作顺利开展。三是针对生态环境污染案件中损失数额具有相对的不确定性，所涉渎职犯罪损失后果认定难的问题，加强同环保、公安等部门协作配合，及时检测造成生态环境污染的程度，界定资源损失数量，准确认定损失后果，为严格查处渎职犯罪提供有力保证。

**中国网记者　孙满桃**

按照我国《宪法》和《人民检察院组织法》的相关规定，检察机关是国家的法律监督机关，对行政机关行政执法行为的监督应是检察机关法律监督的应有之义，但多年来，这方面一直是个盲区。我想问：在生态环境司法保护中，检察机关都有哪些途径参与其中？对于涉破坏和污染环境方面的犯罪，个人或单位能否直接向检察机关报案？如果可以检察机关将会如何处理？

**刘慧玲**

第一个问题我先作些解释。2001 年国务院出台了《行政执法机关移送涉嫌犯罪案件的规定》；2011 年，中办、国办转发了国务院法制办等部门《关于加强行政执法与刑事司法衔接工作的意见》，党的十八届四中全会通过的《中共中央关于全面推进依法治国若干重大问题的决定》提出了建立健全行政执法和刑事执法衔接机制。关于两法衔接机制的一系列规定，着重于解决在相关行政执法领域有案不移、有案难移、以罚代刑的问题。我从刑事诉讼角度讲，检察机关对行政执法机关依法移送刑事案件负有监督职责。从 2001 年国务院两法衔接规定出台后，检察机关就积极推进两法衔接工作，检察机关对行政执法机关有案不移的监督并不是盲区。

检察机关参与环境保护的途径主要有：一是发挥检察职能，严惩环境犯罪行为。包括严厉打击环境污染犯罪活动；依法查处生态环境监管领域职务犯罪行为。开展专项监督活动，依法监督行政执法机关移送、监督公安机关立案侦查一批破坏环境资源犯罪的案件。二是建立健全"两法衔接"工作机制。推动各地"两法衔接"信息共享平台的建设和有效运行，督促行政执法机关移送涉嫌犯罪案件，建立定期会商、共同督办案件、联合调研、信息互通等工作机制。三是开展环境公益诉讼。四是提出环境保护检察建议。结合办案分析相关犯罪发案原因和监管漏洞，通过检察建议促进环境保护治理。

第二个问题，按照刑事诉讼法的规定，破坏环境资源保护犯罪由公安机关立案侦查，个人或者单位应当向公安机关报案。对于个人或单位直接向检察机关报案的，检察机关应告知其向公安机关报案。

报案人坚持向检察机关报案的，按照刑事诉讼法第 108 条规定：公安机关、人民检察院或者人民法院对于报案、控告、举报，都应当接受。对于不属于自己管辖的，应当移送主管机关处理，并且通知报案人、控告人、举报人；对于不属于自己管辖而又必须采取紧急措施的，应当先采取紧急措施，然后移送主管机关。《人民检察院刑事诉讼规则》第157 条据此规定，人民检察院控告检察部门或者举报中心统一受理报案、控告、举报、申诉和犯罪嫌疑人投案自首，并根据具体情况和管辖规定，在七日以内作出相应处理。

**法制网记者　沈思宇**

生态环境领域渎职犯罪案件有什么特点？请介绍一下检察机关查办生态环境渎职犯罪有关情况。

**李忠诚**

从近年来的办案情况看，生态环境领域渎职犯罪主要呈现出以下特点：一是涉嫌罪名主要集中在玩忽职守罪和滥用职权罪，另外环境监管失职罪、徇私舞弊不移交刑事案件罪、帮助犯罪分子逃避处罚罪等罪名也较为多见。主要表现为国家机关工作人员乱作为，违法行使行政管理、审批权，致使相关污染企业违规上马，违规生产；不作为，不履行或不认真履行监管职责，放任相关企业和个人随意排污、滥砍滥伐；徇私舞弊，不向司法部门移交环境污染犯罪，以罚代刑，放纵犯罪等。

二是涉案人员主要集中在林业、环保、水利、国土等部门。由于生态环境领域涉及环境污染、环境资源破坏、环保资金落实不到位等各方面问题，其中，环境污染主要有大气污染、水体污染、土壤污染等；环境资源破坏涉及林业、水产、矿产等各类资源的损毁、流失；此外还涉及环境治理、淘汰落后产能等方面的专项资金不当使用问题。因此，生态环境领域渎职犯罪主要集中涉及水利、林业、环保等负责污染治理、环境监察、环保资金审批的部门，且多为基层监管人员和执法人员。

三是生态环境领域渎职犯罪案件涉及审批、监管、处罚等各个行政环节，案件关联性强，在所查办的案件中，涉及的人员、领域、部门和罪名广泛，窝案、串案较多，且权钱交易问题突出，渎职犯罪与贪污贿赂等经济犯罪相互交织，渎职犯罪背后往往隐藏着贪污贿赂等职务犯罪。

四是生态环境领域渎职犯罪造成的损失巨大，危害后果十分严重。2014年以来，检察机关所介入查办的生态环境污染事件累计造成15人死亡，直接经济损失12.9亿元。尤其是，生态环境污染、生态资源损毁严重破坏生态环境，无法在短期内修复，有的严重影响特定地区的生产、生活环境，严重危害人民生命健康，有的致使物种灭绝，严重危害生物多样性，造成不可逆转的损失。

**部分新闻链接**

1. 光明日报 2015 年 6 月 17 日报道《最高检挂牌督办 12 起涉环境犯罪案件》。

2. 中国青年报 2015 年 6 月 17 日报道《最高检：一些地方对环境污染"有案不立"》。

3. 法制日报 2015 年 6 月 17 日报道《最高检深挖生态环境领域幕后黑手　查办贪污贿赂犯罪案 489 件 581 人》。

4. 民主与法制时报 2015 年 6 月 18 日报道《最高检：生态环境领域渎职犯罪呈现四大特点》。

5. 人民网 2015 年 6 月 18 日报道《检察机关起诉环境犯罪嫌疑人 28707 人》。

6. 中国网 2015 年 6 月 16 日报道《最高检通报检察机关加强生态环境司法保护典型案例》。

# 依法惩处涉医违法犯罪　维护正常医疗秩序

## 最高人民检察院通报检察机关依法惩处涉医违法犯罪工作情况

发布时间：2015 年 6 月 24 日 10:00

发布内容：通报检察机关依法惩处涉医违法犯罪工作情况；发布涉
　　　　　医违法犯罪典型案例

发布地点：最高人民检察院电视电话会议室

主 持 人：最高人民检察院新闻发言人　肖玮

出席嘉宾：最高人民检察院侦查监督厅副厅级检察员　刘雅清①
　　　　　最高人民检察院公诉厅副厅级检察员　张凤艳

---

① 原任最高人民检察院侦查监督厅副厅级检察员，现已退休。

## 主题发布

肖　玮

　　各位记者朋友，大家上午好！欢迎参加最高人民检察院新闻发布会。出席今天发布会的有最高人民检察院侦查监督厅刘雅清副厅级检察员，公诉厅张凤艳副厅级检察员。6月26日将迎来第5个中国医师协会医师节，今天的新闻发布会与维护医护人员权益有关，主题是"依法惩处涉医违法犯罪，维护正常医疗秩序"，主要有两项内容：一是通报检察机关依法惩处涉医违法犯罪的有关情况；二是发布9起涉医违法犯罪典型案例。下面，首先由我向大家通报检察机关依法惩处涉医违法犯罪的有关情况。

　　良好的医疗秩序是社会和谐稳定的重要体现，也是增进人民福祉的客观要求。近年来，一些地方相继发生暴力杀医、伤医以及在医疗机构聚众滋事、扰乱秩序等违法犯罪行为。据不完全统计，最近20天内，全国范围内发生的、经媒体公开报道的暴力伤医事件已有十余起。暴力伤医等行为危及医护人员生命安全，破坏医护人员执业环境，制造医患紧张关系，严重扰乱了正常医疗秩序，侵害了人民群众的合法利益，造成了恶劣的社会影响。社会各界对此表示强烈谴责，希望执法司法部门依法严厉打击暴力伤医犯罪。

　　检察机关高度重视维护医疗秩序、打击涉医违法犯罪工作，积极履行批捕、起诉等检察职能，加强对重大涉医犯罪案件的法律监督，坚决依法严惩暴力伤医犯罪，全力保障医患双方的合法权益，努力为医护人员和患者营造安全行医就医环境。

**一、部署开展专项打击行动，有效遏制涉医犯罪高发态势**

为积极回应人民群众对公共安全的新期待，维护正常医疗秩序，全国检察机关认真贯彻中央指示精神，充分发挥检察职能，会同相关部门综合施策，齐抓共治，从严惩治涉医违法犯罪，2013 年 12 月，在全国范围内部署开展为期一年的"维护医疗秩序打击涉医违法犯罪专项行动"。

2014 年 4 月 24 日，最高人民检察院会同最高法、公安部、司法部、国家卫生和计划生育委员会联合发布《关于依法惩处涉医违法犯罪维护正常医疗秩序的意见》，明确了六类涉医违法犯罪行为的定罪量刑标准，为打击涉医违法犯罪提供了有力法律武器。

检察机关严格按照专项行动方案和《关于依法惩处涉医违法犯罪维护正常医疗秩序的意见》的要求，加大涉医违法犯罪打击力度，严厉惩治侵害医患人身安全违法犯罪活动，严厉惩治聚众打砸等扰乱医疗机构正常秩序涉嫌犯罪的行为，严厉打击职业"医闹"故意寻衅滋事、敲诈勒索等犯罪。

自 2013 年 12 月至 2014 年 12 月，在专项行动中全国检察机关审查起诉、法院审理"温岭杀医案"等严重涉医违法犯罪 347 人，有效遏制了涉医违法犯罪高发态势，依法维护和保障了医疗机构和医护人员合法权益。

**二、充分履行检察职能，依法严惩涉医违法犯罪**

为更好地维护正常医疗秩序，积极促进构建和谐医患关系，检察机关依法履行批捕、起诉职能，主动加强与相关部门沟通协调，对于重大涉医犯罪案件加强法律监督，依法保障医疗机构和医护人员合法权益。

一是建立快捕快诉办案机制，保持对恶性伤医犯罪的高压态势。建立办理涉医违法犯罪案件工作机制，如开设绿色办案通道、指定专人办理、成立专业办案组等，加大对涉医违法犯罪的处置力度。对于重大、疑难、复杂涉医案件，提前介入，引导侦查取证，确保案件质量和效率。如四川省成都市武侯区人民检察院针对其辖区内相关医院每年医患纠纷较多的情况，主动与武侯区公安分局、相关医院联合制定《涉医案件处置机制实施办法（试行）》，及时净化医护人员的医疗工作环境，提高对涉医违法犯罪的处置力度。

二是规范法律适用与证据规格，依法严厉打击涉医犯罪。认真审查案件事实及证据，准确适用法律，依法提出准确、适当的量刑建议。如上海市人民检察院及时梳理涉医犯罪常见罪名，制定《法律规范索引》和《入罪标准一览表》，便于一线公安机关、检察机关办案人员依法办案。

三是加强诉讼监督，维护正常医疗秩序。运用刑事司法与行政执法两法衔接机制，加强刑事立案监督，对有案不立、有案不移、以罚代刑等全面排查，同时也注重审判监督，对确有错误的刑事裁判依法提出抗诉，确保监督实效。

**三、积极参与社会治安综合治理，推动创建"平安医院"活动**

面对纷繁复杂的医疗纠纷，检察机关加强与相关部门的联系合作，在注重依法惩处涉医违法犯罪的同时，推动建立医疗纠纷多元处理机制，积极参与创建"平安医院"活动。

一是加强释法说理，确保案结事了。在办理涉医犯罪案件时，积极开展释法说理工作，主动对被告人开展思想工作，让其认识到自身行为的严重性和危害性，并依法进行调解，努力化解社会矛盾，取得良好法律效果和社会效果。

二是注重宣传教育。广泛利用电视、广播、报纸、互联网等新闻媒体，及时报道涉医案件打击处理情况，集中发布典型案例，深入剖析医患纠纷频发的深层次原因，以起到法制教育和打击震慑作用。

三是注重预防和源头治理，加强办案风险评估，研判案件引发影响社会稳定因素。发挥检察建议作用，主动排查发案隐患，督促发案单位研究防范措施，提高防范能力。

四是加强民事行政案件监督，妥善办理医患纠纷引发的民事行政申诉案件，对确有错误的判决和裁定提出抗诉，依法维护医务人员和患者的合法权益。

检察机关作为国家法律监督机关，高度重视包括暴力伤医在内的涉医违法犯罪。下一步，检察机关将继续充分发挥职能作用，进一步加大打击涉医违法犯罪工作力度，加强对各级检察机关惩处涉医犯罪工作的监督指导，坚决依法惩治暴力伤医犯罪，保障广大医护人员执业安全和合法权益，营造安全行医就医环境。同时，我们也呼吁全社会携手努力，医患同心、关爱医师，共同维护正常医疗秩序。

接下来发布 9 起涉医违法犯罪的典型案例。这些案例已经印发给大家。

##  现场答问

**中央人民广播电台记者　孙　莹**

　　自"两高三部"发布意见以来，检察机关在处理涉医的刑事案件中，如何掌握定罪量刑的尺度，特别是如何区分职业医闹和患者家属因与医院纠纷激化形成的医闹事件？希望就发布的典型案例，一类是涉医的伤医的犯罪，另一类是扰乱社会秩序的，介绍一下这几起案例的典型的意义，为什么要选这几个案例？

**张凤艳**

　　自"两高三部"发布《关于依法严惩涉医违法犯罪维护正常医疗秩序的意见》以来，全国检察机关高度重视涉医刑事案件的办理，正确区分罪与非罪的界限，依法严厉打击涉医刑事犯罪，严把事实关、证据关、法律适用关，根据案件事实、性质、情节以及被告人的主观恶性等，依法向法院提出定罪量刑建议；关于职业医闹和患者家属因与医院纠纷激化形成的医闹事件，检察机关充分注意到了这个问题，各地检察机关依法办案，根据案件事实区别对待，对于职业医闹依法严惩；对于患者家属因与医院纠纷激化形成的医闹事件，检察机关充分发挥检察职能，特别是对于能够适用当事人和解诉讼程序的公诉案件，促进双方和解，积极化解社会矛盾，确保办案法律效果和社会效果的统一。为了更清楚地阐释检察机关在里面

所做的工作和履行的职责，我们对应地选了这些案例。

**北京晚报记者 张 宇**

对于如何预防涉医事件发生，检察机关有什么好的建议？检察机关在推动涉医治安防控体系当中都做了哪些工作？

**刘雅清**

医患矛盾时有发生，问题产生的因素是多方面的。预防涉医事件的发生，我们建议，一是要充分认识依法惩处涉医违法犯罪，维护正常医疗秩序的重要性，构建和谐的医患关系；二是要加大法治宣传力度，倡导社会公众正确处理医患矛盾，一切矛盾纠纷都应当在法律的框架内进行解决。三是应建立相关信息动态反馈研判机制，及时掌握、化解苗头性、倾向性问题。四是司法机关在办理涉医刑事案件时，要充分注意该类案件的特殊性和敏感性，依法、妥善办理，树立司法公信力，最大程度地实现执法办案良好社会效果。

涉医治安防控体系建设是国家治安防控体系建设的重要组成部分。全国检察机关充分履行批捕、起诉职能，依法办理涉医犯罪案件的同时，注意研究发现发案单位在医疗秩序保障、监管措施等方面存在缺陷和漏洞，及时对该单位或其主管部门提出书面检察建议，有针对性地提出加强防范措施、健全规章制度，堵塞缺陷漏洞等建议，并督促落实整改。

如上海市检察机关在办案中发现犯罪嫌疑人在某医院大肆租借医保卡，大量冒领贩卖药品牟取暴利，不仅造成国家医保资金流失，还使该医院秩序混乱，医患纠纷频发。办案人员及时梳理情况并认真制发了检察建议书，同时会同上海市医保监督部门开展联合执法、综合治理，督促该医院建立和完善了防范机制。从而达到办理一案，治理一片的效果，为推动国家涉医治安防控体系建设作出贡献。

**经济日报记者　李万祥**

检察机关为什么要严惩涉医违法犯罪？如何严惩？具体在哪些环节上做到严惩？

**张凤艳**

一是检察机关充分认识到，依法惩处涉医违法犯罪，维护正常医疗秩序，有利于保障医患双方的合法权益，为患者创造良好的看病就医环境，为医护人员营造安全的执业环境，进而促进医疗服务水平的整体提高和医药卫生事业的健康发展。二是各级检察机关高度重视涉医犯罪刑事案件的办理，特别是《关于依法严惩涉医违法犯罪维护正常医疗秩序的意见》下发后，对于涉医犯罪案件，加强法律监督职能，在侦查阶段，介入侦查，引导取证；在审查起诉阶段，加快审查起诉进度，准确适用法律，确保审查起诉的案件事实证据经得起法律的检验，在法院审判阶段，加大法庭指控力度、依法提出量刑建议，加强向社会的法治宣传教育，确保案件办理的质量和效果。

人民网记者 杨孟辰

检察机关在办理涉医违法犯罪案件同时有没有总结过这类案件有哪些特点？基于这些特点咱们在办案时有哪些突出的问题和难点？

**刘雅清**

近年来的涉医违法犯罪以频繁多发、后果严重为特征，凸显事件的突发性、影响的公共性、危害的严重性、处置的紧迫性以及隐患的延续性五个特点。从案件侵害主体看，既有直接诊疗的医生，也有被告人所就医医院的无关医护人员。从办案情况看，既有故意杀人、故意伤害等暴力恶性案件，也有聚众扰乱公共场所秩序、寻衅滋事等妨害社会管理秩序的犯罪。

从近期发生的涉医违法案件看，具体表现形式包括：一是无端猜疑、蓄意发泄、报复，侮辱、威胁、殴打、伤害杀害医护人员，手段残忍、情节恶劣；二是故意捏造、扩大事态，挑动、教唆他人实施违法犯罪；三是在医疗机构组织闹事，违规停尸、私设灵堂、摆放花圈、焚烧纸钱、悬挂横幅、封堵大门、阻塞交通，严重影响公共秩序；四是长期在医院寻衅滋事敲诈勒索、扰乱医疗秩序，造成医患人员生命、财产损失等。检察机关高度关注暴力涉医伤医事件，按照中央和最高检领导的要求部署，坚决依法惩治恶性暴力涉医犯罪，维护正常医疗秩序。

# 典型案例

## 最高人民检察院发布 9 起涉医违法犯罪典型案例

### 一、连恩青故意杀人案

（一）基本案情

被告人连恩青在浙江省温岭市第一人民医院接受鼻部手术治疗后，感到术后效果不佳，多次到医院投诉。2013 年 10 月 25 日，连恩青携带榔头和尖刀来到温岭市第一人民医院行凶，致该院医生 1 死 2 伤。

2013 年 11 月 21 日，温岭市公安局向温岭市人民检察院移送审查起诉。11 月 22 日，温岭市人民检察院将案件报送台州市人民检察院审查起诉。12 月 3 日，台州市人民检察院依法向台州市中级法院提起公诉。

2014 年 1 月 26 日，台州市中级法院一审判决被告人连恩青死刑，剥夺政治权利终身。一审判决后，连恩青不服提出上诉，浙江省高级法院于 2014 年 3 月 28 日作出二审裁定，驳回上诉，维持原判，并报最高法院核准死刑。经最高人民法院核准，连恩青于 2015 年 5 月 25 日被执行死刑。

（二）检察机关主要做法

这是一起因怀疑医疗不当杀害医生，手段极其残忍的案件。该案发生后，浙江省检察机关高度重视，抽调精干力量参与案件办理，确保办案质量与效率。

一是加强业务指导，指派专人办理案件。浙江省人民检察院指派专人带队赶赴台州，听取案件情况汇报，提出指导意见，全程跟踪指导该案的审查起诉工作。案发后的第三天，台州市检察院即指派办案骨干组成专案组办理该案。

二是依法提前介入，引导侦查取证。专案组与侦查机关保持密切联系，及时掌握案件进展情况；在案件移送批捕以及执行逮捕之后，专案组提前调阅批捕卷和全部侦查卷宗，对阅卷时发现的包括连恩青鼻部医疗是否适当以及医院有无过错等未查清事实向公安机关提出补正意见；在案件审查起诉后，专案组与公安机关反复沟通，要求公安机关对医疗机构有无医疗过错及其他待证事实及时进行鉴定。

三是尊重各方权利，仔细核实证据。在审查起诉过程中，专案组既充分听取被害人及其近亲属意见，作好安抚善后工作，又充分尊重保障连恩青的诉讼权利，如对其提出的数据、病历作假等情况到医院实地调查、听取证人证言、亲自观看机器操作并作录像、随机调看其他病人的影像片以印证证言，进一步查清真相。

四是准备充分，确保庭审效果。出庭前，在充分预测庭审焦点的基础上，专案组认真准备出庭预案，浙江省人民检察院指派专人全面、仔细地审阅、修改"三纲一书"，提出由鉴定人出庭对司法精神病鉴定意见作出说明。鉴定人当庭从专业的角度解释了辩护人提出的问题，阐明了持久性妄想障碍和疑病症之间的根本区别，指出连恩青的疑病症与其在温岭市人民医院的就医没有直接因果关系。公诉人依据事实和法律提出依法严惩凶手意见，并被法院采纳。

## 二、王英生故意杀人案

### （一）基本案情

被告人王英生因病在天津中医药大学第一附属医院进行针灸治疗，因感到效果不佳，遂产生报复之念。2012年11月29日，王英生携带斧子到该院行凶，将为其治疗的针灸科主任医师康某某砍死。

2012 年 12 月 3 日，经天津市南开区人民检察院批准，天津市公安局南开分局对王英生执行逮捕。2012 年 12 月 13 日，天津市公安局以王英生涉嫌故意杀人罪移送天津市人民检察院第一分院审查起诉。2012 年 12 月 21 日，天津市人民检察院第一分院以王英生涉嫌故意杀人罪向天津市第一中级人民法院提起公诉。

2013 年 2 月 6 日，天津市第一中级人民法院经审理判决被告人王英生犯故意杀人罪，判处死刑，剥夺政治权利终身。一审判决后，王英生不服提出上诉。天津市高级人民法院经审理作出二审裁定，驳回上诉，维持原判，并报最高人民法院核准死刑。经最高人民法院核准，王英生于 2014 年 4 月 22 日被执行死刑。

（二）检察机关主要做法

这是一起因怀疑医疗不当而杀死医生，手段残忍、影响恶劣的案件。在该案办理中，天津市检察机关依法履行职责，严把事实关、证据关、法律适用关，使被告人得到了应有的法律制裁。案发后，天津市南开区人民检察院派员参加公安机关案件讨论会。在公安机关将该案报送天津市南开区检察院批准逮捕后，南开区检察院在保证案件质量的基础上，快速审结批准逮捕犯罪嫌疑人王英生。在该案移送天津市人民检察院第一分院审查起诉后，第一分院公诉部门于受理案件当日即讯问了犯罪嫌疑人王英生并依法告知其诉讼权利，听取了被害人近亲属的意见，依法严格审查案卷材料，核实相关证据，将案件起诉至天津市第一中级人民法院。案件的办理取得了法律效果和社会效果的有机统一。

**三、钱德平故意伤害案**

（一）基本案情

2014 年 4 月 14 日，被告人钱德平等人在上海市金鼎路

108 号普陀区医患纠纷人民调解委员会二楼调解室内，与同济医院医务处副处长董某某等人协商朋友徐某某在该医院手术中死亡的赔偿事宜，其间因言语不和，钱德平用头部撞击董某某面部，致其受伤倒地，经司法鉴定构成轻伤。4 月 17 日，钱德平至公安机关投案自首，到案后如实供述了上述犯罪事实。

2014 年 8 月 15 日，上海市普陀区人民法院一审判决，被告人钱德平故意伤害他人身体，致人轻伤，其行为已构成故意伤害罪，依法应予处罚。考虑到被告人钱德平系自首，且在法院审理期间，被告人钱德平家属已赔偿被害人因身体损伤而造成的经济损失，取得了被害人的谅解。据此，法院对被告人一审判处拘役四个月。

（二）检察机关主要做法

这是一起因医疗纠纷打伤调解医患纠纷的医务人员的案件。在办理该案过程中，上海检察机关专门指派办理伤害类案件经验丰富的检察官办理该案，并及时告知各方当事人相关的诉讼权利和义务，依法听取了被害人、医院、医调委对该案的意见，依法保障医务人员的相关权利。

在这起案件中，就被害人被打伤而产生的民事赔偿问题，上海检察机关依法积极开展调解工作，将调解的相关法律意义及后果向被告人和被害人释明，被告人听后明确表达了愿意赔偿的态度，为案件后续到法院审理阶段开展调解工作打下了良好的基础，使案件的办理取得了良好的法律效果和社会效果。

**四、李明故意伤害案**

（一）基本案情

2012 年 10 月 7 日，被告人李明及其亲属因李明父亲病故，与救治医院南京市第一医院产生纠纷，后在医院调解室内与医生袁某某等人进行协商。当日 18 时许，双方矛盾升级，被告人李明遂用拳头击打被害人袁某某头面部。经南京市公安局法医鉴定，被害人袁某某的损伤程度属重伤。

2013 年 6 月 18 日，李明涉嫌故意伤害案由南京市公安局秦淮分局侦查终结，依法向南京市秦淮区人民检察院移送审查起诉。7 月 17 日，秦淮区人民检察院向秦淮区人民法院提起公诉。

秦淮区人民法院经审理，全部采纳检察机关指控的犯罪事实和量刑建议，判决被告人李明犯故意伤害罪，判处有期徒刑四年。一审判决后，被告人李明未上诉，检察机关也未抗诉，一审判决发生法律效力。

（二）检察机关主要做法

这是一起因医疗纠纷殴打医生致重伤，情节严重的案件。在该案办理过程中，检察机关一是认真倾听被告人对犯罪的认识和看法，耐心细致地对其讲法、讲理，经过多次劝导，被告人李明最后表示认罪服法，其和亲属会采取合法的方式表达诉求，不会再找医院闹事。二是认真听取被害人意见，主动联系被害人及亲属，听取被害人的诉求，多次和被害人及亲属耐心沟通，阐明法律和政策，在向被害人表示将依法从快处理案件的同时，针对被害人提出的有预谋恶意伤害等问题一一做了耐心细致的解答，安抚了被害人及亲属的情绪，避免事态扩大，激化社会矛盾。三是注重正面宣传引导。在案件起诉到法院之后，秦淮区人民检察院积极主动邀请区人大代表、南京市多家媒体旁听庭审，在庭审中，当庭发表了公诉意见，针对医患纠纷频发的深层次原因阐述检察机关意见、呼吁医患双方互信、互谅，取得较好效果。

**五、王敏寻衅滋事案**

（一）基本案情

被告人王敏在武汉美容整形医院进行鼻部整形术失败后，到湖北省武汉市华中科技大学同济医学院附属同济医院整形美容外科，于 2008 年 5 月、2009 年 11 月两次接受了鼻部整形修复重建术。术后，王敏不满手术效果，多次到该科室纠缠、吵闹，用红色油漆在门诊室墙壁、门上乱涂乱画，书写侮辱性文字，打砸办公用品及门窗、天花板。2012 年 3 月，经人民调解委员会调解，双方达成调解协议。但此后王敏仍多次到该科室打砸打印机、电脑等办公物品，造成经济损失 1 万余元。5 月 20 日，王敏又指使他人对正在工作中的该科室医生徐某进行拳打脚踢，致其轻微伤。王敏还多次给该科室医生叶某某发送大量侮辱、威胁性质短信，并跟踪至叶某某家中，扬言欲伤害叶某某的家人。

2014 年 1 月 17 日，公安机关在武汉市武昌区大东门将被告人王敏抓获。2 月 19 日，经检察机关批准，对王敏执行逮捕。

本案由湖北省武汉市硚口区人民法院一审，武汉市中级人民法院二审，以寻衅滋事罪依法判处被告人王敏有期徒刑四年。

（二）检察机关主要做法

这是一起多次到医院滋事并殴打、辱骂、恐吓医护人员，情节恶劣的案件。在办理涉医刑事犯罪案件中，湖北省检察机关贯彻依法从重从快的方针和坚持"稳、准、狠"打击涉医犯罪的要求，立足检察职能，严打涉医犯罪，检察机关在保证办案质量的前提下，提高办案效率，加快涉医案件的办案进度，对公安机关移送的涉医案件，及时批捕、起诉。同时，加强同公安等部门沟通配合，坚持对敏感涉医犯罪案件的适时介入，协助公安机关做好侦查取证工作，共同研究和处理办案工作中出现的疑难问题，确保案件的事实和证据到位，及时锁定证据，排除分歧，形成共识，形成打击涉医犯罪的合力。

六、张德义、庞成伟、胡玮恒寻衅滋事案

（一）基本案情

2014 年 4 月 15 日，被告人张德义之妻庞某在江苏省宿迁市沭阳县南关医院进行剖宫产手术。4月19日，张德义因怀疑该院妇产科男医生刘某某故意看庞某私密处而心生不满，欲对刘某某实施殴打，因被人劝阻而未实施。后伙同被告人庞成伟、胡玮恒在住院部四楼医生办公室处对刘某某实施殴打。经鉴定构成轻伤二级。

2014年4月20日，被告人张德义、庞成伟、胡玮恒因涉嫌寻衅滋事罪被刑事拘留，4月28日被批准逮捕。5月28日被移送审查起诉。

2014年8月21日，江苏省沭阳县人民法院依法公开开庭审理此案，并当庭做出判决：被告人张德义犯寻衅滋事罪判处有期徒刑一年十个月；被告人庞成伟犯寻衅滋事罪，判处有期徒刑两年；被告人胡玮恒犯寻衅滋事罪，判处有期徒刑一年八个月。

（二）检察机关主要做法

这是一起因猜疑无端殴打医生，情节严重的案件。在该案办理过程中，江苏省沭阳县人民检察院一是重视案件办理，及时介入引导侦查取证，在审查起诉期间，公诉人严把证据关口，多次阅卷、提审犯罪嫌疑人、听取辩护人意见，并对庭审中被告人和辩护人可能提出的辩护观点做了充分的研判。二是检察长出庭支持公诉。庭审中，公诉人就案件事实逐一讯问被告人，论证条理清晰、出示证据客观完整，面对被告人和辩护人的各种辩解，沉着应对、一一反驳，并就定罪量刑发表公诉意见。三是加强宣传教育。针对本案的特殊社会危害性，在法庭教育环节，检察机关重点就近年来频繁发生的暴力伤医案件做了社会原因和犯罪原因分析，以案说法，告诫三名被告人认清错误，早日回归社会，收到较好的社会效果。

**七、陈金泉等4人聚众扰乱社会秩序案**

（一）基本案情

2014年5月2日零时许，被告人陈金泉将陈某某（系陈金泉之兄）送至福建省泉州市安溪县中医院就诊治疗。同日凌晨5时许，被告人陈扁（系陈金泉之妹）等人怀疑陈某某病情恶化是医院的责任所致，遂动手殴打医务人员梁某某、孙某某等人。在院方宣布陈某某死亡后，被告人陈金泉即用手机召集其亲戚朋友前来中医院。被告人陈金泉、陈扁、陈宝治（系死者陈某某前妻）、朱乾坤（系死者陈某某妹夫）等人随后在中医院五楼内一科抢夺病历，对医生办公室、护士站、治疗室进行打砸，致中医院的大量医用器具、器械、药品及电脑、打印机等物品损坏，且随意殴打陈某某等医护人员及在场执勤的凤城派出所协勤人员柯某某、王某某，并强行将该两名执勤的协勤人员拉至死者陈某某旁看尸体。被告人陈扁、陈宝治、朱乾坤、陈金泉等人后又将死者陈某某的尸体从病房中移出，强行拉至中医院一楼入口大厅处，设灵堂、烧纸钱、拉横幅、堵大门、围堵电梯出入口，用水将收费窗口工作台凹槽注满，并对中药房、急诊科医生办公室、护士站、治疗室等进行打砸，并随意殴打周某某、黄某某等医护人员及凤城派出所出警民警柯某某。四被告人的行为造成医务人员周某某轻伤，黄某某等7人轻微伤，医院总价值36645元的医用器具、器材、药品等财物被毁损，导致医院医疗工作无法正常进行，在院病人无法得到正常治疗。

2014年6月18日，陈金泉等人聚众扰乱社会秩序一案，由安溪县公安局移送安溪县人民检察院审查起诉。其间，因本案重大、复杂，延长审查起诉半个月。2014年7月31日，安溪县人民检察院依法向安溪县人民法院提起公诉。

2014年9月23日，安溪县人民法院开庭审理此案，10月15日作出一审判决：被告人陈金泉犯聚众扰乱社会秩序罪，判处有期徒刑三年；被告人陈扁犯聚众扰乱社会秩序罪，判处有期徒刑一年三个月，宣告缓刑一年三个月；被告人朱乾坤犯聚众扰乱社会秩序罪，判处有期徒刑一年，宣告缓刑一年三个月；

被告人陈宝治犯聚众扰乱社会秩序罪，判处有期徒刑一年，宣告缓刑一年三个月。宣判后，被告人未上诉，检察机关未抗诉，一审判决于 2014 年 10 月 26 日发生法律效力。

（二）检察机关主要做法

这是一起聚众扰乱医疗秩序，情节严重，造成严重经济损失的案件。在办理该案过程中，检察机关一是建立涉医案件处置机制。根据《关于依法惩处涉医违法犯罪维护正常医疗秩序的意见》，安溪县人民检察院联合县人民法院、县公安局就办理涉医案件建立快侦、快捕、快诉办理机制、检察机关提前介入机制、案件信息通报机制、联席会议研判机制。如公安机关在侦办此案时及时将案件信息告知检察院，检察机关及时指派专人提前介入，引导案件侦查、取证，要求迅速查清涉案人员各自在案发现场的具体行为，并对相关证据及时固定与保存，同时注意规范现场扣押物品程序、首次询问笔录的制作等问题，有效增强办案民警办案活动中的证据意识、确保证据效力，为司法阶段从速、高效办理该案奠定了良好基础。二是成立专业化办案小组，积极探索专业、高效涉医案件办理机制。为积极履行打击犯罪职能，抽调公诉部门办案骨干，成立涉医案件专业化办理小组，专门办理涉医案件。一方面组织小组成员加强学习，探讨涉医各类犯罪主体、"情节严重"标准和加重情节等认定中存在的具体问题。另一方面，组织成员利用业余时间积极学习相关医学知识，以提高讯问、询问以及审查鉴定意见的专业化水平。三是开展人性化执法，既注重打击犯罪，又注意保护犯罪嫌疑人的合法权益。在该案出庭支持公诉时，公诉人认为被告人陈扁、朱乾坤、陈宝治如实供述自己的犯罪事实，且三被告人积极赔偿被害方的经济损失，有悔罪表现，各自家中均有幼小子女需抚养，死者陈某某后事尚未料理，建议合议庭在判决时应综合考虑上述法定、酌定量刑情节，如有监管条件，可适用缓刑，一审判决最终采纳检察机关意见，对三被告人适用缓刑，达到法律效果与社会效果的有机结合。

## 八、赵君堂等8人聚众扰乱社会秩序案

### （一）基本案情

2014年7月9日至7月11日，为迫使河南省安阳市第六人民医院对患者赵某某的死亡进行赔偿，被告人赵君堂、韩金言、赵湿峰、樊长喜、郭拥军、郭红海、赵利清、赵丹只聚集其亲戚朋友30余人将患者赵某某的尸体停放在安阳市第六人民医院门诊大厅内，并以汽车堵住住院部大门、悬挂横幅、设置灵堂、烧纸等方式致使医护人员无法正常工作，严重扰乱了安阳市第六人民医院正常的医疗秩序。7月11日，对前来劝解的安阳市公安局文惠分局民警采取撕扯、抓打等方式，阻碍公安民警执行公务，并将民警邢某某、晋某某打伤，经法医鉴定构成轻微伤。在公安民警进行劝离、清理恒温棺、烧纸等物品时，樊长喜、郭拥军、郭红海、赵利清四人拒不配合，并对民警的正常工作百般阻挠，严重阻碍公安民警执行公务。

2014年10月19日，该案由安阳市公安局文惠分局侦查终结，以被告人赵君堂、韩金言、赵湿峰、郭拥军、樊长喜、郭红海、赵利清、赵丹只涉嫌聚众扰乱社会秩序罪，向安阳市文峰区人民检察院移送审查起诉。10月28日，安阳市文峰区人民检察院依法向安阳市文峰区人民法院提起公诉。

文峰区人民法院于2014年12月25日依法组成合议庭公开审理，2015年1月29日作出一审判决：以聚众扰乱社会秩序罪，依法判处被告人赵君堂有期徒刑九个月；被告人韩金言、赵湿峰有期徒刑六个月；被告人郭拥军有期徒刑七个月；被告人樊长喜、郭红海、赵利清、赵丹只拘役四个月，缓刑六个月。宣判后，被告人不上诉，检察机关未抗诉，上述判决已生效。

（二）检察机关主要做法

这是一起聚众扰乱医院秩序，情节严重的案件。在该案办理过程中，为了保护医生的合法权益，检察机关提前介入案件，到达案发现场并会见医院相关人员，走访医院病人，引导侦查机关调查取证。为了惩处涉医违法犯罪，维护正常医疗秩序，检察机关依法从严、从快办理案件，案件到审查起诉环节之后，案件承办检察官加班加点，认真细致地审查卷宗材料，第一时间提审被告人，在保证案件质量的前提下，依法快速办理，在受理案件 10 日内向人民法院提起公诉。案件起诉到法院之后，检察机关认真准备出庭工作，庭审效果良好，使 8 名被告人依法得到了法律的严惩。

### 九、贺志谋聚众扰乱公共场所秩序案

（一）基本案情

2013 年 11 月 2 日，贵州省黔东南苗族侗族自治州黎平县敖市镇敖市村村民贺某某因病到黎平县人民医院治疗，后因病情恶化，经医院抢救无效死亡。贺某某的弟弟被告人贺志谋等亲属主观判断是医院的责任，要求医院赔偿 160 万元，2013 年 11 月 3 日中午，在医院没有满足要求的情况下，由贺志谋提出，并带头参与将贺某某的尸体推到医院门诊大厅停放，在那里烧香纸、放鞭炮，聚集有一百多人在医院门诊大厅及附近，并安排聚集的人员在医院食堂就餐。在有关部门安排的工作人员劝阻时，拒不撤离，严重扰乱了医院的正常秩序。

2013 年 11 月 22 日，经黎平县人民检察院批准，贺志谋被黎平县公安局批准逮捕。12 月 19 日，黎平县公安局以被告人贺志谋涉嫌聚众扰乱社会秩序罪向黎平县人民检察院移送审查起诉。黎平县人民检察院于 2014 年 1 月 20 日审查终结，并于当日以贺志谋涉嫌以聚众扰乱公共场所秩序罪向法院提起公诉。

2014 年 2 月 11 日，黎平县人民法院以贺志谋构成聚众扰乱公共场所秩序罪，依法判处有期徒刑二年。

（二）检察机关主要做法

这是一起因家属死因及赔偿问题引发纠纷，严重扰乱医院正常秩序的案件。为维护医疗秩序，建立和谐的医患关系，切实保障广大人民群众的利益，确保医务人员、就诊患者的安全，构建安全稳定的医疗环境，黎平县人民检察院受理该案后，高度重视，指派经验丰富的检察官承办此案。经认真审查案件事实、证据后，该院认为被告人违反社会管理秩序，不能理性处理医患纠纷，公然纠集亲属将贺某某的尸体停放至医院门诊大厅，烧香纸、放鞭炮，严重扰乱了整个医院及其周边交通的正常秩序，且在有关部门进行劝阻时拒不撤离，情节严重，影响恶劣，其行为已构成聚众扰乱公共场所秩序罪，遂改变公安机关聚众扰乱社会秩序罪的定性，以聚众扰乱公共场所秩序罪向人民法院提起公诉，后黎平县人民法院采纳了检察机关的意见，依法作出判决。

**部分新闻链接**

1. 新华社 2015 年 6 月 24 日报道《最高检：加大打击涉医违法犯罪力度　坚决依法惩治暴力伤医犯罪》。

2. 中新社 2015 年 6 月 24 日报道《最高检：全国一年办理温岭杀医等严重涉医犯罪 347 人》。

3. 法制日报 2015 年 6 月 25 日报道《最高检发布 9 起涉医违法典型案例　保证质量加快涉医案捕诉进度》。

4. 中国日报 2015 年 6 月 25 日报道《Efforts to protect doctors stepped up（保护医生的努力更进一步）》。

5. 凤凰卫视 2015 年 6 月 24 日报道《最高检：加大对涉医违法犯罪处置力度》。

6. 人民网 2015 年 6 月 24 日报道《最高检：对涉医违法犯罪快捕快诉　加大处置力度》。

# 检察机关开展公益诉讼试点
# 有效保护公共利益

## 最高人民检察院发布检察机关提起公益诉讼试点工作方案

**发布时间：** 2015 年 7 月 2 日 10:00

**发布内容：** 发布《检察机关提起公益诉讼试点方案》；通报公益诉讼试点工作相关情况

**发布地点：** 最高人民检察院电视电话会议室

**主 持 人：** 最高人民检察院新闻发言人　肖玮

**出席嘉宾：** 最高人民检察院民事行政检察厅厅长　郑新俭①

---

① 现任最高人民检察院未成年人检察工作办公室主任。

## 主题发布

肖　玮

　　各位记者朋友，大家上午好！欢迎参加最高人民检察院的新闻发布会。昨天刚刚闭幕的十二届全国人大常委会第十五次会议表决通过了《关于授权最高人民检察院在部分地区开展公益诉讼试点工作的决定》，确保试点工作于法有据。按照中央要求，最高人民检察院今天召开新闻发布会，发布《检察机关提起公益诉讼试点方案》（以下简称《试点方案》），通报有关情况。出席今天新闻发布会的有最高人民检察院民事行政检察厅郑新俭厅长。《试点方案》全文已发给大家，下面，我向大家介绍有关情况。

　　一、制定《试点方案》的情况

　　近年来，生态环境污染、危害食品药品安全等侵害社会公共利益的事件时有发生，社会各界呼吁检察机关通过提起公益诉讼维护社会公共利益的要求日益强烈。在国有资产保护、国有土地使用权出让、生态环境和资源保护等领域，一些行政机关违法行使职权或者不作为使国家和社会公共利益受到侵害，由于我国目前保护国家和社会公共利益的法律制度还不十分完备，对此类违法行政行为缺乏有效监督。为加强对国家和社会公共利益的保护，强化对行政违法行为的监督，党的十八届四中全会决定明确要求："探索建立检察机关提起公益诉讼制度"。

　　根据《中央有关部门贯彻实施党的十八届四中全会决定重要举措分工方案》，探索建立检察机关提起公益诉讼制度由最高人民检察院与最高人民法院牵头，中央政法委、全国人大内司委、全国人大常委会法工委、国务院法制办等单位共同参与。

　　在起草《试点方案》过程中，我们坚持问题导向，将贯彻落实四中全会精神贯穿始终；深入进行调查研究，对涉及的相关问题认真提出解决方案；强调立足法律监督职能，严格规范行使检察权；坚持严格审批稳步推进，逐步形成成熟经验，再推动完善立法。通过建立检察机关提起公益诉讼制度，充分发挥检察机关法律监督职能作用，促进严格执法、依法行政，维护宪法法律权威，维护社会公平正义，维护国家和社会公共利益。

起草过程中，我们多次征求中央政法委、全国人大内司委、全国人大常委会法工委、最高人民法院、国土资源部、环境保护部、国资委、国务院法制办等单位意见。在吸收各方修改意见的基础上，我们与各单位就推进检察机关提起公益诉讼试点达成共识，最后形成了《试点方案》。

**二、检察机关提起公益诉讼制度的主要内容**

公益诉讼是指对损害国家和社会公共利益的违法行为，由法律规定的国家机关或组织向人民法院提起诉讼的制度。它包括民事公益诉讼和行政公益诉讼。根据民事诉讼法和十八届四中全会决定精神，《试点方案》对检察机关提起民事公益诉讼和行政公益诉讼分别作了规定。

关于试点的案件范围。试点阶段，《试点方案》将民事公益诉讼的案件范围确定为检察机关在履行职责中发现的污染环境、食品药品安全领域侵害众多消费者合法权益等损害社会公共利益的案件。根据四中全会决定，将行政公益诉讼的案件范围确定为生态环境和资源保护、国有资产保护、国有土地使用权出让等领域负有监督管理职责的行政机关违法行使职权或不作为，造成国家和社会公共利益受到侵害的案件。试点期间，重点是对生态环境和资源保护领域的案件提起行政公益诉讼。

关于公益诉讼案件的诉讼参加人。公益诉讼案件中，检察机关以"公益诉讼人"的身份提起诉讼。这一称谓，既与检察机关在刑事诉讼中的传统称谓相区分，又保持了内在的一致性。民事公益诉讼案件的被告是实施损害社会公共利益行为的公民、法人或其他组织。行政公益诉讼案件的被告是违法行使职权或者不作为的行政机关，以及法律、法规、规章授权的组织。

关于公益诉讼的诉前程序。为了提高检察监督的效力，发挥行政机关履行职责的能动性，有效节约司法资源，《试点方案》设置了诉前程序。规定在提起民事公益诉讼之前，检察机关应当依法督促或者支持法律规定的机关或者有关组织向人民法院提起民事公益诉讼。在提起行政公益诉讼之前，检察机关应当先行向相关行政机关提出检察建议，督促其纠正行政违法行为或依法履行职责。

关于公益诉讼的诉讼请求。经过诉前程序，法律规定的机关和有关组织没有提起民事公益诉讼，社会公共利益仍处于受侵害状态的，检察机关可以提起民事公益诉讼，向人民法院提出停止侵害、排除妨碍、消除危险、恢复原状、赔偿损失、赔礼道歉的诉讼请求；行政机关拒不纠正违法行为或不履行法定职责，国家和社会公共利益仍处于受侵害状态的，检察机关可以提起行政公益诉讼，向人民法院提出撤销违法行政行为、在一定期限内履行法定职责、确认行政行为违法或无效的诉讼请求。

检察机关提起公益诉讼，《试点方案》没有规定的，适用民事诉讼法、行政诉讼法及相关司法解释的规定。

### 三、检察机关提起公益诉讼制度的意义

中央全面深化领导小组第十二次会议审议《试点方案》时强调，十八届四中全会提出探索建立检察机关提起公益诉讼制度，目的是充分发挥检察机关法律监督职能作用，促进依法行政、严格执法，维护宪法法律权威，维护社会公平正义，维护国家和社会公共利益。要牢牢抓住公益这个核心，重点是对生态环境和资源保护、国有资产保护、国有土地使用权出让、食品药品安全等领域造成国家和社会公共利益受到侵害的案件提起民事或行政公益诉讼，更好地维护国家利益和人民利益。

探索建立检察机关提起公益诉讼制度，是优化司法职权配置、完善民事、行政诉讼制度，推动公益诉讼制度进一步发展的重要举措。与其他诉讼主体相比，检察机关没有自身利益的牵涉，适合代表国家和社会公共利益提起诉讼；拥有法定的调查权，能够很好地解决调查取证和举证困难问题；能够审慎地行使公益诉权，避免对行政秩序造成不应有的冲击；具有专业法律监督队伍，能够高效、准确地启动和进行诉讼，还可以大幅度降低司法成本。

检察机关提起公益诉讼，符合十八届四中全会强化对行政权力的制约和监督，努力形成科学有效的权力运行制约和监督体系，增强监督合力和实效的要求。这既体现了中国基本制度的特色，又坚持了正确的政治方向，体现了党维护国家和社会公共利益的坚强决心。

### 四、检察机关提起公益诉讼试点安排

最高人民检察院将依据《试点方案》，选择北京、内蒙古、吉林、江苏、安徽、福建、山东、湖北、广东、贵州、云南、陕西、甘肃13个省、自治区、直辖市的检察院开展试点。试点期限为二年。试点进行中，最高人民检察院将与最高人民法院共同加强对试点工作的组织指导和监督检查，适时就公益诉讼案件管辖、起诉、审理中涉及的具体问题联合作出实施办法，报全国人民代表大会常务委员会备案，并及时就试点情况向全国人民代表大会常务委员会作出中期报告。试点期满后，对实践证明可行的，适时提请全国人民代表大会常务委员会修改完善有关法律。

### 五、关于稳步推进试点工作的保障措施

公益诉讼案件与民生领域联系紧密、社会关注度高。为确保检察机关提起公益诉讼试点工作稳步推进，检察机关将采取以下措施：

一是加强沟通协调。最高人民检察院将加强与全国人大常委会法工委、国务院法制办等部门的沟通联系，并积极与最高人民法院协商，共同加强对试点工作的部署、推进和监督检查，使试点各项工作有序开展。

二是坚持稳妥推进。既强调立足法律监督职能，严格规范行使检察权，确保试点工作在法律框架和授权范围内依法推进；又强调紧紧围绕国家和社会公共利益的保护，实现检察机关提起公益诉讼案件政治效果、法律效果和社会效果的有机统一。

三是建立审批制度。地方人民检察院拟决定向人民法院提起公益诉讼的案件，一律先行层报最高人民检察院审批。

四是加强指导和规范。最高人民检察院将在总结试点经验的基础上，全面评估试点的实际效果，积极推动相关法律的修改完善。

## 现场答问

**新华社记者　陈　菲**

当前我国公益诉讼现状如何，面临哪些困境？检察机关提起公益诉讼是否有助于改善这一困境？请结合司法实践情况，介绍一下检察机关提起公益诉讼所选择的案件类型和范围的依据。

**郑新俭**

公益诉讼是保护国家和社会公共利益的一种有效方式。我国新修改的《民事诉讼法》第 55 条规定"对污染环境、侵害众多消费者合法权益等损害社会公共利益的行为，法律规定的机关和有关组织可以向人民法院提起诉讼"。首次在法律上确立了民事公益诉讼制度。2014 年 11 月《中华人民共和国行政诉讼法》修改，我们看到其中对公益诉讼制度的问题未作规定。主要的原因我个人理解是实践经验还不足。从目前公益诉讼的实践情况看，还处在刚起步的阶段，如果说有什么困境的话，我认为主要有两方面：一是缺乏实践经验；二是公益诉讼制度还需要进一步完善。检察机关这次进行试点，其目的也就是要探索实践经验，推动法律制度的完善。

检察机关参与公益诉讼有许多有利的因素：如不牵涉自身利益，适合代表国家和社会公共利益提起诉讼；拥有法定的调查权，有利于调查取证和解决举证困难问题；能够从大局出发，审慎地行使公益诉权，避免影响到正常的行政秩序；具有专业法律监督队伍，能够高效、准确地配合人民法院进行诉讼，可以大幅度降低司法成本。因此，检察机关参与公益诉讼对完善公益诉讼制度、保护公共利益不受侵犯等，无疑具有十分重要的意义。

第二个问题，结合司法实践情况介绍检察机关提起公益诉讼选择的案件范围和选择的依据。刚才肖玮主任也介绍了，为了保证试点工作的顺利进行，我们最高检察院制定了《试点方案》，这个试点方案凝聚了各方面的共识。

《试点方案》将民事公益诉讼的案件范围确定为检察机关在履行职责中发现的污染环境、食品药品安全领域侵害众多消费者合法权益等损害社会公共利益的案件。将行政公益诉讼的案件范围确定为生态环境和资源保护、国有资产保护、国有土地使用权出让等领域负有监督管理职责的行政机关违法行使职权或不作为，造成国家和社会公共利益受到侵害的案件。并且还强调，在试点期间，重点是对生态环境和资源保护领域的案件提起行政公益诉讼。这个案件范围的确定主要是根据《民事诉讼法》第 55 条和十八届四中全会决定的规定。

**法制日报记者　刘子阳**

据了解，民事诉讼法和行政诉讼法修改之前，一些基层检察机关也曾开展过类似公益诉讼的试点。能否介绍一下检察机关尝试公益诉讼的历程？还有，我们感觉检察机关对开展公益诉讼试点是很谨慎稳妥的，有什么考虑吗？

**郑新俭** ▌

第一个问题，在两法修改之前，检察机关对公益诉讼做了一些探索。对于这个问题，我想是这样来说，从检察机关法律监督属性以及保护国家和社会公共利益出发，检察机关在提起公益诉讼上面确实进行了一些实践探索。

20世纪90年代开始，社会对国有资产流失、环境污染等公共问题，希望检察机关能发挥职能作用。1997年，河南省方城县检察院就一起国有资产流失案件提起民事诉讼并获得胜诉，这应该是我国检察机关提起的最早的公益诉讼案件。近年来，一些地方检察机关立足法律监督职责，积极开展公益诉讼探索与实践，成功办理了一批民事公益诉讼案件，取得了良好的法律效果和社会效果。尤其是我们依据《民事诉讼法》第15条的规定，积极开展了支持相关公益诉讼主体提起公益诉讼的探索实践，其中典型的案例是江苏泰州公益诉讼案。

为加强对国家和社会公共利益的保护，强化对行政违法行为的监督，党的十八届四中全会明确提出：探索建立检察机关提起公益诉讼制度。这是党中央积极回应社会现实需求，从依法治国的战略高度作出的重要决策。我们将以十八届四中全会精神和全国人大常委会授权决定为依据，稳妥推进检察机关提起公益诉讼制度试点工作。这是我对第一个问题回答的情况。

第二个问题，检察机关在公益诉讼的试点中是一个什么样的把握。检察机关提起公益诉讼是对进一步完善我国民事、行政诉讼制度的积极探索，涉及司法职权的配置，涉及国家和社会公共利益的保护，加之缺乏实践经验和相关法律制度还不完善，因此，在试点阶段，应当以审慎的态度稳妥推进。

为确保试点顺利开展，我们进行了深入细致的调查研究工作，对存在的问题提出解决方案；科学起草试点方案，反复征求意见，凝聚相关部门的共识，做好顶层设计；提请全国人大常委会对试点进行授权，确保试点在法律框架下进行；进一步加强沟通协调，强化指导规范，确保稳妥推进。

**经济日报记者　李万祥**

刚才主持人也介绍了关于推进试点工作的措施，检察机关接下来如何落实试点方案？具体实施细则何时出台？有没有时间表和路线图？

**郑新俭**

我先回答第一个问题，就是如何落实方案。为确保检察机关提起公益诉讼制度稳步发展，检察机关将重点采取以下措施：

一是加强沟通协调。为确保试点取得实效，最高人民检察院将加强与全国人大常委会法工委、国务院法制办等部门的沟通联系。我们也将积极与最高人民法院协商，共同加强对试点工作的监督检查，推进试点工作顺利开展。

二是坚持稳妥推进。既强调立足法律监督职能，严格规范行使检察权，确保试点在法律框架和授权范围内依法推进；又强调紧紧围绕国家和社会公共利益的保护，实现检察机关提起公益诉讼案件政治效果、法律效果和社会效果的有机统一。

三是建立审批制度。地方人民检察院拟决定向人民法院提起公益诉讼的案件，须先行层报最高人民检察院审批。

四是加强指导和规范。试点进行中，最高人民检察院将与最高人民法院共同加强对试点工作的组织指导和监督检查，在方案的基础上，制定出台实施细则，进一步增强各环节的可操作性。

对于第二个问题，接下来的时间表，因为我们在公益诉讼制度的推进上，首先确定了试点地区，刚才已经介绍了，我们将在13个省、直辖市和自治区来开展试点工作。同时，我们制定了试点方案，这个试点方案已经经过中央的批准，由于法律制度的问题，我们提请全国人大常委会授权，全国人大常委会已经作出了授权决定。接下来，根据授权决定的要求，我们将和最高人民法院共同签署决定的实施范围。因为现在试点方案和全国人大常委会的授权决定都已经作出了，接下来我们将开展试点工作，与此同时我们加强可操作性。我们正在与最高人民法院沟通，拟就公益诉讼案件管辖、起诉、审理中涉及的具体问题制定具体实施办法，争取尽快下发，推进试点工作顺利开展。

**中国妇女报记者　王春霞**

检察机关提起公益诉讼，现在有没有摸底，会不会案件量爆棚？对于民事案件，法律规定的相关机构能在多大程度上参与进来？民事、行政案件不同于传统的刑事公诉，据介绍全国检察机关从事民行工作的人员有1万余，这个数量是否与案件量相适应？环保等领域相关专业，检察人员是否做好了准备？

**郑新俭**

首先回答第一个问题。为保证检察机关提起公益诉讼制度试点工作的顺利开展，前期我们进行了大量的调研，各地对适宜提起公益诉讼的案件进行了初步的摸排。根据调研情况看，预计不会出现案件量过多的情况。而且，对于行政公益诉讼案件，通过诉前程序，可以使大量的违法行为得到纠正，真正进入诉讼程序的行政公益诉讼案件可能不会太多。此外，试点期间相关工作尚处于探索阶段，试点地区检察机关须严格按照《试点方案》确定的案件领域，以重点领域的重点案件为抓手，避免自行其是、全面开花。

诉前程序不只针对行政公益诉讼，在民事公益诉讼中也是必经程序。设置诉前程序的目的，是为了节约司法资源，提高检察监督的效力，在行政公益诉讼中也有利于更多地发挥行政机关履行职责的能动性。

根据《民事诉讼法》第55条的规定，法律规定的机关和有关组织是提起民事公益诉讼的主体。在检察机关提起公益诉讼试点中，检察机关在提起民事公益诉讼之前，应当依法督促或者支持法律规定的机关或有关组织提起民事公益诉讼。法律规定的机关或有关组织应当在收到督促或者支持起诉意见书后一个月内依法办理，并将办理情况及时书面回复检察机关。因此，在民事公益诉讼中，法律规定的相关机构和社会组织将发挥着重要的作用。

近年来，民行检察工作得到了较大的发展，办理了一大批民事行政诉讼监督案件，积累了丰富的民事行政监督经验，也培养锻炼了民事行政检察队伍，这些都为检察机关开展提起公益诉讼制度试点工作奠定了坚实的基础。提起公益诉讼的领域以及适用的法律相对专业，并且需要具备参与诉讼的能力。接下来，我们要努力加强检察队伍建设，加强队伍的业务能力建设。与此同时，要加强与环保执法部门、评估鉴定机构的沟通协作，共同努力完成好这项试点任务。

**法制网记者 王 芳**

首先是检察机关作为公益诉讼人，与在刑事诉讼中的地位有什么不同？第二个问题，高检基于怎样的考虑确定13个试点地区？

**郑新俭** ▌

　　根据《试点方案》的规定，检察机关以"公益诉讼人"的身份向人民法院提起公益诉讼，与刑事诉讼中的"公诉人"在地位上是一样的，都是代表国家履行法律监督职能，维护法律的权威和尊严，都代表国家提起诉讼，出席法庭，参与庭审等。但是，两者在适用的法律、程序和要达到的诉讼目的上是有区别的，提起民事行政公益诉讼是通过民事或行政诉讼程序，适用民事或行政法律，达到维护国家和社会公共利益的效果；后者是通过刑事诉讼程序，适用刑事法律，达到追究违法犯罪者刑事责任的效果。这是我们的认识。

　　关于确定13个省、自治区和直辖市作为试点地区，主要考虑在地域分布上有一定的代表性，同时也考虑是否可能具有公益诉讼案件。选择这些地区检察机关开展试点，既有地域分布上的代表性，又有利于试点工作的推进，这不仅有利于收集、提炼实践经验，也有利于检验试点效果。

**新华网记者　于子茹** ▌

　　以前，由于地方保护主义的阻挠，办案力量和专业人才缺乏等因素，公益诉讼案件在实践中存在立案难、取证难、诉讼周期长等问题，导致很多案件最后不了了之。请问，检察机关在试点中如何破解这些难题？

**郑新俭** ▌

　　与其他诉讼主体相比，检察机关作为国家法律监督机关，提起公益诉讼具有以下优势：检察机关没有自身利益的牵涉，适合代表国家和社会公共利益提起诉讼；拥有法定的调查权，有利于调查取证和解决举证困难问题；能够从大局出发，审慎地行使公益诉权，避免影响到正常的行政秩序；具有专业法律监督队伍，能够高效、准确地启动和进行诉讼，还可以大幅度降低司法成本。在试点工作中，检察机关要充分发挥上述优势，努力推动这项任务的完成，最大程度上维护国家和社会公共利益。

**检察日报记者　贾　阳**

检察机关提起公益诉讼法律基础是什么？检察机关提出的试点方案主要内容有哪些，以及从启动程序上来说，个人和企业能否申请检察院提起公益诉讼？

**郑新俭**

　　第一个问题，检察机关提起公益诉讼的法律基础是什么，根据我国宪法规定，检察机关是国家法律督机关。作为国家专门的法律监督机关，检察机关通过依法独立公正行使检察权，维护宪法和法律的权威，保障法律统一正确施行，并由此发挥保护国家和社会公共利益的作用。这是检察机关提起公益诉讼的法律基础。

　　习近平总书记强调，凡属重大改革要于法有据，在全国范围内实践条件还不成熟、需要先行先试的，要按照法定程序作出授权。7月1日，十二届全国人大常委会第十五次会议作出《关于授权最高人民检察院在部分地区开展公益诉讼试点工作的决定》，为检察机关提起公益诉讼试点工作提供了直接的法律依据。最高人民检察院制定了《试点方案》，该《试点方案》经中央批准，并得到第十二届全国人大常委会第十五次会议的认可。

根据全国人大常委会的授权决定，最高人民法院和最高人民检察院还将制定具体的实施办法，报全国人大常委会备案。此外，《试点方案》没有规定的事项，适用民事诉讼法、行政诉讼法及相关司法解释的规定。

第二，检察机关提出的试点方案主要有哪些内容，个人和企业能否申请检察机关提起公益诉讼的问题。《试点方案》主要规定了试点的目标原则、主要内容、时间地区、工作要求等四个方面的问题。其中，主要内容是《试点方案》的核心部分，包括试点案件的范围、诉讼参加人、诉前程序、提起诉讼和诉讼请求等五个方面的具体规定。

在检察机关履行职责中，个人或企业可以向检察机关控告或举报相关的案件线索，这有助于强化对国家和社会公共利益的保护。

## 发布会文件

### 检察机关提起公益诉讼试点方案

为贯彻落实党的十八届四中全会关于探索建立检察机关提起公益诉讼制度的要求，现就检察机关提起公益诉讼试点工作提出如下方案。

**一、目标和原则**

按照《中共中央关于全面推进依法治国若干重大问题的决定》的改革部署，积极探索建立检察机关提起公益诉讼制度，充分发挥检察机关法律监督职能作用，促进依法行政、严格执法，维护宪法法律权威，维护社会公平正义，维护国家和社会公共利益。

（一）坚持改革正确方向

坚持党的领导、人民当家作主和依法治国的有机统一，发展完善中国特色社会主义检察制度，坚定不移走中国特色社会主义法治道路。

（二）立足法律监督职能

坚持检察机关职能定位，把握提起公益诉讼的条件、范围和程序，既强化对公共利益的保护，又严格规范行使检察权。

（三）有效保护公共利益

针对生态环境和资源保护等领域侵害国家和社会公共利益的情况，及时提起民事或行政公益诉讼，加强对国家和社会公共利益的保护。

（四）严格依法有序推进

根据民事诉讼法、行政诉讼法等法律的有关规定和全国人大常委会的授权决定，确保试点工作在法律框架和授权范围内开展，维护法制的统一和权威。

## 二、主要内容

### （一）提起民事公益诉讼

1. 试点案件范围。检察机关在履行职责中发现污染环境、食品药品安全领域侵害众多消费者合法权益等损害社会公共利益的行为，在没有适格主体或者适格主体不提起诉讼的情况下，可以向人民法院提起民事公益诉讼。

2. 诉讼参加人。检察机关以公益诉讼人身份提起民事公益诉讼。民事公益诉讼的被告是实施损害社会公共利益行为的公民、法人或者其他组织。检察机关提起民事公益诉讼，被告没有反诉权。

3. 诉前程序。检察机关在提起民事公益诉讼之前，应当依法督促或者支持法律规定的机关或有关组织提起民事公益诉讼。法律规定的机关或者有关组织应当在收到督促或者支持起诉意见书后一个月内依法办理，并将办理情况及时书面回复检察机关。

4. 提起诉讼。经过诉前程序，法律规定的机关和有关组织没有提起民事公益诉讼，社会公共利益仍处于受侵害状态的，检察机关可以提起民事公益诉讼。检察机关提起民事公益诉讼，应当有明确的被告、具体的诉讼请求、社会公共利益受到损害的初步证据，并应当制作公益诉讼起诉书。

5. 诉讼请求。检察机关可以向人民法院提出要求被告停止侵害、排除妨碍、消除危险、恢复原状、赔偿损失、赔礼道歉等诉讼请求。

### （二）提起行政公益诉讼

1. 试点案件范围。检察机关在履行职责中发现生态环境和资源保护、国有资产保护、国有土地使用权出让等领域负有监督管理职责的行政机关违法行使职权或者不作为，造成国家和社会公共利益受到侵害，公民、法人和其他社会组织由于没有直接利害关系，没有也无法提起诉讼的，可以向人民法院提起行政公益诉讼。试点期间，重点是对生态环境和资源保护领域的案件提起行政公益诉讼。

2. 诉讼参加人。检察机关以公益诉讼人身份提起行政公益诉讼。行政公益诉讼的被告是生态环境和资源保护、国有资产保护、国有土地使用权出让等领域违法行使职权或者不作为的行政机关，以及法律、法规、规章授权的组织。

3. 诉前程序。在提起行政公益诉讼之前，检察机关应当先行向相关行政机关提出检察建议，督促其纠正违法行政行为或者依法履行职责。行政机关应当在收到检察建议书后一个月内依法办理，并将办理情况及时书面回复检察机关。

4. 提起诉讼。经过诉前程序，行政机关拒不纠正违法行为或者不履行法定职责，国家和社会公共利益仍处于受侵害状态的，检察机关可以提起行政公益诉讼。检察机关提起行政公益诉讼，应当有明确的被告、具体的诉讼请求、国家和社会公共利益受到侵害的初步证据，并应当制作公益诉讼起诉书。

5. 诉讼请求。检察机关可以向人民法院提出撤销或者部分撤销违法行政行为、在一定期限内履行法定职责、确认行政行为违法或者无效等诉讼请求。

（三）其他事项

1. 试点期间，地方人民检察院拟决定向人民法院提起公益诉讼的，应当先行层报最高人民检察院审查批准。

2. 提起公益诉讼，检察机关免缴诉讼费。

3. 提起公益诉讼，试点方案没有规定的，适用民事诉讼法、行政诉讼法及相关司法解释的规定。

### 三、方案实施

（一）立法机关授权

提请全国人大常委会 2015 年 6 月授权，自 2015 年 7 月起开展试点工作，试点期限为两年。

（二）积极开展试点

2015 年 7 月，根据全国人大常委会的授权和试点工作方案，制定出台试点实施办法，并选择北京、内蒙古、吉林、江苏、安徽、福建、山东、湖北、广东、贵州、云南、陕西、甘肃 13 个省、自治区、直辖市开展试点。

（三）推动相关法律修改完善

及时总结试点经验和成效，积极推动相关法律的修改完善。

### 四、工作要求

一要坚持统筹谋划。加强顶层设计，确立检察机关提起公益诉讼的基本制度和规范，统筹规划具体时间表和路线图。按照可复制、可推广的要求，鼓励试点地区发挥首创精神，推动制度创新。

二要积极稳妥推进。探索建立检察机关提起公益诉讼制度，既要积极推动，加强对试点工作的指导和督促；又要稳妥慎重，严格程序，努力确保法律效果和社会效果的统一。要逐步形成成熟的经验，再推动立法完善。

三要加强协调配合。各试点单位要加强请示报告和沟通协调，积极争取地方党委、人大、政府和有关部门的支持，建立与人民法院的协调配合机制，共同推进试点工作稳步开展。

四要注重宣传引导。既要及时宣传试点工作的好经验、好做法和取得的成效；又要把握宣传策略，严格宣传纪律，正确引导社会预期，为试点工作营造良好的舆论环境。

## 部分新闻链接

1. 人民日报 2015 年 7 月 3 日报道《最高检公布方案 13 地检察机关试点提起公益诉讼》。

2. 光明日报 2015 年 7 月 3 日报道《最高检新闻发言人就〈检察机关提起公益诉讼改革试点方案〉答记者问》。

3. 经济日报 2015 年 7 月 3 日报道《检察机关提起公益诉讼展开改革试点》。

4. 中央电视台 2015 年 7 月 3 日报道《最高检通报提起公益诉讼改革试点情况——试点内容：生态环境和食品药品安全案件》。

5. 新京报 2015 年 7 月 2 日报道《北京等 13 省市区开展公益诉讼试点》。

6. 人民网 2015 年 7 月 2 日报道《检察机关公益诉讼试点工作展开 关注环保、食药安全等》。

# 惩防并举　严惩涉农扶贫领域职务犯罪

## 最高人民检察院通报近年来查办和预防涉农扶贫领域职务犯罪情况

发布时间：2015 年 7 月 21 日 10:00

发布内容：通报检察机关近年来查办和预防涉农扶贫领域职务犯罪
　　　　　工作情况；介绍甘肃省和安徽省检察机关主要做法

发布地点：最高人民检察院电视电话会议室

主 持 人：最高人民检察院新闻发言人　张本才①

出席嘉宾：最高人民检察院职务犯罪预防厅厅长　宋寒松②

　　　　　最高人民检察院职务犯罪预防厅副厅长　陈正云③

　　　　　甘肃省人民检察院副检察长　高继明④

　　　　　安徽省人民检察院反贪局局长　陶芳德⑤

---

① 现任上海市人民检察院党组书记、检察长。
② 现任中央纪委国家监委驻住房和城乡建设部纪检监察组组长、部党组成员。
③ 现任中央纪委国家监委第九监督检查室正局级纪检监察员兼副主任。
④ 现任黑龙江省人民检察院党组书记、检察长。
⑤ 现任安徽省人民检察院党组成员、副检察长。

## 🎙 主题发布

**张本才**

　　各位记者朋友，大家上午好！欢迎参加最高人民检察院的新闻发布会。今天新闻发布会的主题是"检察机关查办和预防涉农扶贫领域职务犯罪工作"。

　　出席今天新闻发布会的有：最高人民检察院职务犯罪预防厅厅长宋寒松、副厅长陈正云，甘肃省人民检察院副检察长高继明、安徽省人民检察院反贪局局长陶芳德。

　　今天的发布会主要有三项内容：一是请陈正云副厅长通报 2013 年以来全国检察机关查办和预防涉农扶贫领域职务犯罪工作情况；二是请高继明副检察长和陶芳德局长分别介绍甘肃省和安徽省检察机关的主要做法；三是请各位记者提问。下面，首先请最高人民检察院职务犯罪预防厅陈正云副厅长通报 2013 年以来全国检察机关查办和预防涉农扶贫领域职务犯罪工作情况。

**陈正云**

　　各位记者朋友，大家好！下面，我就检察机关 2013 年以来查办和预防涉农扶贫领域职务犯罪的情况作一简要介绍。

### 一、查办涉农扶贫领域职务犯罪的总体情况

2013年，经中央批准，最高人民检察院部署开展了全国检察机关查办和预防发生在群众身边、损害群众利益职务犯罪专项工作，把"三农"作为重点领域，强化措施、惩防并举、统筹推进，截至2015年5月，各级检察机关共查办涉农和扶贫领域职务犯罪28894人，占同期检察机关立案查办职务犯罪总人数的22%。总的看，涉农扶贫领域的职务犯罪仍在高位徘徊，处于易发多发的态势，并呈现出了新的特点，可以用四句话来概括。

一是"小官涉贪"明显。就是犯罪主体相对固定，呈现出职务低、发案率高"一低一高"的显著特征。这类职务犯罪案件多发生在县、乡、村三级，涉案人员包括村党支部书记、村委会主任、村会计、村出纳等"两委"成员和村民组长等村组干部，乡镇站所工作人员和部分县级职能部门工作人员，科级以下工作人员和村组干部占了较大比例。一些省份村"两委"负责人案件超过了整个涉农扶贫领域职务犯罪的半数，有的市县更高达70%~80%。

二是窝案串案严重。一些涉农扶贫的职能部门与使用单位之间、国家工作人员与申请人之间、村委成员之间等相互勾结、团伙作案，"抱团"腐败，共同犯罪，大肆侵吞国家涉农扶贫的政策性补贴和专项资金。这一领域职务犯罪的查处，往往是突破一案，带出一串，端掉一窝。如广西检察机关立案的276件涉农案件中，共同犯罪83件，占30.07%。安徽省芜湖市检察机关近年来查办的涉农惠民职务犯罪案件中，窝案、串案占涉农惠民领域职务犯罪立案总人数的84.52%。

三是贪污侵吞突出。2013年以来，检察机关共在涉农和扶贫领域查办贪污犯罪16385人，占该领域职务犯罪涉案总人数的56.7%。有的采取对上虚报冒领，对下隐瞒实情等手段，直接或变相冒领、骗取、套取各项涉农扶贫补助款；有的利用代领、代发补助金的便利，直接克扣、截留、私分涉农资金；有的虚列户头、重复报账以及收入不入账等方式侵吞补贴资金，等等。目的简单，手段隐蔽，甚至连续多年作案。

四是发案环节集中。涉农扶贫领域职务犯罪案件主要集中在登记

申报审核、项目审批立项、专项款物管理、质量监管认证、补贴发放、检查验收等环节。其中，专项资金的申报审核、资金管理和项目验收三个环节尤为突出。检察机关查办的发生在涉农资金管理使用环节案件有14937人，占涉农职务犯罪案件总人数的55%。尤其是在这些环节，渎职犯罪与贿赂犯罪互相交织，有的公开收受、索取贿赂，玩忽职守、放弃职责或滥用职权、优亲厚友、以权谋私。检察机关在涉农扶贫领域共查处渎职犯罪4617人，占涉农扶贫职务犯罪总人数的16%。

从检察机关查办的案件分析，发生案件的原因是多方面的，既有管理体制制度不健全的因素，也有监督制约不力的问题，还有政策宣传不到位、法律意识欠缺等因素，对这些问题，检察机关加大了涉农扶贫领域职务犯罪预防的力度，努力从源头上消除和减少腐败犯罪的发生。

**二、涉农扶贫领域预防职务犯罪的主要工作**

各级检察机关紧密结合办案，在涉农扶贫领域职务犯罪预防中，加强事前防范，实施精准预防，今天参加发布会的甘肃、安徽就是其中的典型。总的来说，我们在预防职务犯罪上重点做了以下四个方面的工作。

1. 坚持教育在先。我们结合重大典型案例特别是群众身边案例，以案说法，突出对涉农扶贫职能部门工作人员的村"两委"成员等开展警示教育和法治宣传，提高他们的法治观念和廉洁意识。还针对农村法治需求实际，通过预防宣讲团、传统戏曲、公益海报、廉政动漫以及新兴媒体等，打造多样化的法治宣传教育形式和载体。各地特别是省级检察院普遍开展预防宣讲进农村专项活动，特别是针对农村基层换届选举，普遍加大了法治宣传力度，提高群众尊法守法用法意识，促进农村基层组织建设依法进行。

2. 注重制度建设。我们结合查办的典型案件，深入进行犯罪分析，开展职务犯罪风险点排查，针对"三农"和扶贫工作中存在的漏洞和制度缺陷，积极向党委政府及相关部门提出对策建议，推动管理制度机制完善和创新，推动农村防治腐败长效机制建设。河南省检察院结合所办案件，协助省政府"新农村建设办公室"建立健全了农村重大事项申报、村务公开、民主监督、村账乡管等制度，帮助有关部门完善涉农规章制度 76 件。

3. 促进公开透明。我们积极推动建立涉农扶贫项目资金的阳光运行机制，通过法律监督促进基层事务公开，强化民主监督。大力协助涉农部门、乡镇和农村基层组织建立健全涉农政策、资金管理制度，推进涉农事务全程公开化，健全公告公示制度，促进政务、村务公开。特别是促进关系农民群众生产生活和切身利益的涉农惠民资金和扶贫资金的类型、来源、发放标准、流程等及时公开、全面公开。

广西检察机关通过专项预防调查，推动区民政厅建立全国首家低收入居民家庭经济状况核对信息平台，仅 2014 年就核对城乡低保救助申请 256 万人，目前已有不符合低保政策的 2.55 万人被停保或退出，有效防止了"人情保""关系保"及暗箱操作。

4. 强化科技应用。积极配合有关部门，运用信息化手段对涉农扶贫资金项目等开展电子监管、科技预防，实现人防与技防的有机结合，提高预防工作的科技含量。在涉农扶贫领域的工程项目以及村委换届中，检察机关普遍推广行贿犯罪档案查询制度，提高违法成本，促进廉洁规范。广西检察机关协助有关部门，探索将涉农惠民扶贫资金纳入民生资金电子动态监管公开平台，使群众可在任何一台电脑查询惠农资金政策规定、发放名单、发放金额和拨付进度等信息，确保了惠农资金安全、高效运行。

### 三、下一步工作安排

为认真贯彻落实中央关于加快农业现代化建设的部署要求，充分发挥检察职能作用，有力惩治和预防惠农扶贫领域职务犯罪，保障新时期"三农"和扶贫工作政策措施的有效落实，最高人民检察院决定，从 2015 年 7 月至 2017 年 7 月，在全国检察机关开展为期 2 年的集中惩治和预防惠农扶贫领域职务犯罪工作。

通过这项工作，集中查办一批影响惠农和扶贫政策落实，损害农民群众利益的贪污贿赂、渎职侵权等职务犯罪案件，同时大力开展涉农职务犯罪预防，积极推动涉农惠民和扶贫资金管理制度、监督机制的健全完善，促进农村基层法治建设，促进乡村治理机制的创新和完善，维护农村社会和谐稳定。近期，最高人民检察院将下发专门工作方案，作出统一部署和具体安排，提出明确要求。

这次集中惩治和预防工作，坚持突出重点，在重点人员上，要求坚决查办涉农和扶贫职能部门、乡镇党政机关工作人员和村级"两委"干部、村民小组长、会计等农村基层组织人员的职务犯罪案件。在重点环节上，强调严肃查办发生在农业发展建设、支农惠农和扶贫资金、专项补贴的项目申报、审核审批、发放管理、检查验收、项目实施等环节的职务犯罪案件。

在重点案件上，要求把支农惠农财政补贴中的职务犯罪案件、农村基础设施建设中的职务犯罪案件、农村社会事业领域的职务犯罪案件、农村"两委"和基层人大代表选举中的贿选、破坏选举等职务犯罪案件作为重点。

在重点情形上，要求优先查办三种情形的职务犯罪案件：一是犯罪金额巨大、损失严重的职务犯罪案件；二是犯罪金额虽不大，但情节恶劣、涉及面广、危害利益众多，易诱发群体性事件、影响农村和谐稳定的职务犯罪案件；三是惠农扶贫资金审核管理发放或项目审批过程中发生的优亲厚友、滥用职权、徇私舞弊或严重不作为、玩忽职守，导致资金被挪用、骗取、套取、挥霍等渎职犯罪案件。

这次专门工作，我们坚持打防结合、惩防并举，在充分发挥查办职务犯罪震慑作用的同时，深化预防工作，积极组织开展"法治照亮农村，廉洁促进和谐"专题预防职务犯罪活动，通过积极开展预防职务犯罪巡回宣讲、开展专项预防、实行预防项目负责制等，增强工作实效。

同时，我们还将进一步加强与相关部门的协作配合，协调解决有关问题，形成工作合力，共同为"三农"工作和扶贫开发作出贡献。近期，我们将与国务院扶贫办就共同开展扶贫领域预防职务犯罪专项工作加强联系协作，以实际行动贯彻落实中央的决策部署。我先介绍到这里，谢谢大家！

**张本才**

　　下面，请甘肃省人民检察院高继明副检察长介绍甘肃省检察机关有关情况。

**高继明**

　　各位记者朋友，大家好！下面，我就甘肃省检察机关近年来在查办和预防涉农职务犯罪方面所做的工作作一简要通报。

　　近年来，中央和甘肃省委、省政府先后出台了一系列强农惠农富农政策，为农业增效、农民增收、农村发展提供了有力保障。但由于涉农资金管理不规范、信息公开不到位、监督机制不健全，导致涉农资金被侵吞、挪用等问题时有发生，已经影响到农村社会的和谐稳定。2008年至2013年，甘肃省检察机关共立案侦查涉农职务犯罪2371人，占同期立案总人数的39.2%。

　　为有效预防涉农职务犯罪，我们按照最高人民检察院"五进"专题预防活动部署，报经省委同意，自2014年1月起在全省检察机关组织开展了"保障民生民利，促进农业发展、农村繁荣、农民增收"专项行动（以下简称"保民生、促三农"专项行动）。

　　**一、主要做法**

　　一是建立"全覆盖"检察监督网络。积极推进基层法律监督阵地建设，在乡镇设立检察室，在县区涉农部门和村级组织设立检察联络室。挂牌成立1239个乡镇检察室和16057个村级检察联络室，占到全省乡镇和行政村的100%，实现了法律监督网络"全覆盖"，做到涉农资金流动到哪，法律监督就跟进到哪，保证法律监督横向到边、纵向到底。

　　二是搭建"标准化"检察监督平台。严格按照"七个一"的标准，即：

一块规范的机构牌子（"检察室"或"检察联络室"），一处固定的办公地点，一名确定的检察人员，一名聘请的联络员，一套明确的职责流程，一组醒目的公示宣传栏和一个便民的意见建议箱，统一在涉农部门、乡镇、村级组织搭建"标准化"监督平台，为有效监督涉农资金管理使用打下坚实基础。

三是组建"专业化"监督队伍。从基层纪检干部、司法人员、村务监督委员会委员和大学生村官中为检察室、检察联络室选聘检察联络员，协助检察机关开展监督工作，同时也对"检察室"和"检察联络室"运行情况进行反向监督，确保法律监督无盲区。

四是监督涉农信息"三级报备"。从22个省级涉农部门入手，梳理出9类、51个大项、109个子项惠农政策，为开展法律监督提供依据。联合涉农部门建立"三级报备"制度，即涉农部门、乡镇、村级组织分别将自身管理或实施的涉农政策项目、资金总量、实施依据、实施标准、实施范围等信息分层分级向对应的检察室、检察联络室报备，保证检察机关及时、准确、全面掌握相关信息变动情况。

五是监督涉农信息全面公开。推行"三公开"制度，即检察机关监督县区涉农部门向乡镇、乡镇向村、村向农户公开扶贫惠农政策及落实情况。公开内容包括本级管理或实施的所有项目资金的政策依据、资金总量、实施标准、惠及范围、分配程序、分配结果、监督机关、监督方式等，实现了涉农政策资金信息从涉农部门到乡镇再到村的全节点逐级公开，从而给广大群众一个明白，还基层干部一个清白，同时也倒逼各涉农部门、乡镇、村社落实惠农政策更到位。

六是通过检察监督推进民主监督。通过制作发放便民"连心卡"和"监督卡"等形式，公开驻室检察员和检察联络员的姓名、职务、联系电话等，方便群众表达诉求。特别是通过检察监督，推动涉农部门、乡镇、村采取公示栏、信息查询平台、网络、短信等方式，及时公开惠农政策资金信息及落实情况，使广大农民群众看得懂、心里明、会监督，并以此"倒逼"政务公开、村务公开，提升基层民主监督水平。

七是抓好五项重点工作。立足检察职能，重点帮助有关单位建章立制，做好政策法制宣传，监督扶贫惠农资金管理使用，积极开展矛盾纠纷排查化解，及时发现查处犯罪。

## 二、取得成效

经过一年多时间的扎实推进，"保民生、促三农"专项行动取得了明显成效。

一是严肃查处了一批涉农职务犯罪案件。坚持有贪必肃、有案必办，严肃惩治在涉农资金管理发放环节发生的职务犯罪案件。专项行动开展以来，全省检察机关共立案查处涉农职务犯罪案件 505 件 1029 人，分别占全省立案数的 56.5% 和 61.3%。同时，根据《甘肃省预防职务犯罪工作条例》有关规定，开展预防警示约谈 581 人次，及时挽救了一批处在犯罪边缘的干部。

二是依法纠正了涉农项目资金管理不规范的问题。专项行动的深入开展，把检察机关法律监督与基层民主监督有机融合在一起，推动了基层政务公开、村务公开，使群众对国家的涉农政策资金知源知流、知根知底、知己知彼，有效防止和纠正了涉农资金管理中存在的暗箱操作、优亲厚友、贪污挪用等问题。

三是推动完善了涉农规章制度。坚持着眼全局，努力从制度层面预防职务犯罪发生。针对办案中发现的制度缺陷和管理疏漏，提出预防建议 508 件，帮助整章建制 685 项，使各项涉农资金做到了管理有序、使用有方、发放有据，拧紧了不能腐的"安全阀"。

四是进一步提高了基层干部群众的法治意识。广泛开展法律、法规、惠农政策宣传，积极开展送法下乡进社区活动，共深入农村开展法律宣讲 3429 场，警示教育 2415 次，发放《涉农法律知识读本》《惠农政策选编》《涉农职务犯罪案例选编》等宣传资料 70 余万册，提供法律咨询和司法帮助 2696 次。

五是进一步促进了农村社会和谐稳定。专项行动开展以来，检察机关通过下乡、进村实地调研，与群众面对面交流，为群众排忧解难，调处涉农矛盾纠纷 945 件。严厉打击侵害农民生命财产安全的刑事犯罪，共审查起诉涉农刑事案件 1559 件 2240 人，监督公安机关立案 246 件，

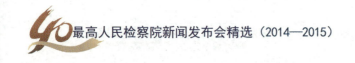

有力维护了农村社会和谐稳定，农村群众上访事件明显减少。

2015 年，专项行动作为推动农村基层基础建设的一项重要措施被写入省委一号文件。省人大常委会专门下发通知支持检察机关开展"保民生、促三农"专项行动。2015 年 4 月 28 日，曹建明检察长到甘肃考察调研"保民生、促三农"专项工作，并作出重要指示。5 月 20 日，汪洋副总理在我省检察机关开展"保民生、促三农"专项行动的调研报告上作出重要批示，给予充分肯定。

下一步，我们将按照中央、省委和最高人民检察院的要求，振奋精神，强化措施，以更加有为的精神状态和更加务实的工作作风，推动查办和预防涉农职务犯罪工作不断取得新发展、新突破、新成效。谢谢大家！

### 张本才

下面，请安徽省人民检察院反贪局陶芳德局长介绍安徽省检察机关有关情况。

### 陶芳德

各位记者朋友，大家好！我就近年来安徽省预防涉农惠民扶贫领域职务犯罪情况，向大家作一介绍。

紧扣安徽实际，强化组织领导，始终把涉农惠民扶贫领域预防摆在突出位置来抓。

### 一、主要工作理念及做法

安徽是农业大省。近年来，省委、省政府始终把"三农"工作摆在重中之重位置，围绕加快推进美好乡村建设、民生工程和扶贫开发，陆续出台系列政策举措，持续加大资金投入力度。据统计，2009 年至 2012 年，全省投入涉农专项资金高达 1297 亿元；2015 年全省还将投入 726.5 亿元，继续实施 33 项民生工程。这些好政策能不能落实到位，巨额资金投入是不是用得其所，党委政府高度重视，社会各界广泛关注。

党和人民的关注点，就是我们工作的着力点。为全面掌握涉农惠民扶贫领域职务犯罪情况，2012 年 10 月和 2013 年 8 月，省检察院在全省开展了两次大规模的预防调查。调查发现，随着涉农惠民扶贫资金投入的不断加大，该领域滋生的腐败问题日益突出，农村基层组织人员职务犯罪逐年上升，严重损害了党同人民群众的血肉联系，极易诱发群体性事件，具有很大的危害性。为此，省院党组坚持把预防涉农惠民扶贫领域职务犯罪作为"一把手"工程，盯紧抓实，常抓不懈。

一是强化预防理念。专门制定《安徽省检察机关职务犯罪惩防一体化防范机制建设若干规定》，要求全省检察机关牢固树立"查办案件是成绩，抓好预防也是成绩，而且是更大的成绩"的理念，在持续加大查办涉农惠民扶贫领域职务犯罪力度的基础上，主动预防，扎扎实实做好查办案件的后半篇文章。

二是明确工作思路。提出"着眼全局、立足职能、内外结合、系统联动"的 16 字预防工作思路，形成了一把手亲自抓、分管领导靠前指挥、相关部门密切协作、三级院齐抓共管的良好格局。

三是健全组织机构。建立起预防职务犯罪信息员、研究员、宣讲员"三支队伍"，为预防工作的深入开展提供了坚实保障。

**二、开展三项重大预防活动**

坚持问题导向，强化专项预防，集中部署开展三项重大预防活动。我们坚持惩防结合，2013 年至 2015 年 5 月，全省检察机关共立查涉农职务犯罪 1292 人，占同期立案总人数的 24.9%。我们紧紧抓住案件易发多发的重点、人民群众反映的焦点和代表委员关注的热点，先后在全省开展了三项重大预防活动。

（一）扎实开展涉农资金领域专项预防

分析近年来我省涉农惠民扶贫领域发生的职务犯罪案件，绝大多数与资金管理使用密切相关。针对这一情况，2013年6月至2014年5月，我们联合24家涉农资金主管单位，开展了为期一年的涉农资金领域预防职务犯罪专项行动。这是我省第一次围绕涉农资金开展的专项预防。

活动中，检察机关与相关部门密切配合，紧紧抓住"重点项目、重点单位、重点环节"，认真查改问题，及时堵塞漏洞，着力保障涉农资金安全运行，取得了四个方面的突出成效：

一是对涉农资金运转情况进行了一次全面"体检"。全省检察机关先后开展涉农预防调查106件，发出检察建议235件，立案查处相关职务犯罪166件207人；各涉农资金主管部门主动开展全面自查，先后深入行政村4021个，走访农户34406户，实地查看项目4620个，实现了"市对县、县对乡镇"全覆盖。

二是及时发现纠正了一批违规违纪事件。仅2013年，全省涉农资金检查就发现违规违纪事件1268件，其中，惠农补贴资金1113件、涉农项目资金155件，相关资金已全部追回上缴、重新审核发放，相关项目已作调整。如蚌埠市检察院通过该市征地拆迁领域案例分析报告，推动市委、市政府启动征迁补偿问题排查，查处重复安置892户、退回安置房4.4万平方米，追回补偿款6107万元。

三是推动完善了一批涉农资金管理制度。如省纪委、省委组织部等部门联合下发《关于进一步建立健全涉农资金监管长效机制的通知》，对强化涉农资金管理提出具体明确要求；省财政厅专门编印《安徽省乡镇财政资金监管工作手册》，出台了《安徽省惠农补贴资金绩效评价（试行）办法》等多项措施。

四是有力促进了涉农资金监管工作创新。如霍山县检察院针对涉农资金涉及面广、多头管理、去向分散等问题，提出运用"互联网＋"开发涉农资金监管软件、借助"大数据"开辟预防新模式的设想，得到了县委县政府的大力支持。2015年3月，霍山县"民生工程资金监管平台"上线试运行，这是目前全省唯一的实时监控民生资金流向的软件。

霍山县运用该软件开展全县惠民"一卡通"资金专项清理，一个多月的时间就收到主动退还的违规资金近百万元。太湖县探索建立涉农惠民资金信息库，实现了对全县涉农惠民资金的动态监督，该院还利用信息库加大查办相关职务犯罪力度，为国家挽回经济损失 400 余万元。

专项行动得到社会各界的肯定，入选全省首届"十大法治事件"，工作经验被省依法治省领导小组办公室收录推广。我们的做法也引起了国家有关部门的重视，2015 年年初，经国务院批准，为期半年的全国涉农资金专项整治行动正式拉开序幕。

（二）扎实开展"百场讲座进乡村"活动

农村基层组织是党在农村全部工作和战斗力的基础。通过查办案件和调研走访，我们发现：长期缺少有针对性的预防警示教育，是农村基层干部职务犯罪易发多发的重要原因。2013 年，全省检察机关联合各级预防领导小组，部署开展了"百场讲座进乡村"活动，这是全省第一次围绕农村基层组织、覆盖全体农村干部的宣教活动。

活动期间，省院专门编印了《预防农村职务犯罪教育读本》，各级检察机关共举办讲座 1167 场，发放宣传材料 12.4 万份，覆盖全省 1253 个乡镇 15610 个村，受教育人员达 16.4 万，得到广大农村干部群众的欢迎。很多同志表示，当乡村干部十几年，还是第一次听这种针对村干部的讲座。本次活动引起广泛的社会关注，新华社、人民日报、检察日报、安徽电视台等 13 家主流媒体，对活动进行了多角度报道。

2014 年，我们在圆满完成"百场讲座进乡村"活动的基础上，又与省委组织部、省委党校、省行政学院会签文件，建立起预防警示教育进干部培训院校的长效机制。全省检察机关结合农村两委换届选举，依托各级党校集中开展预防警示教育，实现全省新任两委干部全覆盖、无遗漏，有力促进农村基层干部学法懂法、廉洁守法。

（三）扎实开展"安徽检察预防行"活动

在系统总结专项工作经验的基础上，2014 年我们又组织开展了"安徽检察预防行"活动，全面推动预防职务犯罪进机关、进企业、进乡村、进项目、进党校和进媒体等"六进"活动，积极构建全方位、多层次、社会化的反腐防线。全省检察机关三级联动、密切配合，选择重点系统、重点机关、重点领域开展预防，进乡村 2071 个，营造了"廉荣贪耻"的良好社会氛围。全省三级院已与一千多个涉农部门建立起预防共建机制。

  2015 年，我们又在全省检察机关部署开展了"保障和改善民生"等五大专题预防，继续巩固深化预防行活动成效，力争在强化涉农惠民扶贫领域职务犯罪预防方面取得新的更大成效。

## 现场答问

**中国日报记者　张　琰**

　　宋厅长，近年来"小官涉贪"现象比较显著，有的地方甚至高达70%~80%。请问，为什么会出现这么高的比例？是不是其监管存在很大漏洞？检察机关查办这方面的案件，是否还遇到一些挑战？接下来职务预防的重点在哪里？

**宋寒松**

　　刚才提到，当前农村基层"两委"职务犯罪频发，这种现象确实存在。近些年来，基层"两委"包括基层乡、镇、站、所职务犯罪的发案率，在逐年上升。刚才我们已经公布了相关数字，它已经占到检察机关查办案件的20%以上。这些案件的发生，危害很严重。不要看这些是小官，他们直接跟基层广大群众打交道，直接负责社会治理工作。这些人不管是贪污、受贿、挪用还是滥用职权，其实是在与老百姓争利。他们的犯罪行为，直接破坏着我们党群关系、干群关系，威胁着我们党的执政基础。所以说，不能忽视这些"小官"的犯罪。

　　最高人民检察院历来非常重视查办基层"两委"职务犯罪，一直没有放松对这类案件的查处。近几年来，我们开展过几次活动，包括：2011年高检院就部署开展了全国检察机关严肃查办危害民生民利渎职侵权犯罪的专项活动；2012年部署开展了集中查办和预防涉农惠民领域的贪污贿赂等职务犯罪专项行动；2013 年开展了严肃查办发生在群众身边、损害群众利益职务犯罪的专项工作；今天新闻发布会上我们已经公布，最高人民检察院将下发方案，用两年时间集中开展查办和预防惠农扶贫领域的职务犯罪。这些专项行动的开展，就是要遏制住基层人员腐败、"小官大贪"的犯罪问题。

## 民主与法制时报记者　薛应军

陈厅长，在为期两年的集中整治专项行动中，将开展"法治照亮农村、廉洁促进和谐"活动。这个活动具体什么时间开展？内容是什么？另一个问题想问高继明检察长，在预防职务犯罪过程中，提到聘请基层大学生村官、还有司法人员，具体有什么激励机制吗？

## 陈正云

　　这次专项活动的部署过程中，同步开展"法治照亮农村、廉洁促进和谐"专项活动，坚持打防结合、惩防并举。涉农惠民扶贫领域的职务犯罪预防工作也是同步展开的。

　　具体做法是，结合全国各地检察机关特别是甘肃和安徽两省检察机关在涉农惠民扶贫领域多年来的实践和有效做法，我们在为期两年活动当中，突出强调抓好三个方面：

　　一是加强对基层干部，特别是农村"两委"等基层组织干部人员法制宣讲，让他们明确法律政策界限、明确相关的涉农职务犯罪风险点，做到依法管理、使用涉农扶贫资金；做到心中有法，树立法治观念。

　　二是针对突出的问题，特别是对涉农惠民专项资金，多发、易发的重点岗位、环节和领域，在管理方面、制度建设方面存在的一些普遍性问题，进行深入剖析，开展专门性预防，向有关党委政府提出建议，促进制度建设。如刚才宋厅长介绍的，通过预防来促进制度建设、促进基层民主，使广大群众知道自己的权利、利益所在，更主动、自觉地参与到这项工作中。

三是使专门预防工作抓得更加实在、更有实效。我们要推行重点预防项目主办责任制。

### 高继明

非常感谢记者的提问。大家都知道，不像法院有派出法庭、公安有派出所，检察机关缺乏基层没有机构。但我们开展基层犯罪预防工作的面非常大，如何解决这个矛盾？我们检察机关除确定具体检察人员联系乡镇和村之外，还聘请基层的纪检干部、司法人员，包括大学生村官，作为检察机关的联络员，来协助我们开展预防工作。

如何发挥这些人的作用，体现他们的工作价值？我们首先是加强对聘请人员进行培训，正式颁发聘书。另外，2014 年 9 月 21 日，我们省通过的《甘肃省职务预防工作条例》中，首次明确提到，县级财政部设立专门预防职务犯罪资金，算是将其列入财政支出。我们通过立法形式，解决这些问题。谢谢。

### 法制日报记者　刘子阳

由于信息不对称问题，很多涉农资金老百姓并不知道、不清楚，这也给不法分子留下可乘之机，今后如何加强信息公开，让老百姓对自己应该得到的利益做到心中有数？

**宋寒松** ▍

　　遏制基层"两委"、乡、镇、站、所腐败问题，主要靠制度，再就是要靠透明、公开。不仅要把权力关到制度的笼子里，还要让权力在阳光下运行。刚才甘肃省检察院和安徽省检察院介绍了他们在查办和预防基层涉农惠民职务犯罪的情况。我去过这两个省实地考察、调研。在预防基层人员腐败方面，他们把老百姓发动起来了。

　　谈到公开，扶贫办、财政局、民政局等涉农口的部门，要将涉及惠农扶贫的资金管理情况，向所有老百姓公布，让大家了解有哪些涉农项目、具体有多少资金、发放的条件是什么、自己能得多少。通过这样的方式，来发动老百姓共同监督。用制度、用公开的方法，来遏制基层腐败现象，确实是比较有效的。

**人民日报记者　彭　波** ▍

　　宋厅长，我们注意到，检察机关近年来查办涉农职务犯罪力度非常大，数字有较高增长。第一，这个数字增长的最主要原因，是检察机关查办职务犯罪力度加大呢，还是犯罪数额本身在往上走？第二，检察机关查办涉农职务犯罪的线索来源有哪些渠道？下一步，在取得线索方面会做哪些工作？

**宋寒松** ▍

　　我先回答第一个问题。这两年，检察机关查办涉农惠民扶贫领域职务犯罪的数量在逐年增大。应从两个方面来看：一是这些年我们高度重视党和国家在"三农"方面的政策、部署，高度重视基层惠民扶贫资金的强化管理问题。检察机关在这方面打击力度加大，案件多了，这是肯定的；从另一个角度讲，下再大的力度，如果没有该类犯罪，那也查不出来。查处案件数字在上升，它也反映了基层惠农扶贫领域犯罪也在蔓延。

　　关于线索来源，主要有三个方面：一是发动群众，在查办同时我们坚持"两手抓"，一手抓查办、一手抓预防。预防的一项重要工作就是宣传法律制度，包括我们的举报制度，动员广大人民群众为维护自己合法权益，同腐败犯罪做斗争。举报仍然是一个重要的线索来源。二是在工作中深挖"案中案"。刚才介绍情况时也提到，现在基层腐败犯罪有一个特点，就是窝案串案多，查处一个案件，可以带出一串、挖出一窝。通过查办工作的深入，会发现新线索、查办新案件。三是加强与有关部门的密切配合，包括纪检监察以及其他职能部门，他们对发现的案件线索及时移送检察机关。线索来源主要就是这三大方面。

## 检察机关查办和预防涉农扶贫领域职务犯罪工作典型案例

**一、北京市通州区马驹桥镇政府残联黄起明、孙喜春玩忽职守案**

（一）基本案情

2013 年，黄起明在担任北京市通州区马驹桥镇政府残联理事长过程中，未按照规定对北京市京福园菌类种植专业合作社申请成为扶贫助残基地的申报材料进行核实；未按照资金使用协议规定履行相应的行政管理职责，未及时发现京福园未履行协议内容并告知区残联；孙喜春在担任通州区残联副理事长期间，在对京福园进行绩效考核工作过程中，严重不负责任，未按照规定，采取召开残疾人座谈会、到残疾人家中了解情况、电话抽查等形式核实扶持帮扶协议内容落实等考核内容，将不符合条件的京福园考核为合格。二人的玩忽职守行为造成农村残疾人扶持资金巨额损失。

（二）处罚情况

2015 年 5 月，通州区人民法院作出判决，黄起明、孙喜春二人犯玩忽职守罪，免予刑事处罚。

（三）案件评析

查办案件中发现，一些公务人员对自己的工作职责未充分了解，或是推脱卸责，依法依规履职的观念淡薄，畏难情绪普遍存在，正是这些对于工作完全不愿担责的观念、态度，使他们怠于职守，最终铸成大错。同时，案件的查办也暴露出，在扶贫助残领域，存在扶贫助残生产项目审批不规范、扶贫助残基地绩效考核走过场、残疾人帮扶资金拨付漏洞严重等问题，应加强公务人员依法依规履职教育，规范扶贫助残项目的审批管理，建立科学严密的助残项目考核机制，全面加强对助残资金使用和发放的监管，完善助残资金申报和拨付工作制度，加强专项资金使用监管力度。

**二、吉林省长岭县长岭镇东升村原党支部书记董德友贪污案**

（一）基本案情

董德友在任吉林省长岭镇东升村党支部书记期间，利用职务上的便利，于 2008 年至 2011 年期间，伙同董德民等 8 人（已另案处理）以他人名义，采用虚假申报的方式骗取国家泥草房改造补助资金 39.6 万元，董德友获得赃款 35.7 万元，全部被其挥霍。

（二）处罚情况

2014 年 10 月 28 日，长岭县人民法院以董德友犯贪污罪判处其有期徒刑十年零六个月。

（三）案件评析

泥草房改造补助资金，是国家对贫困地区农民住房改造所给的相应补贴，是国务院下发的一项惠民政策。长岭县作为贫困县，国家对该县泥草房改造给予一定程度的优惠政策，但有些村干部，通过"虚报骗取"等手段，相互串通、利益均沾，骗取和冒领国家拨付的补贴款项，造成窝案、串案多发，社会影响恶劣。通过积极查办该类案件，对部分将国家惠民政策资金当成"唐僧肉"的人起到了警示作用，为国家挽回了经济损失，为惠民政策的实施保驾护航。同时，针对惠农资金，检察机关提出了应制定国家惠农资金使用管理办法、完善村级财务管理制度、落实公开监督机制等建议，确保农民真正享受到国家的补助政策。

### 三、江西省宜黄县民政局副局长黄健儿受贿、贪污、玩忽职守案

#### （一）基本案情

受贿罪。2007 年至 2012 年，黄健儿在担任宜黄县民政局副局长兼县移民办公室主任期间，利用掌握全县移民项目计划审核上报、验收及资金拨付的职务便利，在移民村组申报移民项目及资金拨付过程中，为他人申请移民项目及拨付移民项目资金提供便利，先后收受他人贿赂共计人民币 25.2 万元。

贪污罪。2010 年至 2012 年期间，黄健儿利用担任宜黄县移民办公室主任的职务便利，以收取单位工作经费为名，先后收受宜黄县委党校给予的培训费返还款 10.5 万元，并伙同周电英、黄木金（另案处理）将其中的 4 万元及新丰乡人武部长方志根所送的 1 万元，共计 5 万元予以共同侵吞，其中黄健儿个人分得 1.7 万元。

玩忽职守罪。2006 年至 2012 年，黄健儿在担任宜黄县移民办公室主任期间，工作严重不负责任，不认真履行县级移民部门对全县库移民后期扶持建设项目的实施监督和验收等工作职责，致使宜黄县 124.2672 万元的乡镇村组大中型水库移民后期扶持建设项目未实施，造成国家移民项目资金遭受重大损失。

#### （二）处罚情况

2013 年 8 月，黄健儿因受贿罪、贪污罪、玩忽职守罪被宜黄县人民法院判处有期徒刑十一年。

#### （三）案件评析

黄健儿作为国家机关工作人员，忽视政治理论学习和法律

学习，对党风廉政建设和反腐败问题认识不深刻；滋生以权谋私思想，平时社交圈子较复杂，爱好打扑克、麻将，输赢上万元是常事；工作中严重不负责任，最终走上犯罪道路。案件还反映出，黄健儿作为宜黄县民政局副局长，兼任县移民办公室主任，掌握全县移民项目计划审核上报、验收及资金拨付的权力，对移民村组申报移民项目、资金拨付具有决定权，个人权力过于集中，加之内部监督制度形同虚设，缺乏有效监督，致使其职务犯罪行为的发生。案件社会危害大，扶贫专项资金涉及农民的切身利益，该领域案件的发生不仅影响了党和国家民生工程的顺利实施，而且极易引发农村各种社会矛盾的激化，成为村民集体上访的导火索，影响农村社会稳定。

**四、广西上林县原扶贫开发办公室主任周德刚贪污、受贿案**

（一）基本案情

2010 年 7 月，周德刚明知上林县乔贤镇小卢至板浪扶贫道路工程已于 2008 年建成，且已按实际里程亦结算完毕，其利用担任上林县扶贫主任的职务便利，以整合资金为借口，授意李恒成（另案处理）向上林县财政局重新申请拨付虚构的新建水头村至板浪道路项目的工程款，以从中共同侵吞国家扶贫款。随后，李恒成授意他人伪造相关印章、签名等并制作虚假申报材料，经过周德刚审批上报，上林县财政局于 2011 年 1 月、7 月分别拨付财政扶贫 37.8 万元和 4.2 万元给李恒成。在周德刚配合下，李恒成套取国家扶贫资金并实际占有了 42 万元。2007 年年底，被告人周德刚在任上林县扶贫办主任期间，利用其职务便利，以调动工作为由，收受扶贫道路工程承建方李恒成的钱款送给时任南宁市扶贫办主任的林暄辉，后因工作调动未果，林暄辉将 4 万元退还给周德刚，周德刚将相关款项据为己有。

（二）处罚情况

2014 年 10 月 18 日，南宁市中级人民法院一审判决周德刚犯贪污罪，判处有期徒刑十年六个月，剥夺政治权利一年，并处没收财产 10 万元；犯受贿罪判处有期徒刑三年，决定执行有期徒刑十二年，剥夺政治权利一年，并处没收财产 10 万元。

（三）案件评析

惠民工程无小事，扶贫项目牵人心。扶贫办作为扶贫民心工程的执行者，本应将惠民政策落实到位，让惠民政策惠及于民。然而，近年来，为满足贪婪欲望，少数扶贫工作领域工作人员经不起考验，在金钱的驱动下，疯狂追求物质利益，利用手中掌握的权力进行贪污受贿犯罪活动，将惠民工程作为自己中饱私囊的工具而走上违法犯罪之路，令人痛心，发人深省。周德刚贪污、受贿案就是其中典型的一例，该案虽然涉案金额不大，但社会影响恶劣，对上林县这样一个国家级扶贫县而言，扶贫办作为扶贫开发项目的组织管理部门，本应以改善民生、为民谋利为己任，清正廉洁，恪尽职守，严格管理，切实把每分每毫扶贫款落到实处，然而，却因他们的一己之私，不仅使党和政府的扶贫惠农政策难以落实，更严重地是直接损害了党和政府的公信力。检察机关作为职务犯罪侦查和预防部门，一直坚持"抓小抓早"，同时，加大对重点部门、领导和重点岗位职务犯罪的预防和打击力度，有效抑制职务犯罪率的上升和蔓延。

**五、云南省文山州丘北县原温浏乡政府秘书余勇贪污案**

（一）基本案情

余勇利用担任云南省文山州丘北县温浏乡令冲村村委会主任、党总支书记的职务便利，伙同妻子毛艳（另案）为本村 4 名孤儿申请办理了孤儿基本生活保障补助金，但没有将民政部门发给 4 名孤儿的基本生活保障补助金的存折交给抚养人，余勇夫妇二人从 2012 年 4 月 26 日至 2013 年 12 月 12 日，将 4 名孤儿信用社账户上的 7.2 万元取走，案发后余勇退还了 4300 元。余勇还利用职务便利，伙同妻子毛艳，用村民杨某的户口册为其申请了农村低保，但两人没有告知杨某有低保，也没有将低保存折交给杨某，余勇夫妻二人从 2011 年 1 月 14 日至 2013 年 11 月 7 日，将杨某的低保共 1.146 万元从信用社取走侵吞。

（二）处罚情况

2014 年 9 月 24 日，丘北县人民法院以贪污罪判处余勇有期徒刑七年。

（三）案件评析

本案中余勇身为乡政府秘书兼村党总支书记，伙同担任该村村委会副主任的妻子毛艳共同作案，虽然二人级别不高，但均实权在握，拥有财物的管理权和支配权。而且，随着国家涉农惠民政策的增多，上级划拨的补助资金越来越多，有些村干部把国家的补助资金作为自己的私人提款机而大肆贪污挪用。同时，贪污贿赂案件不再仅仅是截留款项的单一手段，其方式多种多样，或重复支出套取公款；或巧立名目，骗取上级资金；或以接待费等虚假列支；或将上交费用中多收取的部分扣留，私自挪用经营项目，从中获取好处；或用公款送礼；或将超生款、土葬款隐瞒不报纳入个人手中；或用小金库方式套取公款等。但"小官蚁贪"的危害不容忽视，它不仅直接侵害了最基层广大农民的经济利益，而且损害了党和政府在人民群众中的形象和威信，社会影响恶劣，后果严重。检察机关正在积极创建教育、制度、监督并重的惩治和预防体系，最大限度地从源头上遏制贪污受贿职务犯罪现象的发生。

## 部分新闻链接

1. 新华社 2015 年 7 月 21 日报道《最高检：涉农扶贫领域职务犯罪窝案串案严重》。

2. 光明日报 2015 年 7 月 22 日报道《检察机关集中惩治惠农扶贫领域犯罪》。

3. 中央人民广播电台 2015 年 7 月 21 日报道《最高检将用两年严查惠农扶贫领域贪腐》。

4. 中国青年报 2015 年 7 月 22 日报道《涉农扶贫领域"小官涉贪"抱团腐败》。

5. 法制日报 2015 年 7 月 22 日报道《最高检优先查办三类涉农案件》。

6. 人民网 2015 年 7 月 22 日报道《全国检察机关查办涉农和扶贫领域职务犯罪 28894 人》。

# 发挥检察职能　保障舌尖上的安全

最高人民检察院通报检察机关加强食品安全司法保护工作情况

发布时间：2015 年 8 月 5 日 10:00

发布内容：通报检察机关近年来加强食品安全司法保护的有关情况；
　　　　　发布典型案例

发布地点：最高人民检察院电视电话会议室

主　持　人：最高人民检察院新闻发言人　肖玮

出席嘉宾：最高人民检察院侦查监督厅厅长　黄河①
　　　　　最高人民检察院渎职侵权检察厅副厅级检察员　霍亚鹏②

---

① 现任国家检察官学院院长。
② 现任中央纪委国家监委副局级纪检监察专员。

## 主题发布

**肖 玮**

各位记者朋友，大家上午好！欢迎参加最高人民检察院的新闻发布会。今天新闻发布会的主题是"发挥检察职能，保障舌尖上的安全"。主要有两项内容：一是通报近年来检察机关充分履行法律监督职责，加强食品安全司法保护的有关情况；二是发布 11 个典型案例。

出席今天新闻发布会的有：最高人民检察院侦查监督厅黄河厅长、渎职侵权检察厅霍亚鹏副厅级检察员。下面我先向大家通报有关情况。

食品安全事关人民群众的生命健康，事关社会和谐稳定，是国计民生的头等大事。习近平总书记多次强调，能不能在食品安全上给老百姓一个满意的交代，是对我们执政能力的重大考验，要求必须下最大气力抓好。检察机关是国家法律监督机关，在依法打击犯罪、维护食品安全等方面担负着重要职责。近年来，我们认真贯彻中央关于食品安全工作的各项决策部署，充分履行法律监督职责，加大司法办案力度，始终保持对危害食品安全犯罪的高压态势，更好地保障和维护人民群众生命健康安全。

### 一、坚持重拳出击，加大惩治危害食品安全犯罪力度

制售假冒伪劣、有毒有害食品案件频发，是当前食品安全问题突出的表现。2013 年 5 月，最高人民检察院与最高人民法院联合发布关于办理危害食品安全刑事案件适用法律若干问题的解释，为依法惩治危害食品安全犯罪，保障人民群众身体健康、生命安全，提供法律依据。

2014 年 2 月，最高人民检察院发布第四批指导性案例，选择柳立

国等人生产、销售有毒、有害食品，生产、销售伪劣产品案等 5 个案例，主要包括惩治生产、销售有毒、有害食品罪等犯罪以及食品监管渎职罪等职务犯罪，对于加强对检察机关办理危害食品安全犯罪案件及相关职务犯罪案件的业务指导，依法从严惩治危害食品安全犯罪及其背后的职务犯罪，有力震慑违法犯罪分子发挥了积极作用。

各级检察机关充分履行批捕、起诉等职能，加大对各类制售假冒伪劣、有毒有害食品药品行为的打击力度，坚决严惩危害食品药品安全犯罪。2014 年 1 月至 2015 年 6 月，全国检察机关共批捕生产、销售有毒、有害食品、不符合安全标准食品犯罪嫌疑人 5212 人，起诉 12871 人。

针对危害食品安全犯罪在2014年开展专项立案监督工作的基础上，2015 年，最高人民检察院再次部署了为期二年的危害食品药品安全犯罪专项立案监督活动。在 2015 年的专项立案监督活动中挂牌督办了第一批 28 起制售伪劣食品案件，交办了第一批 34 件危害食品安全犯罪督办案件线索，有效发挥了刑事司法的威慑作用，保障"舌尖上的安全"。

## 二、依法严肃查办和积极预防食品安全领域的职务犯罪

保障食品安全，关键在于建立覆盖生产、流通、消费等各环节的最严格的监管制度。近年来，检察机关依法严肃查办涉及食品生产、流通、销售等各个监管环节的职务犯罪，及时介入重大食品安全事件调查，加强与食品药品监管、质量监督检验检疫、纪检监察等执法执纪部门及公安、法院等司法机关的协作配合，畅通案件线索受理、移送渠道，依法查处事件背后的失职渎职等职务犯罪，坚决查办群众反映强烈的"保护伞"。

2014 年 1 月至 2015 年 6 月，全国检察机关共立案查办食品安全领域贪污贿赂犯罪案件 405 件 486 人，渎职犯罪案件 429 件 652 人。以开展专项活动为抓手，不断加大办案工作力度。在全国检察机关部署开展了查办和预防发生在群众身边、损害群众利益职务犯罪专项工作，把打击食品安全领域渎职犯罪作为工作重点。

江西、陕西等地集中开展查办食品监管领域渎职犯罪专项活动，取得良好的执法办案效果。如江西宜春在 2014 年高安"12·27"病死猪

事件中，共查处畜牧水产局、商务局相关人员渎职犯罪12人及相关联犯罪6人。同时，检察机关进一步强化预防职务犯罪，结合查办案件情况，认真研究分析食品安全领域职务犯罪的发案原因和发展趋势，深入查找监管工作的薄弱环节，及时向党委政府和有关部门提出加强监管、完善制度的对策建议。

### 三、积极推动行政执法与刑事司法衔接机制的建立和完善

党的十八届四中全会明确要求，健全行政执法与刑事司法衔接机制，完善案件移送标准和程序，建立行政执法机关、公安机关、检察机关、审判机关信息共享、案情通报、案件移送制度，坚决克服有案不移、有案难移、以罚代刑现象，实现行政处罚与刑事处罚无缝对接。

近年来，检察机关主动采取措施，积极推动"两法"衔接工作。加强与食品监管部门的联系，督促其依法移送涉嫌犯罪的危害食品安全案件。加强对公安机关立案活动的监督，严密惩治食品安全犯罪的法网。2014年1月至2015年6月，全国检察机关共监督行政执法机关移送生产、销售有毒、有害食品、不符合安全标准食品犯罪案件1037件1242人；监督公安机关立案生产、销售有毒、有害食品、不符合安全标准食品犯罪案件654件825人，坚决纠正有案不立、有罪不究、放纵犯罪等问题，防止不移送和以罚代刑等现象，形成惩治犯罪的合力。

### 四、加强对与食品安全相关民事行政诉讼和行政违法行为的法律监督

修改后民事诉讼法、行政诉讼法进一步强化了民行检察监督职责。党的十八届四中全会部署了探索公益诉讼、对行政违法行为监督的新举措。2015年5月5日，中央全面深化改革领导小组通过了检察机关提起公益诉讼改革试点方案。7月1日，全国人大常委会授权检察机关开展提起公益诉讼试点工作。

我们将认真贯彻党中央的决策部署，按照修改后民事诉讼法、行政诉讼法要求，进一步加强民事行政检察工作。对于涉及食品安全的民事检察案件，依法审查受理，发现确有错误的，及时监督纠正。

下一步，我们将充分发挥检察机关惩治、预防、监督、教育、保护

等职能作用，坚持惩防并举，在严肃查处危害食品安全领域犯罪案件的同时，加强犯罪预防，积极开展法制宣传"进企业"活动，落实检察官以案释法制度，结合办理的典型案件加强释法宣传，引导生产经营者增强依法经营意识，始终把食品质量安全放在首位，保障人民群众的生命健康安全。

　　以上是我向大家通报的有关情况。接下来我们发布11个典型案例。这些典型案例反映了检察机关查办危害食品安全领域犯罪案件的做法和效果，材料已经印发给大家。

## 现场答问

**上海电视台法治天地频道记者　程文韬**

　　2013 年 5 月，"两高"就颁布了《关于办理危害食品安全刑事案件适用法律若干问题的解释》，两年多过去了，食品安全刑事犯罪的惩治情况如何？请您介绍一下？有哪些新发趋势？

**黄　河**

　　2013 年 5 月发布并实施的《关于办理危害食品安全刑事案件适用法律若干问题的解释》（以下简称《解释》），明确了危害食品安全相关犯罪的定罪量刑标准，提出了司法认定标准，统一了疑难案件法律适用意见，对严厉打击、精准打击危害食品安全犯罪、保障人民群众生命健康发挥了积极作用。

　　近两年来，虽然危害食品安全犯罪活动依然猖獗，但这个食品安全司法解释实施后，对于司法机关加大打击力度还是很有帮助的。我这里有三组数据可以佐证。《解释》实施前，2012 年 5 月至 2013 年 4 月，全国检察机关共批准逮捕生产、销售有毒、有害食品和生产销售不符合安全标准食品的犯罪嫌疑人 1582 人，共监督公安机关立案涉嫌生产、销售有毒、有害食品、不符合安全标准食品犯罪嫌疑人 128 人。

　　《解释》实施后的第一年，即 2013 年 5 月至 2014 年 4 月，共批准逮捕生产、销售有毒、有害食品、不符合安全标准食品犯罪嫌疑人 4861 人，比实施前一年增长 207%；共监督公安机关立案涉嫌生产、销售有毒、有害食品、不符合安全标准食品犯罪嫌疑人 569 人，比实施前一年增长 345%。

《解释》实施后的第二年，即 2014 年 5 月至 2015 年 4 月，共批准逮捕生产、销售有毒、有害食品、不符合安全标准食品犯罪嫌疑人 3726 人，比实施前一年增长 136%；共监督公安机关立案涉嫌生产、销售有毒、有害食品、不符合安全标准食品犯罪嫌疑人 659 人，同比增长 415%。可见，危害食品安全犯罪虽在高位运行，但《解释》实施后打击效果已经凸显。

从近几年惩治危害食品安全犯罪的情况看，该类犯罪呈现出以下几种趋势：

一是形成了产供销产业链条，共同犯罪现象突出。多数犯罪嫌疑人采取家庭作坊式的经营方式，原料采购、食品生产、包装、批发、销售等环节分工明确，已经形成了封闭的产业链条。和国外食品生产有很大差别，我们主要是家庭作坊式的，所以产供销他自己有"一条龙"的链条，所以它是一个比较突出的特点。从查处的案件上来看，共同犯罪案件数量占到了大多数。不是单独犯罪，多数呈现共同犯罪的特点。

二是作案手段隐蔽化，涉及犯罪环节较多。危害食品安全的犯罪嫌疑人往往选择较为隐蔽的方式生产、销售伪劣食品，如在较为隐蔽、偏僻的场所、非常态的生产时间进行生产，在食品中添加不易识别的非食品原料等。而且由于涉及的环节多，发案周期长，且消费者食用后的后果严重程度差异比较大，带来了查处犯罪、定罪量刑方面的问题。

三是危害食品安全犯罪出现了一些新手法，司法实践中的难题增多。近些年来，危害食品安全事件时有发生，尽管检察机关查处力度不断加大，但依然遇到了许多司法实践难题。比如当前新兴的第三方餐饮平台等新商业模式出现后带来的问题，以及在食品中添加不符合安全标准的添加剂及非食品原料的鉴定问题等，给各地打击危害食品安全犯罪带来了挑战。

需要特别说明的是，为确保群众"舌尖上的安全"，全国检察机关从 2015 年开始，继续部署开展为期二年的危害食品药品安全犯罪专项立案监督活动，依法监督公安机关立案、监督行政执法机关移送一批案件，严肃查办一批职务犯罪，推动健全行政执法和刑事司法衔接机制，并促进"两法衔接"机制有效运行。谢谢！

**中国网记者　孙满桃**

目前在惩治危害食品安全犯罪上，存在哪些难点？

**黄　河**

针对当前危害食品安全犯罪作案手段隐蔽、作案方式多样，检察机关在线索发现、证据收集、责任认定、司法鉴定、案件处理等方面出现了不少新难题。

一是线索发现难。不法分子生产食品多采用传统作坊式，规模较小，而且生产场所常设在偏远的乡村或城乡接合部，有的还不断转换作案地点，难以被人发现。有的犯罪活动已经形成了封闭的产业链，对外具有较强的防范性、保密性，非内部人员难以掌握有关情况。

二是证据固定、转化难。食品监管部门处于危害食品安全监管的第一线。但由于基层监管机关大多没有配备现场快检器材、勘验特种车辆等，加上相当多的食品及原料、半成品容易腐败变质，且查扣数量较大，固定证据周期变得漫长，导致证据存储、转化存在很大难题。

三是案件移送难。党的十八届四中全会提出健全行政执法和刑事司法衔接机制，实现行政处罚与刑事处罚无缝对接。但是各地在开展两法衔接的工作力度上差别较大。有的地方偏重通过行政处罚的方式查处食品违法案件，对涉嫌犯罪线索关注不足；有的地方习惯于以罚代刑，存在地方保护主义的倾向；还的地方行政执法机关刻意隐瞒食品安全事件，有意降低案件的危害性，等等。这些因素均导致两法衔接不畅，危害食品安全犯罪案件被降格处理，甚至不了了之。

　　四是食品检验标准繁多，部分检验标准规范性文件修订滞后。据了解，我国已经发布的涉及食品安全的国家标准、食品行业标准多达上千项，涵盖了从食品源头到餐桌的各个环节。这些标准中，有的与国际通用标准存在不小差距；有的已经明显滞后。这些问题都可能导致行政执法机关所提取的证据缺乏证明力和证据能力，直接影响到危害食品安全犯罪嫌疑人的定罪量刑。

　　下一步，检察机关将加强与食品监管部门、公安机关、人民法院等部门的联系配合，及时研究解决办案中遇到的政策、法律和专业问题，确保打击力度。同时，会密切关注国家有关部门开展的一系列食品监管专项治理活动，及时跟进，发现涉嫌犯罪的依法批捕，最大限度地发挥好刑事处罚和行政执法两种治理手段效用。

**法制晚报记者　温如军**

检察机关查办的食品药品安全领域渎职犯罪案件有哪些特点？

**霍亚鹏**

据统计，2014 年至 2015 年 5 月，全国检察机关共查办食品药品安全领域渎职犯罪案件 401 件 608 人。这些案件呈现出一些共性特点：一是食品安全领域渎职犯罪直接侵害广大人民群众"最关心、最直接、最现实"的利益；二是食品安全领域渎职犯罪形势严峻，涉嫌犯罪主要集中在玩忽职守和滥用职权两个罪名；三是案件关联性强，窝串案较多，且渎职犯罪背后往往隐藏着贪污贿赂等犯罪；四是危害后果十分严重，该领域渎职犯罪对人民群众生命健康造成的威胁很多时候难以估量且很难弥补。

**法制网记者 王 芳**

食品安全刑事犯罪近几年频发，与背后的失职渎职有密切的关系，该怎样侦查惩治？检察机关在惩治过程中遇到哪些困难？

**霍亚鹏**

食品安全，是关乎国计民生的大事。近年来，各级检察机关把依法打击危害食品安全犯罪与查办国家工作人员职务犯罪紧密结合起来，深挖危害食品安全事件背后的渎职犯罪，促进落实食品监管职责，维护食品安全秩序，为保障食品安全发挥了积极作用。

第一，找准办案主攻方向，不断加大执法办案力度。检察机关要着重围绕食品许可证发放、添加剂使用等重点环节及"病死猪""地沟油"等高发问题，严肃查处食药监、质监、农业、工商等监管部门工作人员不作为、乱作为等渎职犯罪，发现一起，坚决查处一起，绝不姑息。

第二，重视整合检察机关内部资源，加强对外协作配合。检察机关的侦监、公诉等内设部门要引导侦查取证工作，提高反渎职侵权部门收集、固定证据和准确适用法律的水平。各级检察机关要完善案件移送标准和程序，与行政机关建立健全信息共享、案情通报、案件移送制度，坚决克服有案不移、有案难移、以罚代刑现象，实现行政处罚和刑事处罚无缝衔接。

第三，加强对行政违法行为的监督，坚决纠正食品安全领域不作为、乱作为问题。在坚决查处这些领域渎职犯罪的同时，对在履行职责中发现的行政机关违法行使职权或不行使职权的行为，要积极探索以检察建议等方式，督促相关行政机关纠正违法行政行为或者依法履行职责。

第四，注重惩防结合，营造良好的执法办案环境。在查办案件的同时，检察机关坚持惩防并举，注重搞好预防，对于办案中发现的监管机制、体制等方面的问题，及时向有关部门和发案单位提出整改意见和建议，共同研究治理食品安全问题的对策，促使有关部门强化监管意识和制度建设。对于社会关注度高的食品安全领域渎职犯罪案件，要及时发布工作部署和查处成效等，回应社会关切，赢得人民群众的支持。

应当说，检察机关积极参与食品安全治理，严厉打击食品安全背后所涉渎职犯罪，为维护人民群众的食品安全、促进我国食品安全形势持续稳定好转提供有力的司法支持，但在办案中也存在一些问题和困难。

一是案件线索发现难。主要是有些地方上行政执法和刑事司法衔接机制建立的不够完善，特别是案件移送意识不够强，从而造成渎检部门发现也方面的案件线索存在一定的困难。

二是案件侦查取证难。食品领域渎职犯罪主体本身属于食品监管执法人员，其渎职行为隐蔽在日常监管工作之中，有较强的专业性，检察机关进行相关检验和鉴定时还要借助监管部门的力量，如果个别监管部门不愿配合甚至相互推诿，会给侦查工作造成一定阻力。

三是个别案件查办和处理周期长。由于危害食品安全渎职犯罪发案时间跨度长、领域广、环节多，案情复杂，不可否认，个别地区办理此类案件，存在侦查效率不高、法院判决迟滞等现象，影响了办案效果。

**工人日报记者　卢　越**

刚才发言人也提到，从2015年3月开始，全国检察机关开展了为期两年的危害食品药品安全犯罪专项立案监督活动。能否介绍一下这次专项立案监督活动开展的基本情况？

**黄　河**

中国有句古话："民以食为天。"食品药品不安全，我们所有人都是受害者。我们的食品安全问题是事关国计民生的重大问题。维护食品安全，我们责无旁贷。在2014年全国检察机关开展的"危害食品药品安全犯罪专项立案监督活动"的基础上，最高人民检察院决定于2015年3月至2016年12月继续开展"危害食品药品安全犯罪专项立案监督活动"。

2015年3月以来，高检院成立了领导小组，高检院侦查监督厅派员走访了公安部、食药监总局，建立了会商、督办等工作机制；挂牌督办了第一批28起制售伪劣食品案件；将34起危害食品安全犯罪线索转相关省级院督办；为确保挂牌督办案件取得实质效果，侦查监督厅还拟定了挂牌督办案件的规范性文件；制定办理危害食品安全犯罪的审查逮捕指引，对行政执法机关、公安机关收集固定证据、审查判断证据、准确适用法律提供指导。

各省级检察院也迅速动员部署，积极走访相关行政执法机关，推动相关领域行政执法和刑事司法衔接机制的建立健全，结合本地实际开展了一些卓有成效的工作。7月，侦查监督厅组织了4个督导检查组，赴四川、上海、浙江、内蒙古、福建、青海等地开展了专项监督活动的督导检查，取得了很好的效果。

截至目前，高检院挂牌督办的28起涉嫌制售伪劣食品案件中，浙江、河南等地检察机关办理的案件已取得明显进展，多名涉案犯罪嫌疑人被依法批准逮捕、提起公诉。

下一步，高检院侦查监督厅将总结分析专项监督活动开展以来的情况，查找问题，总结经验，加大工作力度，推进专项监督活动良性、有序开展，确保人民群众生命健康安全。

## 典型案例

### 最高人民检察院通报 11 起危害食品安全犯罪典型案例

病死猪、地沟油、假洋奶粉、不合格燕麦片……近年来，检察机关坚持重拳出击，不断加大惩治危害食品安全犯罪力度，办理众多危害食品安全案件及其背后渎职犯罪。2015 年 8 月 5 日上午，最高人民检察院通报 11 起检察机关加强食品安全司法保护典型案例。

据悉，最高检于 2014 年 2 月在第四批指导性案例中，已发布 5 起生产、销售伪劣产品案，其中包括柳立国等人生产、销售有毒、有害食品案。在最高检此次发布的 11 起涉食品安全犯罪典型案件中，记者统计发现，四川、福建、江西、湖北等多地出现生产销售病死猪肉犯罪。

在加大惩治危害食品安全犯罪力度的同时，检察机关还注重严查食品安全领域的职务犯罪。在 11 起典型案例中，最高检选择了 6 起渎职犯罪案件，多位动物卫生监督部门负责人被判刑。

**一、刘伟、黄康等 19 人生产、销售不符合安全标准的食品案**

2013 年 5 月，被告人刘伟租用被告人王树前位于四川省成都市双流县金桥镇的一民房，从被告人黄康、高洪等处收购病死、死因不明生猪，并雇用被告人宋彬、童大伟、黄红刚进行非法屠宰、销售死猪活动。其间，被告人刘水清帮助刘伟搬运死猪肉，被告人王健明帮助刘伟将宰杀好的死猪肉销往重庆等地。另，2010 年以来，黄康伙同被告人黄玉秋、曾德华，从被告人韩兴洪、陈军华、雷泽江等人手中收购病死、死因不明生猪，再转手给刘伟等人屠宰销售。2013 年 6 月，公安机关在刘伟的非法屠宰场内查获死猪及死猪肉 1446 余公斤；在成新蒲快速通道新津县兴义镇路段挡获黄康、黄玉秋运输的死猪 4.34 吨。

　　此案分别由四川省蒲江县公安局于 2013 年 4 月 27 日对韩兴洪、陈军华、雷泽江等 7 人立案侦查；成都市公安局于同年 6 月 18 日对刘伟、王树前等 7 人立案侦查；新津县公安局先后对黄康、黄玉秋等 5 人立案侦查。后经成都市人民检察院建议，以上案件由成都市公安局合并管辖。成都市人民检察院先后对韩兴洪、刘伟等 17 人批准逮捕，另有 2 人分别被取保候审、监视居住。经指定双流县人民检察院管辖后，该院于 12 月 30 日提起公诉。2014 年 4 月 10 日，双流县人民法院以生产、销售不符合安全标准的食品罪分别判处刘伟、黄康有期徒刑各二年零二个月，并处罚金 2 万元。其余涉案被告人也均被作有罪判决。

　　典型意义：本案涉案人员众多、案情复杂、社会影响恶劣。四川省成都市人民检察院主动提前介入侦查，引导公安机关收集证据，为该案的顺利办理打下了坚实的基础。其间，针对此案由三地公安机关分别立案侦查的情况，成都市检察院积极与市公安局协商，由市公安局合并管辖，统一指挥，集中报捕，极大地提高了办案效率，亦确保了执法尺度的统一性。同时，针对当地食品安全领域的监管疏漏，成都市人民检察院及时向蒲江县畜牧局、郫县商务局、双流商务局发出检察建议，督促其进一步完善监管机制，加强执法检查。该案的成功办理，有力地打击了危害食品安全犯罪，有效地参与了社会治理方式创新，为今后办理此类案件积累了宝贵的经验。

## 二、王勇朝等人生产、销售伪劣产品案

　　2010 年初至 2013 年 8 月间，被告人王勇朝为谋取非法利

益，伙同方荣坤、甘兴忠等人租赁湖南省长沙市雨花区黎托乡合丰村7组一民房开设加工作坊，在未办理任何生产经营许可证照的情况下，直接在地下挖了3个窖池，将收购来的新鲜蕨菜和笋丝简单清洗后存放于窖池，并非法添加焦亚硫酸钠水溶液直接浸泡。随后，再用印有其原在四川省隆昌县注册业已过期作废的"能辉牌"商标的塑料包装袋进行包装，并在包装箱上使用标识食品生产许可证的包装箱包装后用于出售。经查实，王勇朝等人销售金额达77721元，查获未销售货物价值53714元。

该案线索是湖南省长沙市雨花区人民检察院与长沙市质量技术监督局雨花区分局、长沙市工商行政管理局雨花区分局在检查工作中发现，并由雨花区人民检察院监督移送长沙市公安局直属分局的。公安机关经审查于2013年8月27日立案侦查。雨花区人民检察院于9月29日对王勇朝、甘兴忠作出批准逮捕决定，并于12月13日提起公诉。2014年1月23日，雨花区人民法院以生产、销售伪劣产品罪一审判处王勇朝、甘兴忠各有期徒刑七个月；方荣坤、方华芝、王秀芝各有期徒刑七个月，缓刑七个月；刘再勇、蒋小花各拘役五个月，缓刑五个月。

典型意义：该案是检察机关通过行政执法与刑事司法衔接工作机制监督移送的一起危害食品安全案件。公安机关立案后，雨花区人民检察院指派专人及时掌握案件进展情况，引导侦查取证，指导公安机关着重收集销售金额证据，逐一查实下线购买数量及金额，确保销售金额达到构罪标准；要求公安机关对笋丝、野蕨菜中二氧化硫残留量以及未销售货值进行鉴定，保证案件顺利起诉。同时，检察机关在工作中注重强化监督意识，深挖职务犯罪线索，从该案中发现并监督立案一起食品监管渎职案，某质监局副局长舒某某因在日常工作中疏于监管、未采取有效措施整治辖区内无证加工窝点，被追究食品监管渎职刑事责任。该渎职案是《刑法修正案（八）》颁布以来，湖南省首例以食品监管渎职罪立案查处的案件，起到了有效的震慑作用。

### 三、周雄、王成生产、销售有毒、有害食品案

2012 年 6 月至 2014 年 5 月，被告人周雄、王成以营利为目的，将自己在甘肃省白银市白银区经营的"周吴老坎串串香"火锅店餐厨泔水过滤加工成地沟油约 2900 斤供顾客食用。

经鉴定，该地沟油底油中 DBP（又称增塑剂或塑化剂，具有干扰内分泌的作用，可造成生殖和生育障碍）含量超标 170%，自助底油超标 33%。

被告人周雄、王成生产、销售有毒、有害食品一案，由白银区人民检察院于 2014 年 5 月 16 日建议白银区食药监局稽查局移送白银区公安分局。次日，白银区公安分局立案侦查，同年 5 月 30 日白银区人民检察院作出批准逮捕决定，同年 10 月 30 日提起公诉。2014 年 11 月 11 日，白银区人民法院以生产、销售有毒、有害食品罪判处被告人周雄、王成各有期徒刑三年，并处罚金 2 万元。

典型意义：本案涉及的危害食品安全线索，系白银区人民检察院会同行政执法部门、公安机关在开展"危害食品药品安全犯罪专项立案监督活动"中发现并移送的。检察机关在接到食药监管部门通知后，第一时间抽调办案骨干赶赴现场，引导行政执法人员提取固定证据，并迅速与公安机关沟通联系。由于反应快速、应对得当、收集固定证据及时、定性准确，为顺利追究犯罪人刑事责任奠定给了基础，有效震慑了犯罪。在2014 年开展的专项立案监督活动中，白银市白银区人民检察院共监督行政执法单位移送涉嫌危害食品药品安全犯罪案件 17

件，法院已作有罪判决3件。通过严厉查处多起危害食品安全犯罪案件，有力净化了食品市场，维护了广大人民群众"舌尖上的安全"。

### 四、熊智等人生产、销售伪劣产品案

被告人熊智伙同熊岚经营上海锐可营养食品有限公司、南昌麦高营养食品有限公司等五家公司。2012年3月起，熊智在南昌麦高营养食品有限公司未取得奶粉生产许可的情况下，从内蒙古亚华乳业有限公司购入大包牛奶粉，擅自加工、生产国产奶粉，并冒充可尼可、善臣、贝诺贝滋、乐氏及欧恩贝等品牌进口奶粉，投放市场销售谋取利益。案发后，共扣押奶粉共计23万余罐，400多吨，涉案金额2亿余元。经抽样检测，在其生产的13件奶粉中，有2件含有致病菌，属于不符合安全标准食品，有11件检测值不符合能量及营养成分标示值，夸大了食品的营养水平，属于伪劣产品。

2013年4月26日，上海市奉贤区人民检察院通过行政执法与刑事司法衔接平台建议奉贤区工商分局将该案线索移送公安机关。奉贤区工商分局于4月29日将案件移送区公安分局。同日，区公安分局以生产、销售伪劣产品案立案侦查，并于5月30日提请批准逮捕。2013年6月6日，奉贤区人民检察院将熊智等人批准逮捕。2015年2月，熊智等8人分别被判处十五年至七年不等的有期徒刑，并分别判处罚金2万元至700万元不等。

典型意义：本案是最高人民检察院、公安部督办的一起以国产婴幼儿奶粉冒充原装进口婴幼儿奶粉的案件。案件涉及婴幼儿奶粉的生产、销售等多个环节，涉案人员多、涉及地域广、涉案金额特别巨大，社会影响恶劣。上海市奉贤区人民检察院在办理该案中，依法履行职能，严格审查证据，准确适用法律，

在严把案件质量关的基础上，从严从快办理，共批准逮捕 10 名犯罪嫌疑人，取得了良好的法律效果和社会效果。主要做法：一是充分利用行政执法与刑事司法衔接信息共享机制，密切与工商、食安办等行政执法部门的沟通配合，做到早发现线索，早分析研判，早监督立案；二是发挥联动机制作用，做到三级侦查监督部门在研商案件中联动、公安机关与检察机关在引导取证中联动、侦查监督与公诉部门在捕诉衔接上联动；三是在履行审查逮捕职能的同时，注重发挥监督职能，确保案件在实体上和程序上都实现司法公正。

**五、吴金水、陈雪彬、冉仕勤等人生产、销售不符合安全标准食品案**

2012 年 7 月至 2013 年 4 月，被告人吴金水、陈雪彬伙同冉仕勤等人分别从福建省福清市上迳镇、龙田镇、江镜镇一带二十多家的养猪场收购、捡拾病死猪运回上迳镇蟹屿村一废弃养鸡场内屠宰，后以每斤 1.4 至 1.8 元的价格收购病死猪肉运回莆田市仙游县枫亭镇山头村其老房子中冷冻加工后以每斤 2.3 元的价格售给某加工成食品厂加工，并出售供人食用。

2013 年 5 月 10 日，福建省福清市人民检察院作出批准逮捕决定，同年 10 月 15 日提起公诉。2013 年 12 月 19 日，福建省福清市人民法院以生产、销售不符合安全标准的食品罪判处吴金水、陈雪彬、冉仕勤有期徒刑六年至四年不等，并处罚金人民币 30 万元至 12 万元不等。

**典型意义：**本案中，福建省福清市人民检察院依托行政执法与刑事司法衔接机制，与行政执法机关、公安机关形成合力，共同打掉了一个严重危害食品安全、社会影响极为恶劣的生产、加工、销售病死猪肉的地下产业链条。办案过程中，福清市人民检察院不仅通过加强提前介入、引导侦查等方式，确保案件快速办理，还根据当地病死猪肉案件特点，向相关部门提出了探索有偿回收处理病死猪机制、建立猪肉质量安全信息可追溯系统管理体系、严格落实监管责任的检察建议，有效参与了当地的社会治理方式创新。

### 六、江西高安病死猪渎职系列案件

2014年12月27日，中央电视台播出《追踪病死猪肉》的新闻，新闻中报道，江西高安不少病死猪被长期收购，销往广东等七个省市。后江西省院将此案交由宜春市院立案查处。目前共立案16人，其中丰城市院立案7人，高安市院立案9人。该系列案件正在进一步侦查中。

丰城市院2014年12月30日以事立案，2015年1月20日确定犯罪嫌疑人。立案侦查了丰城市商务局原副局长唐茂辉（副科）、丰城市商务局执法大队原大队长任国忠、丰城市商务局市场秩序科原科长熊俊鹏、丰城市畜牧水产局原党组成员孙国清、丰城市畜牧水产局动物检疫站原站长付宜青、丰城市畜牧水产局动物检疫站原副站长熊巍、丰城市畜牧水产局动物检疫站站员丁怡等7人玩忽职守案。

经查，丰城市畜牧水产局孙国清、付宜青、熊巍、丁怡作为动物卫生监督机构中执行监督检查任务的工作人员，在对瑞丰公司的监督检查过程中严重不负责任，未严格依照动物防疫法的规定履行职责导致瑞丰公司不断搬迁并持续屠宰和销售病死猪，引起央视新闻报道曝光"12·27"事件发生，造成恶劣社会影响；丰城市商务局唐茂辉、任国忠、熊俊鹏作为生猪屠宰活动行业管理部门中履行监督执法的工作人员及分管领导，在对瑞丰公司的监督执法过程中严重不负责任，未严格依照生猪屠宰管理条例的规定履行职责，导致瑞丰公司不断搬迁并持续屠宰和销售病死猪，引起央视新闻报道曝光"12·27"事件发生，造成恶劣社会影响。

2015年2月5日，高安市院立案查处了高安市畜牧水产局原局长王细毡（正科）玩忽职守、受贿案。2014年12月30日，高安市院立案查处了高安市畜牧水产局原副局长艾海军（副科）玩忽职守案。2014年12月31日，高安市院立案查处了高安市畜牧水产局原副局长兰长林（副科）玩忽职守案。经查，王细毡、艾海军、兰长林身为国家机关工作人员，在高安市畜牧水产局任职期间，工作严重不负责任，不正确履行监管职责，致使大量病死猪流入市场，并被中央电视台播放，造成恶劣社会影响，其行为涉嫌玩忽职守犯罪。王细毡身为国家机关工作人员，为他人谋取利益，非法收受他人钱财97.2万元。

2015年3月17日，高安市院立案侦查了高安市畜牧水产局杨墟兽医站原站长朱思烟玩忽职守、受贿案。经查，朱思烟在高安市畜牧水产局杨圩站任职期间，工作严重不负责任，不正确履行监管职责，致使辖区内大量病死猪被加工流入市场，并被中央电视台播放，造成恶劣社会影响，其行为涉嫌玩忽职守犯罪。同时朱思烟身为国家机关工作人员，为他人谋取利益，非法收受他人钱财5.3万元。

2015年4月14日，高安市院立案侦查了蓝奇小生产、销售不符合安全标准食品案。经查，蓝奇小明知收购的死猪为因病死亡或死因不明的，仍然将其出售，流向市场，其行为涉嫌生产、销售不符合安全标准的食品犯罪。

2015年5月2日，高安市院立案查处了高安市人保财险公司原经理李文胜（正科）玩忽职守案。2015年5月7日，高安市院立案查处了高安市人保财险公司原科长周阳文玩忽职守案。2015年5月18日，高安市院立案查处了高安市人保财险公司查勘员况琦玩忽职守案。2015年6月5日，高安市院立案查处了高安市人保财险公司查勘员胡凯航玩忽职守案。经查，李文胜、周阳文、况琦、胡凯航在高安市人保财险公司任职期间，明知在勘查死亡能繁母猪保险时必须协助进行无害化处理，仍不认真履行职责，放任勘查员伪造能繁母猪的死因、不监督协助无害化处理的情况，造成大量病死母猪流入市场，造成严重恶劣社会影响。

典型意义：这个案件反映出检验检疫、市场、保险等环节全链条的监管失职，最终导致价值数千万元的病死猪肉流向7个省份，受害群众数量众多，影响恶劣。媒体报道后，相关部门迅速反应，检察机关三天之内就展开了对监管部门刑事责任的追究，有效地震慑那些不认真履行职责、甚至与不法商户沆瀣一气的监管人员，督促负有监管职责的人员为人民群众的餐桌安全和生命健康把好每一道关口。

**七、湖北当阳病死猪渎职案件**

2014年3月19日，湖北省当阳市人民检察院对原当阳市动物卫生监督局河溶动物卫生监督所所长、河溶动物卫生监督所所长王怀健以玩忽职守罪立案。

经查，被告人王怀健自2009年起担任当阳市动物卫生监督所河溶分所所长、河溶动物卫生监督所所长等职务期间，不正确履行职责，玩忽职守，放任监管对象曹某等人在经营冻库期间长期、大量制售病死猪，在执法检查中通风报信并接受吃请送礼，导致曹某等人生产、销售不符合安全标准的食品及张某等人销售不符合安全标准的食品行为发生，形成足以造成人体严重食物中毒等事故的后果，社会影响恶劣，致使公共财产、国家和人民利益遭受重大损失，王怀健的行为已构成玩忽职守罪。

2015年2月经法院判决：被告人王怀健犯食品监管渎职罪，判处有期徒刑十个月。

典型意义：食品安全监管的缺失不但危及每个人的身体健康，也关系到我们整个民族的未来。这个案件的嫌疑人级别不高、量刑也不算重，但是案件的成功查办，警示监管部门权力和责任是并存的，没有炼就"火眼金睛"是失职，睁一只眼闭一只眼甚至通风报信当"内鬼"，是严重的渎职，都要受到检察机关的查处。

## 八、四川省南充腌腊制品渎职案

2013年11月27日，四川省南充市嘉陵区检察院对南充市顺庆区畜牧局城区兽防站驻南充市第二市场检疫员张映琳以涉嫌滥用职权罪立案侦查。

经查，2010年至今，犯罪嫌疑人张映琳负责南充市第二市场畜禽及畜禽产品检验检疫，其在对腌腊制品检验检疫时，明知无检疫条件，但为收取检疫费，对腌腊制品随意发放检疫证明，致使耿群英、刘萍、杨保成三人长期在第二市场销售用病死猪肉加工生产的香肠、腊肉，造成恶劣社会影响。

2014年11月南充市中级人民法院判决张映琳有期徒刑六个月，缓刑一年。

典型意义：这是一起食品监管领域的小案件，检疫员是食品监管的一线战斗员，直接承担着动物检疫的职责，是食品安全监管最前线的关口。检察机关渎检部门的监督，不仅仅要"打老虎"更要"拍苍蝇"。收取检疫费是检疫员工作内容，但其真正的监管职责是替人民群众把好食品安全的关，舍本求末是对职责的亵渎，严重者将受到刑法的追究。

## 九、福建省漳平市病、死猪肉渎职案

2011年9月17日至2013年11月25日，漳平市检察院先后以涉嫌食品监管渎职罪对漳平市动物卫生监督所所长李希锦、副所长李芸等人立案侦查，以涉嫌滥用职权罪对漳平市畜牧兽医水产局副局长郑美清等人立案侦查。

经查，2010年12月至2011年9月，张志强等26人利用其租用的漳平市福龙公司屠宰车间，大量屠宰未经检验检疫的生猪和病、死猪。时任漳平市畜牧兽医水产局副局长郑美清和动物卫生监督所所长李希锦在明知张志强等人租用福龙公司定点屠宰场分割车间非法宰杀生猪的情况下，决定按每月4000元的标准向张志强等人的分割车间收取检疫费，但是，时任动物卫生监督所检疫员陈存华等人并未按规定对张志强等人屠宰的生猪和猪肉产品进行检疫。郑美清和李希锦明知动物卫生监督所工作人员未进行检疫，违法出具动物产品检疫合格证明等"三证"，没有采取措施予以纠正，放任不管，造成张志强等人长期非法屠宰生猪，造成3000余吨未经检疫的猪肉和病、死猪肉流入市场。在此过程中，李希锦收受张志强的贿赂6000元。

2012年12月20日，漳州市人民法院判决李希锦犯食品监管渎职罪，判处有期徒刑三年；犯受贿罪，判处有期徒刑六个月；2014年7月4日，漳州市人民法院判决郑美清犯食品监管渎职罪，判处有期徒刑二年，缓刑二年六个月。

典型意义：2011年，龙岩市检察机关根据福建省人民检察院关于严肃查办危害食品安全渎职犯罪案件的部署要求，结合当地系福建省大规模生猪养殖基地之一的实际，深入排除生猪及猪肉产品监管领域渎职犯罪线索。经过深入调查，新罗区检察院查办新罗区牲畜定点屠宰管理办公室负责人兼督查队队长章柏豪等14人涉嫌滥用职权、贪污案；漳平市查办了漳平市畜牧兽医水产局副局长郑美清、动物卫生监督所所长李希锦等9人涉嫌食品监管渎职、受贿案。

在该系列案件中，部分国家机关工作人员与猪肉经销商相互勾结，未经检疫即出具检验合格证明，性质恶劣，严重危害了人民群众的食品安全。该系列案件的成功查办，得益于检察机关打击食品安全渎职犯罪专项工作的开展，得益于检察机关与公安机关的协同配合。案件查办过程中，龙岩市检察机关对猪肉监管工作提出了对策建议，并得到了当地党委政府的高度重视。龙岩市政府出台专项整治方案，严厉打击非法经营病死猪肉的行为。

### 十、河北张家口不合格燕麦片渎职案

2014 年 5 月 23 日，张家口市下花园区人民检察院以涉嫌滥用职权罪、受贿罪对张家口市万全县质量技术监督局局长赵焱立案侦查，当日决定对其指定居所监视居住，5 月 28 日对其刑事拘留，6 月 13 日经张家口市人民检察院批准，对其执行逮捕。8 月 11 日侦查终结并移送审查起诉，9 月 18 日下花园区人民检察院向下花园区人民法院提起公诉。12 月 9 日，下花园区人民法院作出一审判决：被告人赵焱犯滥用职权罪，判处有期徒刑一年。犯受贿罪，判处有期徒刑十年零六个月；并处没收个人财产 5 万元。决定执行有期徒刑十年零六个月；并处没收个人财产 5 万元。

经查，2012 年 12 月，万全县质监局对万全县燕脉食品有限公司生产的燕麦片进行了抽检，后经检验该公司 2012 年 12 月 2 日生产的燕麦片质量不合格（霉菌严重超标），此批次产品共生产 1 万公斤，货值金额共计 40000 元，违法所得 2000 元整。赵焱在其主持该案件审理期间，不按照法律规定进行处罚，同意对行政相对人万全县燕脉食品有限公司作出了 24000 元的罚款，给国家造成了 176000 元的损失。

2013 年 10 月 25 日，万全县质监局根据群众举报对中绿食品开发有限公司进行检查，发现该公司将 554.5 箱过期的火锅料进行重新包装和更改生产日期，货值金额至少为 72180 元，

至少应对该公司处以 360900 元罚款。赵焱不按照法律规定进行处罚，同意对行政相对人中绿（河北）食品开发有限公司作出了 199620 元的罚款，给国家造成了 161280 元损失。

以上赵焱滥用职权的行为总共给国家造成 337280 元的损失。同时赵焱在担任万全县质监局局长期间，利用职务上的便利，收受贿赂总计人民币 11 万元。

典型意义：首先，应罚未罚的金额可以计算为渎职行为造成的损失；万全县燕麦食品有限公司 2012 年 12 月 2 日的不合格产品，按照法律规定应当处罚货值的五倍即 20 万元，赵焱滥用职权，同意只作出 24000 元的处罚，少收的 176000 元罚款可以计算为其滥用职权造成的损失；其次，注重渎贪并查。下花园区检察院在查办赵焱涉嫌渎职犯罪过程中，注意搜寻贪污受贿等犯罪线索，渎贪并查。

**十一、山东乐陵生猪、肉鸭渎职案**

2012 年 9 月 19 日，山东乐陵市检察院对乐陵市畜牧局郑店动物卫生监督分所所长张万栋以动植物检疫徇私舞弊罪立案侦查，同年 9 月 20 日被取保候审，同年 12 月 19 日张万栋因构成动植物检疫徇私舞弊罪被判处有期徒刑一年。

经查，2011 年 12 月至 2012 年 4 月，张万栋在动物检验检疫执法过程中，为完成乐陵市畜牧兽医局下达给郑店镇动检分所的检疫收费任务，徇私舞弊，违反《中华人民共和国动物防疫法》的有关规定及检测"瘦肉精"的有关通知精神，在不按规定对运往县境外屠宰场的肉鸭和生猪进行检疫和检测情况下，按照每只肉鸭 0.07 元，每头生猪 5 元的收取标准，通过其儿子、儿媳向动物运输户出卖《动物检疫合格证明》21 份。事后，张万栋伪造检疫结果交回乐陵畜牧兽医局。张万栋的行为致使一些运输户完全摆脱了动物检疫机构的监控，给动物疫情控制和人民群众的食品安全带来了极大隐患。

典型意义：张万栋身为国家机关工作人员，为完成检疫收费任务，违反法律规定及相关文件，出卖《动物检疫合格证明》并伪造检疫结果，构成渎职犯罪。该案警示公职人员，完成行政任务不是违反法定职权的借口，如果违反法定职责，造成严重后果，就可能构成渎职犯罪，将受到法律的惩处。

## 部分新闻链接

1. 人民日报 2015 年 8 月 6 日报道《最高检：守牢"舌尖上的安全"》。

2. 新华社 2015 年 8 月 5 日报道《食品安全领域渎职犯罪形势严峻　600 多人被检察机关查办》。

3. 中央电视台 2015 年 8 月 5 日报道《最高检公布 11 起食品安全问题典型案例》。

4. 法制日报 2015 年 8 月 6 日报道《检察机关严肃查处危害食品安全犯罪背后渎职犯罪　食品监管人员渎职线索发现困难》。

5. 人民网 2015 年 8 月 6 日报道《食话实说：最高检守牢"舌尖上的安全"》。

6. 央广网 2015 年 8 月 5 日报道《最高检通报 11 起危害食品安全犯罪典型案例 6 起为渎职》。

# 强化金融检察　保障金融市场安全

## 最高人民检察院通报检察机关查办金融领域刑事犯罪工作情况

发布时间：2015 年 9 月 23 日 10:00

发布内容：通报 2014 年以来检察机关查办金融领域刑事犯罪工作有
关情况；发布典型案例；北京、上海两市检察机关介绍
有关情况

发布地点：最高人民检察院电视电话会议室

主 持 人：最高人民检察院新闻发言人　肖玮

出席嘉宾：最高人民检察院公诉厅副厅长　聂建华①
北京市人民检察院副检察长　苗生明②
上海市人民检察院副检察长　周永年③

---

① 现任最高人民检察院公诉厅正厅级检察员。
② 现任北京人民检察院第二分院党组书记、检察长。
③ 原任上海市人民检察院副检察长，现已退休。

## 主题发布

**肖玮**

　　各位记者朋友，大家上午好！欢迎大家参加最高人民检察院新闻发布会。出席今天新闻发布会的有：最高人民检察院公诉厅副厅长聂建华；北京市人民检察院副检察长苗生明；上海市人民检察院副检察长周永年。我是新闻发言人肖玮。今天新闻发布会的主题是"强化金融检察，保障金融市场安全"。

　　今天的新闻发布会主要有三项议程：一是通报全国检察机关2014年以来查办金融领域刑事犯罪工作有关情况、发布相关案例；二是请北京、上海两市检察机关介绍有关情况；三是请记者提问。下面，首先由我向大家通报有关情况。

　　金融是现代经济的核心，为我国经济的快速发展提供强有力的支持。金融检察，是完善金融法治的重要途径，也是促进金融业健康发展的关键环节。检察机关作为国家的法律监督机关，主动适应经济发展新常态，积极发挥审查逮捕、审查起诉、诉讼监督等职能作用，依法惩治破坏金融管理秩序和金融诈骗犯罪，坚决查办和预防金融及金融监管领域职务犯罪，规范金融交易行为，保护金融投资者和消费者的合法权益，有效促进和保障了金融市场安全高效运行和整体稳定。

### 一、依法严厉打击严重危害金融安全、破坏金融秩序的各类刑事犯罪

　　2014年以来，检察机关紧紧围绕经济社会发展大局，找准检察职能服务金融改革发展的切入点和着力点，依法严厉打击严重金融犯罪，重点打击人民群众反响强烈、严重侵害人民利益的非法吸存、集资诈骗

等涉众型金融犯罪和内幕交易、利用未公开信息交易等证券市场犯罪，着力保障国家金融安全、人民财产权益和社会和谐稳定。

2014 年 1 月至 2015 年 6 月，全国检察机关共批准逮捕破坏金融管理秩序和金融诈骗类犯罪案件 20665 件 27253 人，受理公安机关移送审查起诉的破坏金融管理秩序罪和金融诈骗犯罪案件 34611 件 51504 人，向人民法院提起公诉 24913 件 33291 人，决定不起诉 3001 人。

从检察机关办案数量来看，金融犯罪整体呈现快速上升趋势。2014 年，共批准逮捕金融犯罪案件 12883 件 16645 人，同比分别上升 59.4% 和 66%；受理移送审查起诉金融犯罪案件 21101 件 29483 人，同比分别上升 22.6% 和 25.69%；提起公诉 16591 件 22015 人，同比分别上升 13.46% 和 12.25%。2015 年 1 月至 6 月，共批准逮捕金融犯罪案件 7782 件 10608 人，同比分别上升 54.7% 和 67.2%；受理移送审查起诉金融犯罪案件 13510 件 22021 人，同比分别上升 49.73% 和 82.07%，提起公诉 8322 件 11276 人，同比分别上升 23.6% 和 29.76%。

从案件罪名分布看，各罪分布明显不均，信用卡诈骗案件数量始终居金融犯罪案件首位，非法集资案件、利用未公开信息交易犯罪案件数量大幅增加。2014 年 1 月至 2015 年 6 月，受案量最多的仍为信用卡诈骗犯罪案件，共批准逮捕信用卡诈骗犯罪 8654 件 9323 人，受理移送审查起诉 19677 件 20970 人。非法集资案件数量激增，特大规模集资案件屡见不鲜。

2015 年上半年，共批准逮捕非法吸收公众存款案同比上升 210%，集资诈骗案同比上升 74%。受理移送审查起诉非法吸收公众存款犯罪和集资诈骗犯罪案件 4011 件 10243 人，超过 2014 年全年总数，同比上升 153.06% 和 259.15%，一些案件涉案金额达数十亿元。如，北京市检察机关办理的巨鑫联盈非法集资案，向 4 万余人非法吸收资金 26 亿元，其中骗取的单笔最大数额达 2.5 亿元；广东省、浙江省等多地检察机关办理的"邦家"非法集资案，涉嫌诈骗 23 万人次，非法集资近百亿元。

此外，利用未公开信息交易犯罪案件大幅增加。2014 年受理审查起诉的利用未公开信息交易犯罪案件，从 2013 年的 3 件 7 人猛增到 24

件 31 人，起诉数从 2013 年的 1 件 1 人增加到 38 件 42 人，办案数量成倍增长。检察机关加强诉讼监督，如马乐利用未公开信息交易案，最高检已按审判监督程序提出抗诉。

## 二、坚决查办和预防金融领域职务犯罪工作

2014 年以来，全国检察机关认真贯彻落实党中央保持惩治腐败高压态势的决策部署，顺应人民群众对反腐倡廉的新期待，充分发挥检察职能，进一步加大对金融领域贪污贿赂和渎职侵权职务犯罪的打击力度，取得了新的明显成效。2014 年 1 月至 2015 年 6 月，全国检察机关共立案查办涉及金融领域职务犯罪案件 701 件 877 人。

从涉案罪名看，贿赂犯罪比例高，受贿犯罪突出。检察机关立案侦查的金融领域贪污贿赂犯罪中，贿赂犯罪 453 人，占该领域立案总人数的 51.8%，其中，受贿犯罪 350 人，占该领域贿赂犯罪总数的 77.3%；行贿犯罪 103 人，占 22.7%。

从发案领域看，涉及银行、保险、证券及非银行融资机构多个领域。检察机关立案侦查的金融领域贪污贿赂犯罪中，涉及银行领域 645 人，占金融领域立案总人数的 73.8%；保险领域 194 人，占 22.2%；证券领域 13 人，占 1.5%；非银行融资机构 22 人，占 2.5%。

从涉案金额看，个案数额巨大，危害后果严重。检察机关立案侦查的金融领域贪污贿赂犯罪中，涉案金额 1000 万元以上的 30 人，仅占立案总人数的 3.2%，涉案总额却高达 20.1 亿余元，危害后果严重。比如，检察机关立案查办的某银行支行客户经理田某、李某挪用公款案，经查，2014 年 3 月至 2014 年 8 月，犯罪嫌疑人田某、李某利用担任某银行支行客户经理的职务便利，将其保管的某煤业有限公司承兑汇票挪用给某集团有限公司经营使用直至案发，尚有 4.18 亿元未归还。

## 三、坚持理性平和文明规范司法，确保实现办案效果的有机统一

在办理金融犯罪案件中，针对新型案件不断增多，案件疑难复杂程度明显加大的新形势，检察机关严格区分罪与非罪界限，妥善处理维护金融市场秩序和激发市场活力的关系。注重把握犯罪边界，着眼经济社会发展，尊重金融市场规则，严格区分金融犯罪与金融创新、刑事犯罪

与民事纠纷的界限。坚持打击犯罪与保护创新相统一，坚持维护金融市场秩序和激发市场活力相统一。

始终坚持理性平和文明规范司法，注意改进司法方式，慎重使用查封、扣押、冻结手段，办案中尽可能减少对正常金融活动、企业经营活动的影响。注重追赃挽损，妥善解决刑民交织和涉案财物处理等矛盾集中问题，既实现打击有力，又促进案结事了，努力实现"三个效果"有机统一。

始终坚持以证据为中心，深入研究金融犯罪的证据特点，注重加强与行政执法部门和侦查机关的相互配合监督，及时介入侦查，依法引导取证，促进侦查机关严格依法收集、固定、保存、审查和运用证据，保证金融犯罪案件办案质量。

充分发挥"检察一体化"优势，强化金融犯罪案件的督办指导。对涉案金额特别巨大、涉案人数众多、社会影响大、跨区域犯罪等重大、敏感以及新型的金融犯罪案件，上级检察机关加强督办指导，在证据采信、事实认定、法律适用、程序推进、诉讼策略等多方面参与指导，形成办案合力。

**四、完善专业化办案机制，不断提高金融检察工作水平**

2014 年 3 月，最高人民检察院会同最高人民法院、公安部联合印发了《关于办理非法集资刑事案件适用法律若干问题的意见》（以下简称《意见》）。《意见》根据刑法、刑事诉讼法的规定，在既有司法解释、司法解释性质文件规定的基础上，结合司法实践，进一步明确了非法集资犯罪的有关法律适用问题，对非法集资的行政认定、"向社会公开宣传"及"社会公众"的认定、共同犯罪的处理、涉案财物的追缴处置、证据的收集、涉及民事案件的处理、跨区域案件的处理等八个方面问题进行明确，为检察机关依法严惩非法集资犯罪活动，保障国家金融管理秩序，维护人民群众合法权益提供了法律依据。

各地检察机关结合区域特点，不断探索金融检察工作，完善专业化办案机制，一些地方成立了专业金融检察部门或金融检察专业办案组，形成专业办案机构；不断加强公诉专业化人才培训和专业交流，提高公诉人的金融知识水平和业务能力，逐步形成了金融犯罪案件专人办理、系统研究、专业积累的良性循环，为保证金融犯罪案件质量、提高办案效率奠定组织和人才基础。

以上就是我向大家通报的有关情况，相关案例已经印发给大家。下面请北京市人民检察院副检察长苗生明通报有关情况。

**苗生明**

各位记者朋友，大家好！下面，我就北京市检察机关近年来查办金融领域犯罪案件有关工作情况作一简要通报。

近年来，北京市金融领域犯罪案件总体上呈上升趋势，其中非法集资犯罪案件大幅度上涨，在涉案数额、投资人数等指标上屡创新高，社会危害性大，严重破坏了国家金融秩序，影响社会和谐稳定。为此，北京市检察机关积极发挥检察职能作用，与公安机关等相关职能部门通力配合，加大惩治破坏金融管理秩序和金融诈骗犯罪力度。

2014年1月至2015年6月，北京市检察机关共受理金融犯罪审查起诉案件1385件1802人，其中对1056件1298人提起了公诉，在依法打击金融犯罪、维护国家金融秩序等方面发挥了积极作用，取得较好成效。从办案情况看，涉及金融领域的犯罪主要集中在非法集资、信用卡诈骗和证券犯罪三个方面。鉴于每一类犯罪都有其各自不同的特点，现将我们办案工作的做法分述如下：

**一、抓准重点，重拳打击非法集资犯罪**

近年来，非法集资类犯罪已转变为常态性犯罪，发案数量、涉案人数、涉案金额等均大幅度上涨，2014年北京市检察机关受理非法集资犯罪公诉案件72件，涉案金额总计高达81亿余元，分别是2013年的2.1倍、4.1倍。为此，北京市检察机关将非法集资犯罪作为金融犯罪的重中之重，采取有效措施，严厉打击非法集资犯罪，确保取得实效。

一是注重办案规范化。将打击非法集资犯罪作为年度重点工作来抓，侦查监督、公诉部门定期汇总全市案件信息，分析研判新类型案件，在证据标准、法律适用方面加强对下指导。

二是注重专项行动与常态化办案相结合，力争在专项活动中取得突出成效。2015 年 4 月 30 日，北京市打击非法集资和非法证券经营活动工作协调小组办公室决定在北京市开展为期 4 个月的"打击非法集资专项整治行动"，北京市检察院迅速反应，制定了《北京市检察机关开展"打击非法集资专项整治行动"工作方案》，明确了工作目标、工作重点、工作方法，提出了具体工作要求，为检察机关配合专项行动的开展指明了方向。

北京各级检察机关在办案过程中，对于重大案件均抽调业务骨干成立专案组，实现集中办案，确保案件办理的专业化水平，在专项行动期间有效地打击了一批有重大社会影响的案件，顺利配合专项行动的实施。

三是注重追赃挽损工作。将追赃挽损与定罪处刑的重要性同等对待，在审查逮捕环节、审查起诉环节，一方面加强对证据的审查，另一方面着重对赃款赃物进行专门审查，将每一笔可能直接与投资人经济利益相关的财产追缴作为办案重点，对于赃款物去向不明的案件，引导公安机关继续开展核实、追查工作，对涉嫌犯罪的项目建议公安机关既要控制负责人又要继续追查项目财产，尽最大可能减少投资人的损失。

四是注重总结研究。完成涉众型非法集资犯罪重点调研课题，分析近三年来全市检察机关办理的涉众型非法集资案件情况，对于实践中遇到的法律适用与证据标准问题进行了系统研究，对如何有效防范此类犯罪提出了对策建议。

## 二、统一标准，依法打击信用卡诈骗犯罪

据统计，信用卡诈骗犯罪案件约占金融犯罪案件总数的 80%，恶意透支型信用卡诈骗又占整个信用卡诈骗犯罪案件的 80%。北京市检察院积极推动恶意透支型信用卡诈骗罪办案规范化进程，既强调依法打击，又要求严格把握入罪条件。东城区检察院、朝阳区检察院、海淀区检察

院等多个基层院与有关部门会签了《关于办理恶意透支型信用卡诈骗案件的会议纪要》，对于"持卡人""催收""恶意透支数额""非法占有目的"等要件的内容予以明确。

### 三、加强研判，准确打击证券领域犯罪

近年来，北京市检察机关办理了李民俊等三人内幕交易罪案、曾某利用未公开信息交易罪案等证券领域犯罪案件，有效地震慑了犯罪分子。北京市检察院注重与有关部门的沟通协调，通过采取联席会议、发补侦函等多种手段引导侦查机关补强起诉所需要的证据，切实提高侦查质量。此外，在办理利用未公开信息交易罪案件中，针对有关法律适用问题开展研究，为进一步完善立法建言献策。

### 四、推进检务公开，配合法制宣传

办案中我们发现，部分投资人风险防控意识薄弱、识别和抵制经济犯罪的能力不足是造成非法集资犯罪案件高发的重要原因，为此北京各级检察机关在办案中高度重视法制宣传工作，结合具体案例，制作宣传资料，通过电视、报刊、网络等媒体以案释法。其中，为配合打非专项行动宣传工作，北京市检察院公诉二处副处长姜淑珍、朝阳区检察院副检察长吴春妹分别走上电视荧屏，就全市非法集资案件的特点、理财产品中的非法集资问题等话题向公众进行了解读，对公众如何防范非法集资行为给出切实可行的建议，引起了热烈的反响，取得了良好的效果。

### 五、加强专业化建设，培养金融检察人才

早在 2004 年，北京市检察院第二分院就组建了金融犯罪公诉科，在办理大量有社会影响案件的同时，也逐渐形成了一套较为完善的人才梯队建设机制，并培养一大批金融检察人才。2012 年 10 月，西城区检察院正式成立金融犯罪检察处，成为北京市各级检察机关唯一的具有独立建制的金融犯罪检察处室，承担着"审理金融犯罪案件、开展金融检察理论研究、落实诉讼监督职能、进行金融犯罪预防"四位一体的检察职能，为推进全市金融检察专业化迈出了坚实的一步。

下一步，北京市检察机关将按照中央、高检院和北京市委的部署，积极配合金融监管部门，充分发挥检察监督职能，力争在服务首都金融

健康发展大局方面取得新的更大的成效。

**肖　玮**

下面请上海市人民检察院副检察长周永年通报有关情况。

**周永年**

　　各位记者朋友，大家好！下面我就上海检察机关就为国际金融中心建设提供专业司法保障情况做有关情况通报。

　　近年来，上海检察机关立足于服务保障国际金融中心建设，着力推进金融检察专业化工作，经过几年的发展，金融检察工作专业机构体系和金融检察工作制度已初步建立，一支专业化的金融检察队伍初步形成，金融检察工作服务保障上海国际金融中心建设的独特作用正在逐步显现。

### 一、创设专业的金融检察机构，建立专业办案机制

　　上海通过设立金融检察工作专业机构，优化司法资源，为服务保障上海国际金融中心建设提供有效的检察组织保障。目前上海已初步构建了市、分、区（县）院三级金融检察工作专业机构体系，浦东、静安、黄浦、杨浦、徐汇、闵行、松江七个基层检察院已设立了金融检察科（处），未设立专业部门的检察院均设立金融案件专业办案组，专门办理金融、知识产权犯罪案件。

　　厘清金融检察工作职能，划定金融诈骗、破坏金融管理秩序、内幕交易、操纵证券市场金融犯罪等共计 55 个罪名的案件管辖范围，发挥专业化办案优势。

　　上海金融检察部门成立近四年来，受理金融犯罪案件近 9000 件，

在惩治金融犯罪、维护金融秩序方面作出重要贡献。在此基础上，不断完善工作机制，通过建立金融检察主诉（任）联席会议制度、研发使用上海市金融案例库、建立条线信息报送机制等方式，及时汇总新类型案件、疑难案件和问题的信息，及时稳妥地开展业务管理、类案研究指导和犯罪风险研判，确保办案的质量和效果。

**二、发挥专业化优势应对金融犯罪新趋势，强化类案指导，提升办案能力和办案质量**

随着上海国际金融中心建设步伐加快，市场开放度不断增强，金融犯罪案件数量也明显上升。上海检察机关受理的金融公诉案件 2005 年仅有 324 件，2014 年受理金融案件 2063 件 2378 人，2015 年前 7 个月受理金融公诉案件 1241 件 1443 人。案件涉及银行、证券、保险、信托、基金等金融行业的各种金融业务，并呈现出向金融新产品、新业务蔓延的趋势，在信托理财产品发行、保理融资、政策性农业保险以及 P2P 互联网金融等领域均出现新类型案件。

为有效应对金融犯罪发展态势，金融检察部门在类案法律适用标准、研判新类型和疑难复杂案件、推动新刑诉法实施以及探索自贸区检察工作方面积极探索实践，专业化办案优势已初步显现。统一规范常见案件的法律适用和处理标准，制定《关于办理恶意透支型信用卡诈骗犯罪案件若干问题的指引》、恶透型信用卡诈骗案件适用相对不诉的"六项标准"。

探索建立完善证人、鉴定人、侦查人员、有金融专门知识的人"四类人员"的出庭工作机制。发布首部《涉上海自贸区刑事法律适用指导意见（一）》，对上海检察机关涉自贸区案件办理统一法律适用作出规定。加强对新类型案件和重大疑难复杂案件的研判，成功办理了一批涉及面广、社会关注度高的金融犯罪案件，充分了发挥了金融检察工作对证券市场、外汇市场、金融创新和公众投资者的有力保护，彰显金融检察专业化办案优势和服务金融市场稳定的重要作用。

### 三、拓展金融检察职能，充分发挥对国际金融中心建设的服务保障作用

上海检察机关积极构建与金融监管机构的沟通平台，牵头组建了由中国人民银行上海总部、上海银监局、上海证监局、上海保监局、市金融办等单位参加的"上海金融检察联席会议"，积极开展信息交流和办案协助，加强在金融领域的有效衔接，探索具有上海特色的防控体系。

我们连续三年发布《上海金融检察白皮书》，通报本年度上海全市金融犯罪总体情况、特点趋势以及典型案例，并制发银行、证券、保险等行业分报告，有针对性地与相关监管部门研商行业发案特点和应对措施。针对具体案件或一类案件中蕴涵的金融领域热点问题，制发金融检察建议 50 余份，提示有关金融机构防范金融风险。

与金融主管、监管部门密切配合，加大金融领域的职务犯罪预防工作，在徐汇区人民检察院设立全国首家"金融从业人员廉政教育基地"，和上海市金融纪工委合作设计金融从业人员犯罪警示案例屏保程序、拍摄制作"泛鑫案"教育宣传片等，加强金融从业人员犯罪预防工作，强化金融法治的社会教育。

### 四、深化金融检察理论研究，为司法实务提供智力支持

为了有效应对金融犯罪复杂化、组织化、网络化给检察工作带来的挑战，上海检察机关积极推动金融检察理论实务研究，积极搭建多方位的理论实务研究平台，充分发挥"中国检察学研究会金融检察专业委员会"设在上海市人民检察院的优势，推动金融法治研究和司法实务领域交流。与上海交通大学合作建立金融检察法治创新研究基地，在更大范围内集聚监管部门、金融机构、高校院所中有影响、有建树的金融实务人才，为我们的工作提供更多的智力支持。

积极促进成果转化，上海市人民检察院检察委员会设立金融犯罪专业研究小组，组建专家咨询委员会，为检察机关办理金融领域案件提供咨询帮助。经过几年努力，我们形成了《自由贸易实验区检察实务研究》《刑事案例诉辩审评——破坏金融管理秩序罪》等一批理论实务研究成果。

**五、加强金融检察人才培养，推进队伍专业化建设**

上海检察机关着力培养一批既懂法律，又懂金融专业知识的复合型人才。首先，紧贴实务开展培训，组织全市金融检察部门（包括办案组）业务骨干条线培训，从法律思维的基本规则、金融业务的运作流程和办案实务技能三个层面安排知名法学教授、金融业界专家以及资深检察官授课，以夯实干警知识底蕴、提升解决案件难点的能力。

其次，进一步拓展多层次培训平台，与中欧陆家嘴国际金融研究院、上海外贸学院等高校科研机构合作开办"金融法律高级培训项目""金融贸易知识专题培训"等课程。同时，加强与金融监管和金融机构的交流，选派多名干部到金融机构挂职锻炼。

实践表明，金融检察专业化探索有效促进了检察机关与公安、法院关于金融专业领域案件办理工作的衔接，推动了上海金融案件办理标准的统一，强化了检察机关对上海金融中心建设的司法保障。下一步，我们将继续加强金融检察工作，培养锻炼专业化的人才队伍，充分发挥金融检察部门在金融犯罪惩防、从业人员教育、金融检察理论研究等方面的推动作用，为切实维护金融管理秩序，保障金融安全和投资者利益，服务上海国际金融中心建设，进行不懈的努力。

## 现场答问

**上海电视台法治天地频道记者　程文韬**

近年来，P2P平台众多，无准入门槛、无行业标准、无监管机构的"三无"状态导致目前整个P2P行业乱象丛生，"跑路"现象时有发生，相关刑事犯罪也处于上升态势。检察机关如何应对？面对金融领域的迅猛发展，查办该领域犯罪是否存在法律上的漏洞？检察机关对此有何意见建议？

**聂建华**

P2P行业里面有可能涉及的犯罪，包括非法吸收公众存款、集资诈骗、洗钱等行为，那么对于其中构成犯罪的，检察机关将依法坚决的予以打击。对于公安机关移送的相关案件依法审查逮捕、审查起诉。2015年7月，中国人民银行、工业和信息化部十个部委联合发布了关于促进互联网金融健康发展的指导意见，这个指导意见对于鼓励互联网金融创新、维护网络安全、防范金融犯罪都提出了明确具体的指导意见。我们也将和相关的金融监管部门加强沟通和配合，为防范和打击金融犯罪做好基础性工作。

　　面对着金融领域的迅猛发展，相关法律法规在金融监管、查办金融犯罪等方面也需要作出进一步的完善。对此检察机关有以下几点建议：

第一，完善征信体系、加快市场诚信建设。金融犯罪本质上都是违背市场诚信的行为。加强市场诚信体系的建设是预防金融犯罪减少金融犯罪的治本之策。

第二，建立健全行政监管的法律法规体系。立法机关与行政监管部门应当抓紧研究出台相关行政监管法律法规，弥补监管空白和漏洞。

第三，加强宣传教育，坚持"打防并举""防治结合"，强化预警防范，强化打早打小，增强社会公众的金融风险防范意识，提高社会公众对金融违法犯罪的识别能力，促进市场经济环境的净化，从源头上遏制金融犯罪活动。谢谢。

**人民日报记者　陈定源**

当前，金融领域发展更新特别快，请问近年来该领域犯罪呈现哪些新变化新动向？给检察工作带来了哪些难题和困扰，检察机关是怎么解决的？

**聂建华**

金融犯罪是发生在金融活动过程中，违反金融管理法律法规，破坏金融管理秩序，依法应受刑罚处罚的行为，其具有区别于传统犯罪的行业化、专业化、智能化、隐蔽化等特点。

近年来，金融犯罪呈现出的新变化新动向主要有：

一是利用互联网实施金融犯罪的趋势明显。近年来以网络借贷、众筹融资、互联网支付等为主要代表的互联网金融迅猛发展，互联网金融的虚拟性、跨地域性等特征使犯罪分子更容易利用其实施犯罪，如利用P2P平台实施的集资诈骗案件和非法吸收公众存款案件大量出现，利用支付宝、微信等第三方支付与手机绑定实施的信用卡诈骗案、骗取附属于信用卡的贷款案等案件也不断出现。

二是涉众型金融犯罪仍然高发多发。不仅发案数量、涉案金额、参与人数继续处于高位，发案区域广泛，而且不断向新的行业、领域蔓延，如很多非法集资案件假借销售理财产品名义实施。

三是国际化趋势凸显。近年来协助他人非法办理跨境汇兑、买卖外汇、资金支付结算等地下钱庄违法犯罪活动，以及利用离岸公司账户、非居民账户等协助贪污贿赂等上游犯罪向境外转移犯罪所得及其收益等犯罪活动比较猖獗，都反映了金融犯罪呈现的国际化趋势。

2015年上半年，全国检察机关批准逮捕非法吸收公众存款案同比上升210%，集资诈骗案同比上升74%。同期检察机关共批准逮捕涉假币犯罪案件，包括伪造货币案，出售、购买、运输假币案，持有、使用假币案等160件253人，同比上升29%。批准逮捕内幕交易、泄露内幕信息案件6件8人，同比上升50%。2015年上半年批准逮捕的妨害信用卡管理犯罪案同比上升52%。此外，利用未公开信息交易、操纵证券期货市场犯罪案件的发案亦有抬头趋势。

检察机关在办理金融领域犯罪案件时主要存在"三难"：

一是取证证明难，金融犯罪案件由于专业性强，作案手段隐蔽，需要办案人员具有专业的金融知识，并且往往涉及大量电子数据极易毁损、流失，案件发生以后，在收集、固定证据和证明等方面的难度和投入的司法成本都远高于其他案件。

二是认定难，犯罪分子利用金融交易的多样性犯罪手段不断翻新，某些法律性质不清的金融创新产品往往成为犯罪分子利用的重点，这给一些新类型案件性质的认定带来了极大的困难，罪与非罪、此罪与彼罪等法律适用问题短时间内难以准确判断和统一认识。

三是特大规模集资案件不断地出现，该类案件影响范围广、涉及人员多，严重侵害人民群众财产权益，检察机关在严格依法办案的同时，

还需重点做好对受害群众释法说理、稳定情绪的工作。

为充分发挥检察职能作用，依法打击金融犯罪、营造诚信有序的市场环境，下一步检察机关将从以下几个方面加大工作力度：

一是进一步加强对金融犯罪相关法律适用问题的研究，会同最高人民法院、公安部等有关部门针对重大、疑难、复杂的法律适用问题，研究制定司法解释或者司法解释性质文件。

二是探索建立金融违法犯罪的行政执法与刑事司法衔接的协作机制，加强检察机关与有关行政监管部门的协调配合。三是建立具有高度责任感和丰富办案经验的防范和惩治金融犯罪专业检察队伍，探索成立专门金融检察部门或者金融检察专业办案组，不断提高办案人员的金融知识水平和业务能力。

**新京报记者　王梦遥**

第三方支付、网络信贷、众筹融资、网络货币等利用互联网实现的金融创新业务蓬勃发展，客观上为犯罪分子提供了更为隐蔽、更为迅捷的犯罪平台，检察机关打击在网络金融犯罪的过程中存在哪些难点，怎样破解？

**周永年**

互联网金融犯罪打击中的难点主要包括：一是金融犯罪和金融创新的边界把握问题。金融市场的发展离不开金融创新，但金融创新往往具有规避监管的属性，由于立法滞后、监管缺失，不法分子往往打着互联网金融创新的旗号，实施不法行为。

在检察实践中，小额贷款公司、融资担保公司等与P2P网络平台合作项目与非法集资的刑民交织问题，银行业务创新推出的"小微采购卡"

等具有贷款性质的信用卡等金融产品所引起犯罪认定争议问题等，都在法律适用方面形成新的难点。且互联网金融对发展普惠金融和推动金融改革具有积极意义，如何把握刑事犯罪打击和保障普惠金融发展的刑事政策界限是难点问题。

二是电子数据取证和审查问题。因为电子数据本身具有抽象性、易删改性、易复制性，以及来源与制作具有隐蔽性等特征，且电子数据容易灭失，行为人容易对数字化电子记录进行转移和删除，取证难度较大。

三是金融检察部门与金融监管部门工作衔接问题。互联网金融的创新性和复杂性增加了打击犯罪的难度，金融检察与金融监管衔接的途径还需要丰富和拓展，检察监督手段的单一和监管部门职能分散影响了刑事执法和行政监管部门衔接的有效性。

四是涉众型犯罪处置应对问题。长尾效应是互联网金融的重要优势，但另一方面，互联网金融服务边界的拓展，覆盖了不被传统金融业服务的人群，利用互联网金融业务的违法犯罪活动往往影响面比较广、人数比较多，且多是缺乏金融知识或者自我保护能力的普通投资者，极易引发群体性事件。我们在如何处置这方面的问题确实也有难度。

我们检察机关建议：

一是进一步完善互联网金融监管法规，在此基础上完善互联网金融犯罪刑事立法，通过严密法网，加强对相关主体的打击力度和金融消费者权益保护。

二是在诉讼程序方面，在刑诉法解释和《关于办理网络犯罪案件适用刑事诉讼程序若干问题的意见》基础上，进一步完善金融犯罪电子数据取证和审查操作规范和细则。

三是健全金融检察部门与金融监管部门沟通机制。互联网金融的快速发展对我国分业监管体制提出挑战，需进一步加强沟通机制，通过建立金融检察和金融监管联席会议机制、建立金融违法犯罪的两法衔接信息平台、建立金融法律政策研究机制等方式，定期沟通互联网金融违法犯罪动态信息和典型案例，联合进行前瞻性研究，挖掘犯罪规律、制度风险和管理漏洞，以进一步加强金融监管和金融法治建设。谢谢。

法制网记者 王 芳

当前，非法集资犯罪呈现哪些趋势和特点？针对非法集资犯罪案件罪与非罪的标准，检察机关如何把握及判断？

苗生明

　　经过我们北京市检察院所做的调研，发现非法集资犯罪呈现出一些特点，这些特点如下：

　　一是地点集中、发案数量与单案涉案金额不断冲高。据统计，发案地段位于北京市朝阳区和西城区的非法集资案件占到了全市案件的80%，一些一线商圈成为从事非法集资人员注册公司的青睐之地。近年来发案数量、涉案人数、投资人人数以及涉案金额均大幅度上涨，有个别案件当中，单个人最大投资金额高达2亿余元。一个人投进去两个多亿。

　　二是涉案公司、企业内部组织结构愈加严密，"专业化"程度很高。犯罪嫌疑人多成立以"基金管理""投资基金""理财咨询"冠名的公司，公司内横向机构设置与纵向层级划分也由早期的"作坊式"组织向现代企业模式转变，组织结构的正规性往往具有很大的迷惑性。与此同时，具有金融从业或学业背景的涉案人员增多，这些专业人员在非法集资活动中驾轻就熟，披上了一层专业的外衣，极具欺骗性。

　　三是以真实项目为依托，以"规范合同范本"为保障，犯罪手法不断翻新。现在的非法集资模式已由早期的"拆后账补前账式"转变为依托实业项目的集资模式，涉案公司与投资人签订的合同文本、担保协议等文书格式规范，善用法言法语，逻辑严谨，外观上很"严肃"。犯罪手法上多采用私募基金、股权投资、商品营销类投资等，套用金融政策，趋新迎变，投资人辨别风险的难度加大。

四是银行等正规金融机构有个别的现职人员违规介入、单位投资人涌现，损害扩大化趋势明显。案件显示，有的银行现职人员利用其身份、违规私自与非法集资单位串通，成为向公众集资的一线推介人员，致使银行储户将其代理的集资单位混同于银行，进而上当受骗。此外，还有单位陷入非法集资中，单位资产损失可能波及单位所有职工及关联企业，引起连锁反应。

五是采取立体化、网络化、全方位的宣传手段，欺骗性增强，受害范围突破了地域划分。如今非法集资的宣传方式已发展成为集网络平台、推介会、报刊、形象代言、新闻发布会等全方位、立体化的宣传攻势，宣传时多夸大投资前景，弱化项目投资风险，欺骗性很强。随着涉案公司宣传广度和深度的不断深入，非法集资范围已逐渐突破传统行政区划和地理范围，遍布全国、甚至向境外地区发展。这个范围非常广泛。

实践中，还出现了一些打着金融创新的旗号行非法集资之实的情况。对此，我们必须紧紧地围绕刑法与司法解释的有关规定，牢牢抓住非法吸收公众存款罪的犯罪本质，即需要同时具备非法性、公开性、社会性、利诱性四个构成条件，进行综合判断：

一是从集资者的主体资格方面。合法的民间集资行为一般对集资者或集资中介规定了主体资质审核义务，如在私募基金中，集资者在成立、募集资金完成、注销时都需要向证券业协会备案，证券业协会将上述信息通过网站公告。没有在相关部门登记、备案的主体有可能涉嫌非法集资犯罪。

二是从投资者资格方面。合法的民间集资行为一般都要求集资者在一定范围内选择合格投资者，要求投资者具备相应的风险识别和风险承担能力。对于投资者的经济能力和投资数额都没有限制的，则可能涉嫌非法集资犯罪。

三是从投资风险明示方面。合法民间集资行为要求集资者向投资者切实履行风险明示义务，包括风险预判提醒义务、信息披露义务等。如果在宣传和吸收资金的时候刻意规避投资风险，以各种方式向投资者承诺在一定期限内或者给付回报，则涉嫌非法集资犯罪。

四是从宣传方式方面。对于像私募股权投资基金这样的合法民间集资模式，其要求针对特定对象进行非公开宣传，如果通过媒体、推介会、传单、手机短信、互联网平台等途径向社会公开宣传的，则有可能涉嫌非法集资犯罪。

当然，需要说明的是，现在国家鼓励金融创新，而创新过程必然孕育着风险，对于风险的防控，检察机关在办案当中，我们必须秉持底线思维、坚守刑法基本原则，综合考量罪与非罪的法律界限，也要考虑在打击犯罪和保护促进市场经济活力之间寻求平衡。

**中央电视台记者　程　琴**

今年国内资本市场比较动荡、不太稳定。此轮股市动荡中，哪些金融犯罪表现突出？对于发布虚假信息犯罪以及内幕交易犯罪，有哪些打击举措？针对当前股市恶意做空可能产生的犯罪，检察机关如何发挥职能加大打击力度、维护股民合法权益？检察机关采取了哪些措施，来有效预防此类犯罪？

**聂建华**

在这一轮股市动荡中，内幕交易、利用未公开信息交易、操纵证券、期货市场等金融犯罪受到了社会的关注。对于发布虚假信息以及内幕交易和操纵证券、期货市场的行为，我国《刑法》第180条、第181条、第182条把这类行为规定为犯罪，并且规定了相应的处罚。对这类犯罪，我国刑法规定了双罚制，既惩罚个人又处罚单位，既处自由刑又处财产刑，刑罚是比较严厉的。例如，《刑法》第180条规定了内幕交易、泄露内幕信息罪，情节严重的，处五年以下有期徒刑或者拘役，并处或者单处违法所得一倍以上五倍以下罚金；情节特别严重的，处五年以上十年以下有期徒刑，并处违法所得一倍以上五倍以下罚金。《刑法》第181条规定了编造并传播证券、期货交易虚假信息罪，处五年以下有期徒刑或者拘役，并处或者单处一万元以上十万元以下罚金。

我们也关注到，近期股市异动中公安机关严厉打击证券期货领域违法犯罪活动，对于公安机关侦查终结移送检察机关审查起诉的相关案件，我们会加快审查逮捕、审查起诉的进度，对构成犯罪的，依法提起公诉，保持对金融犯罪高压打击态势，维护金融市场秩序。

检察机关预防此类犯罪的措施主要有：一是进一步加大对金融犯罪案件追诉、制裁、打击力度；二是加强惩治金融犯罪的宣传和预防金融犯罪陷阱的普法教育，针对犯罪易发环节通过案例警示、风险提示、专项教育等方式开展犯罪预防工作；三是加强与金融监管机构沟通合作，在办案过程中发现监管问题和程序上的漏洞及时与监管部门沟通反映情况，敦促有关主管部门完善监管的措施。

**中国网记者　胡永平**

近年来，互联网金融在我国呈现爆发式增长，伴随而来的各种金融犯罪也是五花八门。请问互联网金融犯罪有哪些新特点？检察机关在打击这方面犯罪有哪些新举措？另外，最高检抗诉的马乐案，有没有最新的进展？

**周永年**

目前互联网金融犯罪中，金融产品和创新业态往往成为犯罪分子所利用的手段和平台，由于互联网金融是现代互联网技术与传统金融业务的结合，因此相关犯罪呈现出与互联网和金融业务密切相关的特点，具体而言：

其一，犯罪主体的专业化和智能化。犯罪者通常兼备两方面条件，一是熟悉金融业务，善于寻找金融监管漏洞，以金融创新为载体或者为借口来实施犯罪行为；二是多数熟悉并可熟练运用计算机信息网络。

其二，犯罪手段的抽象性和高科技化。互联网金融的快速业务拓展造成风控措施缺失和技术漏洞，加剧其业务风险，诱发相关犯罪。例如很多网站的在线支付一味强调便捷性，容易造成安全隐患，被告人韩某在使用软件网页编辑功能时发现利用该功能变更在线支付交易数额时，某些支付系统因未设置交易数额自动审查环节而不易发现金额被人为变更，仍会显示为支付完成，这个被告人韩某遂利用该漏洞侵财50余万元。

其三，犯罪后果的严重性和扩散化。一方面互联网技术突破地域限制，犯罪技术和模式易于复制传播；另一方面互联网上个体和集体非理性的现象更易出现。互联网的虚拟性、跨地域性放大信息噪音，增加信息甄别成本，尤其是在我国市场诚信机制尚不完善的情况下，普通投资者的从众心理容易为网络犯罪所利用，使非法集资等庞氏骗局案件更易于实施和扩大。以网贷为例，2014年已出现利用P2P实施的非法集资案件。

同时，线上金融的新概念与新手法也很容易被复制到线下，充满迷惑性。如马某通过设立线下融资平台假借P2P线下债权转让的形式，短短半年时间就非法吸收公众存款1000余万元。

检察机关打击这些犯罪行为也有一些新举措，包括：一方面，加强互联网金融犯罪个案研究和类案分析，对于涉及新产品和新业态的违法犯罪行为，加强法律适用和刑事政策把握，通过对新类型案件的准确指控定罪，发挥其对同类案件的参考指导作用。

另一方面，加强金融检察与行政监管部门衔接，经常通报当前互联网金融犯罪发展趋势，提示行政监管部门和金融机构、互联网金融企业相关业务风险，建议行政监管部门和自律组织完善风险管理、运作规程、信息披露的操作规则，加强风险防控，减少犯罪分子的可乘之机。

**聂建华**

马乐利用未公开信息交易案，是最高人民检察院近年来提出抗诉的第一起金融类犯罪案件。该案于 2015 年 7 月由最高人民法院在第一巡回法庭开庭进行审理，最高人民检察院依法派员出庭支持抗诉。目前这个案件还在最高法院的审理期间，相信很快会作出判决。

**中央人民广播电台记者　孙　莹**

信用卡诈骗犯罪是日趋严重和多样化的，而且一直是金融类犯罪的发案首位，检察机关在办理这类案件采取哪些措施？有哪些有效方法来遏制此类案件的发生？

**苗生明**

近年来，伴随着公民信用卡持有量的大幅增加和广泛使用，信用卡诈骗犯罪。北京市检察机关 2013 年以来查办此类案件数量逐年上升。我们的主要做法是：

第一，坚持严格依法办案与宽严相济刑事政策的有机结合。一是依法打击严重信用卡诈骗犯罪，对于客观上"能够还"但主观上"不想还"的犯罪分子，依法批捕、起诉，做到打击不手软；二是注重准确界定民事纠纷和刑事犯罪，确保刑罚打击的准确性；三是做到区别对待讲政策。

比如有些犯罪，虽然已经构成犯罪的，但是恶意透支数额相对较小，而且在审查起诉期间偿还全部款息，主观恶性不大，这种情况下检察机关也可以对其作出不起诉决定。

第二，积极与公安、审判机关沟通，统一定案标准。刚才我介绍综合情况时提到两个"80%"，在信用卡诈骗犯罪中，恶意透支型案件占据全部案件的 80% 左右，是不是具有非法占有目的，包括银行的催收应该怎么认定等，这里在实践中的情况就比较复杂。一旦认定标准不统一，就有可能有失之于严、失之于宽的问题。所以正确认定恶意透支型信用卡诈骗罪的适用标准，对于依法准确打击此类犯罪尤为重要。北京市东城区检察院、朝阳区检察院、海淀区检察院等多个基层院与辖区公安、法院座谈会商，会签了《关于办理恶意透支型信用卡诈骗案件的会议纪要》，对于"持卡人""催收""恶意透支数额""犯罪情节轻微"等要件的内容予以明确，对于"非法占有目的"规定从行为人申领信用卡材料是否真实、透支款项的方式和用途、偿还能力及还款行为、还款意愿等方面综合评价，统一了司法认定标准。

第三，形成介入金融监管有效机制，机构共存联动。针对金融监管方面存在的薄弱环节甚至是制度缺陷，西城区检察院与中国银监会北京监管局签订合作协议，通过建立信息共享机制、联席会议机制、提前介入机制和协调查处机制等工作制度，介入金融监管，加强机构联系，形成有效互动，以个案查办为基础，指出各家银行在经营管理中存在的共性问题和风险隐患，提出了解决问题和防范风险的对策建议，获得了金融监管部门的认可。

第四，依托案件开展法制宣传，提高公民守法意识。刚才我也谈到，宣传非常重要。关于如何有效遏制和预防这类犯罪的发生，通过办案我们也解决了一些，但总的来讲关键的因素就在于源头预防。为此，我们有这样几点建议：

一是银行要加强信用卡管理。建议人民银行、银监会等金融管理机构加强监管，明确商业银行在信用卡业务运营上的权与责，加大对违规违法操作的查处、处罚力度。商业银行应当规范发卡环节的监管，在申领环节切实履行告知义务，使申领人明确信用卡的基本使用规则和可能承担的风险，在使用环节，应当根据持卡人的资信状况随时调整透支额度。同时，银行还应当加强对 POS 机及特约商户的日常管理。

二是要推动建立统一有序的信用卡市场管理体系。尽快将银行客户的个人信用评价体系纳入国家征信制度的范围，建立健全以国家为主导、各行业广泛参与的国家征信系统，规范公民信用信息的流通与使用。

三是大力开展以信用卡诈骗犯罪为中心的法制宣传和教育活动。提升民众在获取及使用信用卡中的诚信意识和风险意识，明确违法犯罪的后果。

## 典型案例

**最高人民检察院发布 6 起依法查处金融犯罪典型案例**

### 一、马乐利用未公开信息交易案

2011 年 3 月至 2013 年 5 月，原审被告人马乐担任博时基金管理有限公司旗下博时精选股票证券投资基金经理，全权负责投资基金投资股票市场，掌握了博时精选股票证券投资基金交易的标的股票、交易时点和交易数量等内幕信息以外的其他未公开信息。马乐在任职期间利用上述未公开信息，操作自己控制的"金某""严某进""严某雯"三个股票账户，通过不记名神州行电话卡下单，从事相关证券交易活动，先于、同期或稍晚于其管理的基金账户，买入相同股票 76 只，累计成交额人民币 10.5 亿余元，非法获利人民币 18833374.74 元。

2013 年 6 月 27 日，原审被告人马乐到中国证券监督管理委员会深圳监管局接受调查，交代了有关问题。2013 年 7 月 17 日，原审被告人马乐到深圳市公安局投案。广东省深圳市人民检察院于 2013 年 12 月 26 日指控被告人马乐犯利用未公开信息交易罪向深圳市中级人民法院提起公诉。深圳市中级人民法院于 2014 年 3 月 24 日作出一审判决，认定被告人马乐犯利用未公开信息交易罪，判处有期徒刑三年，缓刑五年，并处罚金人民币 1884 万元；违法所得予以追缴。深圳市人民检察院于 2014 年 4 月 4 日以适用法律错误、量刑不当为由提出抗诉，广东省人民检察院支持抗诉。广东省高级人民法院于 2014 年 10 月 20 日作出终审裁定，驳回抗诉，维持原判。广东省人民检察院认为终审裁定确有错误，于 2014 年 11 月 27 日提请最高人民检察院抗诉。最高人民检察院认为终审裁定适用法律确有错误，导致量刑不当，于2014年12月8日向最高人民法院提出抗诉。2015年7月8日，最高人民法院在第一巡回法庭公开开庭审理本案，最高人民检察院依法派员出庭支持抗诉。

典型意义：《刑法》第180条第4款中的"情节严重"是入罪标准，在处罚上应当依照本条第一款的全部罚则处罚，即区分情形依照第一款规定的"情节严重"和"情节特别严重"两个量刑档次处罚。本案终审裁定以《刑法》第180条第4款并未对利用未公开信息交易罪有"情节特别严重"规定为由，对此情形不作认定，降格评价被告人的犯罪行为，属于适用法律确有错误，导致量刑不当。本案所涉法律问题的正确理解和适用，对明确同类案件的处理、同类从业人员犯罪的处罚具有重要指导作用，对于加大打击"老鼠仓"等严重破坏金融管理秩序的行为，维护社会主义市场经济秩序，保障资本市场健康发展具有重要意义。

**二、苏某利用未公开信息交易案**

2006年9月起，被告人苏某就职于某基金公司。2007年12月至2013年11月，苏某先后担任该公司均衡基金、蓝筹基金经理，负责股票投资的决策和操作。2009年3月至2012年10月，苏某利用因职务便利获取的基金股票交易情况等未公开信息，使用其控制的"王某"等人的证券账户，先于或者同期于其管理的基金买入或者卖出130只股票，累计交易金额7.33亿余元，获利3652万余元。

2013年11月28日，被告人苏某携相关银行、证券账户资料全公安机关投案，并如实陈述了上述犯罪实施；案发后，侦查机关根据苏某提供的相关账户，冻结了银行户名为"王某"账户内的资金2800万余元。

上海市人民检察院第一分院于2014年6月3日对此案提

起公诉。2014 年 10 月 21 日，上海市第一中级人民法院以利用未公开信息交易罪，判处被告人苏某有期徒刑二年六个月，并处罚金人民币 3700 万元；冻结在案的银行户名为"王某"的账户内的全部资金予以追缴，其余违法所得责令被告人苏某退赔。

典型意义：本案系一起证券从业人员利用其职务便利获取未公开信息后进行非法交易的典型案例。该案犯罪时间长达 4 年，交易金额和获利数额巨大。苏某长期从事证券行业，知晓并应遵守相关法律法规、执业操守要求，但在非法证券交易高利润的诱惑之下，心存侥幸，自认为犯罪行为与其正常执业行为混淆在一起，难以被监管部门和公司察觉，一次次越过"高压线"肆意攫取暴利。此类案件已多有发生，监管部门和金融机构应当加强对重点人员的行业准入和执业监督，并加强法治教育。

**三、某实业有限公司、某动力机械有限公司、王某逃汇案**

2012 年 8 月至 2013 年 4 月，被告人王某在经营上海某实业有限公司、上海某动力机械有限公司期间，为赚取人民币定期存款利息（人民币定期存款利率在 2.8%~3.3%）与外汇贷款资金成本（外汇贷款利率在 1%~3%）之间的利差，虚构转口贸易背景，以虚假的销售合同、货物装箱单、货物提单等材料向银行申请外汇贷款；同时被告人王某向他人借款、借用银票等，以用于向银行支付保证金、提供银票质押（保证金或银票金额等额于贷款金额）等，为外汇贷款提供担保，其中保证金存入银行保证金账户，利息按定期存款利率计算。

银行审核王某提供的实业公司上述贸易资料后，即以"转口贸易"形式将外汇资金电汇至王某控制的 6 家境外公司银行账户，之后实业公司又以转口收汇形式收到王某控制的境外公司银行账户电汇划入境内的外汇资金，实业公司将大部分外汇资金结汇人民币后用于归还保证金借款、银票，或作为保证金再向银行申请外汇贷款。

银行外汇贷款到期后，实业公司的保证金账户被启封，同时银行向该公司支付相应的保证金利息，实业公司归还给银行外汇贷款等额的人民币资金及贷款利息、手续费等，或银行直接从实业公司保证金账户内扣划外汇贷款本息，实业公司据此获取人民币定期存款利息收入与外汇贷款成本之间的利差部分。

其间，被告人王某以实业公司名义通过上述方式或办理进口押汇先后从7家国内银行获取外汇融资资金76笔，金额累计为29493.11万美元（折合人民币181885.17万元），均以转口贸易名义汇入王某控制的境外公司银行账户。

此外，2013年3月，被告人王某在经营上海某动力机械有限公司期间，为赚取人民币定期存款利息与外汇贷款资金成本之间的利差，虚构转口贸易背景，提供虚假的境外购销合同、装箱单、货物提单等材料向银行申请付款保函，同时在境内银行存入等额于票面金额的人民币保证金。在银行向境外贴现行开具付款保函后，境外贴现行即将远期票据本金支付给票据收款人即被告人王某控制的境外公司银行账户，之后，该机械公司开立在境内银行的美元账户先后收到上述境外公司银行账户划入的美元资金，该机械公司结汇成人民币后划至实业公司银行账户。被告人王某通过上述方式向境内银行申请付款保函业务6笔，金额总计6259.36万美元。

2013年9月4日至23日，上述保函业务陆续到期，境外贴现行向境内银行索偿上述票据贴现金额合计6259.35万美元，境内银行即购汇向境外贴现行付款6259.35万美元。2013年10月16日，动力机械公司在境内银行的保证金账户内归还银行上述购汇垫款本金人民币3.8亿余元，偿还银行垫款逾期利息人民币300余万元，支付各项手续费人民币68万余元，银行支付给该公司保证金利息人民币739万余元，该公司获利人民币370万余元。

2013年9月2日，上海市人民检察院第一分院对王某作出批准逮捕。经上海市人民检察院第一分院指定，上海市浦东新区人民检察院于2014年5月15日提起公诉。上海市浦东新区人民法院于2014年12月16日判决被告单位上海某实业有限公司犯逃汇罪，判处罚金人民币9100万元。被告单位上海某动力机械有限公司犯逃汇罪，判处罚金人民币2000万元。被告人王某犯逃汇罪，判处有期徒刑五年六个月。被告单位违法所得的钱款予以追缴或责令退赔后，予以没收。

典型意义：此案是首例涉自贸试验区逃汇案件，系采用虚构贸易背景的方式实施犯罪。自贸区的金融改革使得跨境贸易更为便利，需高度关注和重点打击部分犯罪分子便利用境内外经贸管理制度的差异，借助离岸公司、离岸账户虚构贸易背景实施逃汇、信用证诈骗、骗取出口退税等犯罪。

**四、某酒业有限公司、彭某骗取贷款案**

2012年10月，某银行与被告单位上海某酒业有限公司（以下简称酒业公司）签订《采购卡分期透支业务合作协议》，双方约定在酒业公司提供连带责任担保承诺的前提下，由银行为购买酒业公司产品且有分期付款需求的借款人提供贷款用以支付产品款项。2012年11月至2013年4月，被告人彭某作为被告单位酒业公司的实际负责人，虚构18人系酒业公司购货商的身份，伪造相关身份证明、购销合同、交易确认请款单等材料，骗取银行贷款人民币2018万余元，至案发尚有人民币1053万余元无力偿还，造成银行特别重大损失。

2013年12月27日，上海市浦东新区人民检察院对被告人彭某作出批准逮捕决定，该院于2014年9月3日提起公诉。

浦东新区人民法院于同年 11 月 25 日判决被告单位上海某酒业有限公司犯骗取贷款罪，罚金人民币 20 万元。被告人彭某犯骗取贷款罪，判处有期徒刑一年六个月，罚金人民币 2 万元。违法所得责令退赔。

典型意义：本案系银行金融创新过程中发生的刑事案件。一方面，由于金融行业的竞争日趋激烈，促使各金融机构不断推出金融创新产品；另一方面，我国资本市场尚不发达，企业融资途径有限，小微企业融资尤其困难。在此背景下，作为传统的金融机构，银行推出了名称各异的各种新型信用卡业务，但金融创新在为小微企业提供融资便利的同时，也易诱发金融风险和金融犯罪，从风险防控和法律规制角度看，金融机构在推出新型金融产品时，应注重风险防控机制的建立与健全，司法机关要加强对新型金融产品和业务的法律性质研判。

**五、蔡某集资诈骗案**

2013 年 4 月，被告人蔡某委托他人注册成立一家投资管理有限公司，其系法定代表人。2013 年 8 月起，其租借上海市普陀区曹杨路一处住所为公司实际经营地，建立一家财富网，通过刊登虚假抵押信息，对外虚假宣传公司进行高利借贷等业务、并已取得相关抵押权，许诺给投资人年化利率21%的投资回报，吸引他人投资。其间，通过上述方法，骗取 20 名被害人共计人民币 105 万余元（以下币种均为人民币）。被告人蔡某在骗取上述钱款后归个人使用，未用于任何投资经营。

2014 年 3 月 5 日，上海市普陀区人民检察院对蔡某作出批准逮捕决定，该院于 2014 年 10 月 21 日提起公诉，上海市普陀区人民法院以集资诈骗罪，判处被告人蔡某有期徒刑七年，并处罚金人民币 8 万元。

典型意义：目前，P2P、众筹等互联网金融形态发展迅猛，但其健康发展离不开完善的诚信机制与监管规则。在这二者均尚未完备的背景下，一些犯罪分子借用互联网金融的概念，以高额利息为诱饵诱骗投资者。以 P2P 网贷平台为例，各地屡屡出现兑付危机、倒闭、卷款跑路等乱象。本案被告人就是利用网贷平台信息不对称的特点，发布虚假信息，骗取投资者资金。本案提示了 P2P 网络借贷平台的业务经营红线，提示投资者要有风险意识，做好合理的资产配置规划，不要把 P2P 当成唯一的理财手段，更不要轻信平台许诺的高收益，以免误入歧途，造成损失。

## 六、李某等三人内幕交易案

被告人李某担任某上市公司董事兼董事会秘书。2012 年 6 月 23 日，该上市公司实际控制人召集公司董事长及董事李某等高管人员召开非正式会议，要求公司必须在限定期限内完成资产优化重组。会后，公司董事长指示要加快推进重组进度，并让李某准备上市公司申请停牌的相关资料。2012 年 7 月 6 日，该上市公司因重大资产重组事项向深圳证券交易所申请停牌，公司证券于当日开市起临时停牌；同年 11 月 5 日，公司复牌并发布非公开发行股票预案。

2012 年 6 月 23 日会议确定的公司限期内完成资产优化重组事项在公开披露前属于证券法规定的内幕信息，2012 年 6 月 23 日至同年 11 月 5 日为内幕信息敏感期。被告人李某作为该上市公司董事、董事会秘书，属于证券法规定的内幕信息知情人员。

2012 年 6 月底，李某把公司将要重组的信息告诉其丈夫宋某和表妹涂某，要求二人帮助购买公司的股票。7 月 1 日，宋某委托他人将 169 万元人民币存入他人的银行账户。7 月 2 日，涂某用他人的证券账户买入该公司股票共计 332 655 股，成交金额 1 686 959.29 元。同年 11 月 21 日，涂某按照李某的要求，将上述公司股票全部卖出，获利 860 120.87 元。

被告人李某、宋某、涂某于 2013 年 3 月 15 日被查获归案。

2014 年 5 月 12 日，北京市第二中级人民法院作出一审判决，被告人李某犯内幕交易罪，判处有期徒刑五年，并处罚金人民币 62 万元；被告人宋某犯内幕交易罪，判处有期徒刑一年六个月，缓刑一年六个月，并处罚金人民币 19 万元；被告人涂某犯内幕交易罪，判处有期徒刑六个月，缓刑一年，并处罚金人民币 6 万元。

典型意义：内幕交易犯罪案件作案手法隐蔽、难以发案。检察机关在办案过程中应注重总结此类犯罪的新特点、新趋势，主动积累经验，并继续与有关部门通力合作，在办理证券犯罪案件的证据标准和法律适用问题上达成共识。同时，还应当充分发挥法律监督职能，通过检察建议等手段督促上市公司加强内部管理，以有效防范此类案件的发生。

## 部分新闻链接

1. 人民日报 2015 年 9 月 24 日报道《加快审查股市异动中证券期货领域案件　利用互联网实施金融犯罪趋势明显》。

2. 新华社 2015 年 9 月 23 日报道《最高检：保持对金融犯罪高压打击态势》。

3. 中央人民广播电台 2015 年 9 月 23 日报道《第一现场：最高检通报查办金融领域刑事犯罪情况》。

4. 中央电视台 2015 年 9 月 23 日报道《最高检：对股市内幕交易等犯罪打防并举》。

5. 中国日报 2015 年 9 月 24 日报道《Financial crime crackdown to be stepped up（金融犯罪打击力度加强）》。

6. 新京报 2015 年 9 月 24 日报道《数据：上半年批准逮捕金融犯罪案件 7782 件》。

# 深化司法体制改革　完善司法责任制

最高人民检察院发布《关于完善人民检察院司法责任制的若干意见》

发布时间: 2015 年 9 月 28 日 10:00

发布内容: 发布《关于完善人民检察院司法责任制的若干意见》

发布地点: 最高人民检察院电视电话会议室

主 持 人: 最高人民检察院新闻发言人　肖玮

出席嘉宾: 最高人民检察院司法改革领导小组办公室主任　王光辉①

---

① 现任最高人民检察院党组成员、政治部主任。

## 主题发布

肖 玮

各位记者朋友，大家上午好！欢迎参加今天的新闻发布会。出席今天发布会的是最高检司法改革领导小组办公室主任王光辉。今天新闻发布会的主题是发布《关于完善人民检察院司法责任制的若干意见》。

党的十八届三中、四中全会都对完善司法责任制提出了要求。为贯彻落实三中、四中全会部署，最高人民检察院制定了《关于完善人民检察院司法责任制的若干意见》（以下简称《若干意见》）。8 月 18 日，中央全面深化改革领导小组第十五次会议审议并通过这一方案。最高人民检察院今天公布《若干意见》，并向大家通报有关情况。

**一、介绍一下制定《若干意见》的简要情况**

根据中央关于司法体制改革的统一部署，最高人民检察院于 2013 年 11 月 15 日印发《检察官办案责任制改革试点方案》，在 7 个省的 17 个检察院开展检察官办案责任制试点。2014 年 6 月，中央政法委部署在上海等 7 个省市开展"完善司法责任制、完善司法人员分类管理制度、健全司法人员职业保障制度、推动省以下地方法院检察院人财物统一管理"四项改革试点工作，完善司法责任制是其中重要内容。最高人民检察院将这两个方面的试点工作统筹起来予以推进。试点地方检察院结合实际积极探索，做了大量的开创性工作，特别是在检察机关的办案组织形式、检察官权力清单、司法责任划分等方面，积累了有益经验。

最高人民检察院全面总结各地试点经验，深入研究司法责任制的理论和实践问题，成立专门工作班子，及时启动检察机关司法责任制改革文件的制定工作。《若干意见》起草过程中，坚持把改革方案的质量放在第一位，采取多种形式充分听取各方面意见。反复征求检察系统内部意见。两次征求全国检察机关意见，一次听取省级检察长的意见；召开地方三级检察院代表参加的座谈会；举办大检察官研讨班进行专题研讨；个别征求部分检察业务专家的意见。

高度重视检察系统外部意见。除书面征求意见外，曹建明检察长亲自主持座谈会，当面听取了中央政法单位、全国人大内司委、法工委、中国法学会、全国律协等单位的意见建议；分三次征求了20多位法学专家学者的意见。曹建明检察长等院领导先后到6个省市调研司法责任制改革。最高人民检察院对这些意见建议进行逐条研究，对一些重大问题深入论证，对改革文件反复修改，形成现在的《若干意见》。可以说，《若干意见》最大限度地凝聚了各方面的共识。

**二、完善人民检察院司法责任制的总体思路**

完善人民检察院司法责任制的总体思路是：认真贯彻党的十八大和十八届三中、四中全会精神，紧紧围绕全面推进依法治国的总目标和建设公正高效权威的社会主义司法制度，着力解决影响司法公正的深层次问题，按照"谁办案谁负责、谁决定谁负责"的要求，健全检察机关司法办案组织及运行机制，明确检察人员职责权限，完善检察管理和监督机制，严格司法责任认定和追究，提高司法公信力，努力让人民群众在每一个司法案件中感受到公平正义。

围绕这个总体思路，在制定《若干意见》时注重体现六个方面的原则和要求：

一是坚持宪法规定的领导体制。我国宪法规定，最高人民检察院领导地方各级人民检察院和专门人民检察院的工作，上级人民检察院领导下级人民检察院的工作。人民检察院组织法规定，检察长统一领导检察院的工作。在完善检察权运行机制和司法责任制的具体制度设计中，要体现"检察一体""上令下从"的基本原则。

二是既坚持遵循司法规律，又符合检察职业特点。检察机关是法律监督机关。检察职能既具有司法职能的基本属性，又与审判职能相区别。我国检察业务包含审查逮捕、审查起诉、查办职务犯罪、对诉讼活动进行监督等多个种类。与司法责任相关的制度设计要从职业特点出发。

三是突出检察官的主体地位。主要是通过科学划分系统内部不同层级权限和改革现有办案方式，减少审批环节，赋予检察官相对独立对所办案件作出决定的权力，使检察官在司法办案中发挥主体作用。

四是强化对司法办案的监督制约。在适度"放权"的同时，相应地完善监督机制，对司法办案工作进行全程、全方位的监督，确保检察官依法正确行使权力。

五是公平合理地确定司法责任，坚持权责相当。检察官在其职权范围内承担司法责任。对故意徇私枉法、重大过失酿成错案与一般工作失误导致的瑕疵案件，区分不同情况进行处理。

六是在继承的基础上改革创新。发挥中国特色社会主义检察制度的体制优势，坚持长期以来形成的有效做法，同时改革办案机制不完善、司法责任不清晰等方面的弊端。

### 三、《若干意见》的主要内容

根据以上总体思路，《若干意见》从司法办案组织及运行机制、检察委员会运行机制、检察人员职责权限、检察管理与监督机制以及司法责任认定和追究方面，提出了改革意见。

关于健全司法办案组织及运行机制。在实行检察人员分类管理、落实检察官员额制的基础上，根据履行职能需要、案件类型及复杂难易程度，实行独任检察官或检察官办案组的办案组织形式。独任检察官，即一名检察官带领必要的检察辅助人员从事办案活动。检察官办案组由两名以上检察官组成，配备必要的检察辅助人员。主任检察官作为办案组负责人承担案件的组织、指挥、协调以及对办案组成员的管理等工作，在职权范围内对办案事项作出处理决定或提出处理意见，其他检察官在主任检察官的组织、指挥下从事具体的办案活动。

同时，《若干意见》对审查逮捕和审查起诉、职务犯罪侦查、诉讼监督等三类检察业务分别规定了不同的运行机制。审查逮捕、审查起诉案件，检察官对检察长（副检察长）负责，在职权范围内对办案事项作出决定；职务犯罪侦查案件，决定初查、立案、侦查终结等事项，由检察官提出意见，经职务犯罪侦查部门负责人审核后报检察长（副检察长）决定；诉讼监督案件，检察官对检察长（副检察长）负责，在职权范围内对办案事项作出决定，以人民检察院名义提出纠正违法意见、检察建议、终结审查、不支持监督申请或提出（提请）抗诉的，由检察长（副检察长）或检察委员会决定。

关于健全检察委员会运行机制。为提高检察委员会工作法治化、民主化、科学化水平，发挥检察委员会对重大案件和其他重大问题的决策、指导和监督功能，《若干意见》围绕检察委员会工作机制中与司法责任制相关的内容，提出了以下五项改革措施：

一是规范了检察委员会讨论决定具体案件的范围，划分与检察官、检察长在司法办案中的界限。二是明确了检察委员会由检察长、副检察长、专职委员和部分资深检察员组成，强化了检察委员会委员的专业化、职业化建设。三是赋予检察官可以就所承办案件提出提请检察委员会讨论的请求权，完善了提请检察委员会讨论案件的程序。四是完善了检察委员会讨论决定案件的机制，提高了案件决策的科学化水平。五是提出了建立健全检察委员会决策咨询机制等改革措施。

关于明确检察人员职责权限。检察办案涉及检察长、检察官、业务部门负责人和检察官助理等各类检察人员。明确各类检察人员的职责权限，是完善司法责任制的前提和基础。《若干意见》从以下几个方面完善了各类检察人员的职责权限：

一是完善了检察长职责。主要明确了检察长对案件的处理决定权和行政管理职能。二是原则规定检察官依照法律规定和检察长委托履行职责，同时，要求省级检察院结合本地实际，根据检察业务类别、办案组织形式，制定辖区内各级检察院检察官权力清单。三是界定了主任检察官的职责权限。主任检察官除履行检察官职责外，作为办案组负责人还负责办案组承办案件的组织、指挥、协调以及对办案组成员的管理工作。四是改革业务部门负责人职责权限，明确业务部门负责人应当作为检察官在司法一线办案，同时，规范了业务部门负责人的司法行政事务管理权。五是明确了检察官助理在检察官指导下办理案件的职责。

关于健全检察管理和监督机制。赋予检察官相关办案权和决定权的同时，必须相应地加强监督制约，保证公正司法。《若干意见》在原来检察机关监督体系的基础上，完善了多个方面的监督机制。一是全面推行检察机关统一业务应用系统，实现办案信息网上录入、办案流程网上管理、办案活动网上监督。二是设立案件管理机构对办案工作实行统一集中管理、流程监控，全面记录检察官办案信息，实行全程留痕。三是建立随机分案为主、指定分案为辅的案件承办确定机制。四是建立符合检察规律的办案质量评价机制。五是依托现代信息化技术，构建开放动态透明便民的阳光司法机制。

关于严格司法责任认定和追究。在明确各类检察人员职责权限的基础上，建立"权责一致"的司法责任体系，构建科学合理的司法责任认定和追究机制，是落实司法责任制的核心。一是明确司法责任的类型和标准。根据检察官主观上是否存在故意或重大过失，客观上是否造成严重后果或恶劣影响，将司法责任分为故意违反法律法规责任、重大过失责任和监督管理责任三类，分别列举了各类司法责任的具体情形，以及免除司法责任的情形，增强了司法责任追究的可操作性。二是科学划分司法责任。通过科学划分司法责任，使办案的检察官对自己的办案行为负责，作出案件处理决定的检察官对自己的决定负责，把司法责任具体落实到人。三是完善责任追究程序。从司法责任的发现途径、调查核实程序、责任追究程序、追责方式、终身追责等几个方面完善了司法责任的认定和追究机制。对检察人员承办的案件发生被告人被宣告无罪，国家承担赔偿责任，确认发生冤假错案，犯罪嫌疑人、被告人逃跑或死亡、伤残等情形的，一律启动问责机制，核查检察人员是否存在应予追究司法责任的情形。

### 四、完善人民检察院司法责任制的意义

近年来，司法公信力不高问题较为突出，人民群众对司法不公、司法腐败、冤假错案问题反映强烈。这些问题的产生，有司法观念陈旧、司法人员素质不高等方面的原因，但深层次的原因在于司法体制机制不健全，其中就包括司法责任制不完善。完善人民检察院司法责任制，是

建立权责统一、权责明晰、权力制约的司法权力运行机制的关键，是深化司法体制改革的核心，具有多方面的重要意义。

一是有利于将司法办案的责任落到实处，增强检察官司法办案的责任心，促进检察官依法公正履行职责，提高司法办案的质量和效率；二是有利于减少内外部人员对司法办案的不当干预，保障人民检察院依法独立行使检察权；三是有利于解决当前司法活动中的突出问题，提高司法公信力，努力让人民群众在每一个司法案件中感受到公平正义；四是有利于促进检察人员提高自身素质，推进检察队伍正规化、专业化、职业化建设。

同时，完善人民检察院司法责任制是一项综合性改革，涉及检察机关基本办案组织、检察业务运行方式、检察委员会运行机制、检察管理和监督机制、司法责任认定和追究机制等多个方面的具体改革举措和相关配套改革。这些改革措施的逐步落实，将对司法改革的全面深化、检察工作的全面发展、中国特色社会主义检察制度的全面完善产生重要影响。

### 五、推行人民检察院司法责任制的安排

完善司法责任制是当前全国检察机关的一项重要改革任务。为了抓好《若干意见》的落实，下一步将做好几项工作：一是通过举办培训班等形式，组织全体检察人员学习《若干意见》，准确理解和贯彻执行文件精神。二是最高人民检察院近期将召开会议对《若干意见》的实施作出专门部署。三是要求省级检察院提出实施意见，特别是结合实际制定本地区三级检察院检察官权力清单。四是把司法责任制改革与检察人员分类管理、完善职业保障、规范整合内设机构等改革举措统筹协调推进。在整个实施过程中，最高人民检察院将及时掌握进展情况，加强指导。

完善人民检察院司法责任制，检察系统内部和社会各界都很关注。这项工作的顺利开展离不开广大人民群众的关心和参与，也离不开新闻媒体朋友的关注和支持。希望大家持续关注这项改革的进展和成效，共同为推进司法体制改革、建立公正高效权威的社会主义司法制度作出贡献。

## 现场答问

**上海电视台法治天地频道记者　程文韬**

此次意见要求检察人员在职责范围内对办案质量终身负责制，这个要求意味着什么？检察机关在办案过程中如何落实意见的要求？有些司法案件在办案过程中存在着司法瑕疵，有学者认为司法瑕疵属于工作方面的，不是司法责任的范畴。请问您如何界定区分司法瑕疵和司法责任？

**王光辉**

党的十八届四中全会提出，"实行办案质量终身负责制和错案责任倒查问责制，确保案件处理经得起法律和历史检验"。办案质量终身负责制意味着，只要检察人员对承办的案件应当承担司法责任，无论他们是在职还是退休，是在检察机关还是调到其他部门工作，无论经过多长时间，都要按照规定启动问责程序，客观公正地进行调查处理。这样可以增强检察人员司法办案的责任心，促进检察人员依法公正行履行职责，提高司法办案的质量和效率。

司法瑕疵，主要是检察人员在事实认定、证据采信、法律适用、办案程序、文书制作以及司法作风等方面不符合法律和有关规定，但不影响案件结论的正确性和效力的行为或做法，表现形式多样。为从严管理司法办案活动，提高办案质量，《若干意见》在最初起草的时候，拟将司法瑕疵作为司法责任的一种予以规定。在征求意见过程中，专家学者和有关方面认为，司法瑕疵与司法责任在行为和后果方面有较大区别，检察人员在办案中出现一些小的疏漏，比如法律文书格式、文字、语法、符号等出现错误，只要不影响案件处理，不宜作为司法责任予以追究；司法责任的规定过于严苛不利于保护检察官的办案积极性和担当精神。根据各方面意见，《若干意见》最后没有把司法瑕疵列入司法责任范围，但同时规定，"检察人员在事实认定、证据采信、法律适用、办案程序、文书制作以及司法作风等方面不符合法律和有关规定，但不影响案件结论的正确性和效力的，属司法瑕疵，依照相关纪律规定处理"，仍然体现了从严格要求的精神。在这之前，2014 年 11 月，最高人民检察院出台了《人民检察院司法瑕疵处理办法（试行）》，对司法瑕疵的认定、补正、处理等作出了明确规定。

**新华网记者　徐　青**

目前，检察机关人员在办案过程中，还存在哪些问题？是什么原因造成的？此次意见的出台能否根治这些问题？

**王光辉**

解决检察机关司法办案中的问题、保证公正司法是一项系统工程，要从更新司法理念、整治突出问题、改革司法管理体制和司法权力运行机制、提高人员素质等方面入手，多措并举，综合施策。完善司法责任制也是其中的一项重要措施。

检察机关司法责任制改革，重点是解决三个方面的问题：第一是明确检察人员的职责权限；第二是完善检察机关司法办案组织及业务运行方式，也可以理解为完善检察权运行机制；第三是完善司法责任体系。这三个方面是相互联系、有机统一的。前两者是前提和基础。明确检察人员职责权限，目的在于使检察官在职权范围内相对独立地承办和决定案件。完善检察权运行机制，主要是为了减少审批环节，也是为了突出检察官在司法办案中的主体地位。只要这两个方面确定了，司法责任体系就比较明确了。

因为，检察官的职权明晰了，责任也就清楚了；而权力运行机制不同，司法责任的划分就不同。在层层审批的权力运行机制下，司法责任就是分散甚至模糊的。所以，我们概括起来说，完善人民检察院司法责任制，就是要按照"谁办案谁负责、谁决定谁负责"的要求，通过明确检察人员职责权限和完善检察权运行机制，使检察官既成为司法办案的主体，也成为司法责任的主体。

应该说，这三个方面的改革措施，对于解决当前检察机关司法办案中的问题，提高司法公信力，都是很有意义的。通过完善人民检察院司法责任制，建立权责统一、权责明晰、权力制约的司法权力运行机制和公平合理的司法责任认定、追究机制，有利于完善办案机制，减少内外部人员对司法办案的不当干预，保障人民检察院依法独立行使检察权，特别是有利于将司法责任落到实处，增强检察官司法办案的责任心，促进检察官依法公正履行职责，提高司法办案的质量和效率，努力让人民群众在每一个司法案件中感受到公平正义。

经济日报记者　李万祥

《若干意见》对错案追责的形式、方式等都做了一系列的规定。在明确检察官职责、完善违法责任追究机制与履职保护之间如何平衡？

王光辉

完善人民检察院司法责任制的目标，主要是落实"谁办案谁负责、谁决定谁负责"的要求。这在客观上加大了检察官司法办案的责任。相应地，也要强化对检察官的履职保护。有效的履职保护，是检察官免受干预，依法公正行使检察权的重要保障。世界许多国家都建立了完善的司法人员职业保障制度，我国在这方面也有规定和要求。《法官法》第 8 条、《检察官法》第 9 条规定，法官、检察官依法履行职责不受行政机关、社会团体和个人的干涉，非因法定事由、非经法定程序，不被免职、降职、辞退或者处分。

党的十八届四中全会决定对此作出了进一步的部署，提出"建立健全司法人员履行法定职责保护机制。非因法定事由，非经法定程序，不得将法官、检察官调离、辞退或者作出免职、降级等处分"。目前，有关部门正在根据全会决定部署，抓紧制定司法人员履职保护方面的改革文件。

同时，按照权责利相统一的原则，对司法人员工资待遇方面也出台了相应改革举措。9 月 15 日，中央全面深化改革领导小组第十六次会议审议通过了《法官、检察官单独职务序列改革试点方案》和《法官、检察官工资制度改革试点方案》，强调突出法官、检察官的职业特点，对法官、检察官给予特殊政策，建立有别于其他公务员的单独职务序列，

建立与工作职责、实绩和贡献紧密联系的工资分配机制。

**北京青年报记者　孙　静**

错案追责的标准和范围是否有具体规定？哪些情形不作为错案责任范畴？错案发生后如何认定，错案追究程序如何启动？

**王光辉**

《若干意见》对检察人员司法责任的界定不限于错案责任，它包括检察人员在司法办案活动中故意违反法律法规的责任、重大过失造成严重后果的责任，还有监督管理责任。故意违反法律法规的责任实际上是一种行为责任，只要检察人员在司法办案中故意实施了有关行为或不作为，就应该承担相应的司法责任，对此《若干意见》规定了11种情形。而对于重大过失的责任，不仅要求主观上存在重大过失，还要具有因重大过失而产生的严重后果，包括造成错案、遗漏重要犯罪嫌疑人或重大罪行等，对此《若干意见》规定了8种情形。

对司法责任的认定，要坚持主观过错与客观行为相一致的原则。《若干意见》规定，司法办案工作中虽有错案发生，但检察人员履行职责中尽到必要注意义务，没有故意或重大过失的，不承担司法责任。这实际上是对司法责任豁免的规定。世界各国通常都有司法责任豁免制度。

检察院纪检监察机构受理对检察人员在司法办案工作中违纪违法行为和司法过错行为的检举控告，根据检举控告启动问责程序。同时，《若干意见》强调，检察人员承办的案件发生被告人被宣告无罪，国家承担赔偿责任，确认发生冤假错案，犯罪嫌疑人、被告人逃跑或死亡、伤残等情形的，一律启动问责程序，核查是否存在应予追究司法责任的情形。

为了保障客观公正地认定检察官的司法责任，《若干意见》提出由检察官惩戒委员会对检察官是否应当承担司法责任进行审议。检察院纪检监察机构经调查认为应当追究检察官司法责任的，报请检察长决定后，移送省、自治区、直辖市检察官惩戒委员会审议，由检察官惩戒委员会根据查明的事实和法律规定作出无责、免责或给予惩戒处分的建议。惩戒委员会作为独立于检察机关的机构，可以更加中立、客观地对检察官是否应当承担司法责任作出判断。

**中央人民广播电台记者　孙　莹**

检察院在对违法办案的检察人员责任追究方面有哪些新的规定？如何落实？

**王光辉**

在对违法办案人员的责任追究方面，《若干意见》作了不少新的规定：

第一，明确了司法责任类型和标准。根据检察人员主观上是否存在故意或重大过失，客观上是否造成严重后果或恶劣影响，将司法责任分为故意违反法律法规责任、重大过失责任和监督管理责任三类，分别列举了各类司法责任的具体情形。

第二，科学划分了司法责任。在明确各类检察人员职权的基础上划分司法责任，使办案的检察官对自己的办案行为负责，作出案件处理决定的检察官对自己的决定负责，把司法责任具体落实到人。

第三，完善了责任认定和追究程序。

第四，规定了办案质量终身负责制和错案责任倒查问责制。《若干意见》强调，检察人员应当对其履行检察职责的行为承担司法责任，在职责范围内对办案质量终身负责；检察人员承办的案件发生被告人被宣告无罪，国家承担赔偿责任，确认发生冤假错案，犯罪嫌疑人、被告人逃跑或死亡、伤残等情形的，一律启动问责机制，核查检察人员是否存在应予追究司法责任的情形。

第五，规定了检察官惩戒委员会的有关程序。对检察官的司法责任，由独立于检察机关之外的惩戒委员会作出判断，可以更好地保障客观性和公正性。这些新的规定，都需要在下一步司法责任制改革的具体实施中抓好落实。

**发布会文件**

## 关于完善人民检察院司法责任制的若干意见

为更好地保障人民检察院依法独立公正行使检察权，提高司法公信力，现就完善人民检察院司法责任制提出如下意见。

**一、目标和基本原则**

1. 完善人民检察院司法责任制的目标是：健全司法办案组织，科学界定内部司法办案权限，完善司法办案责任体系，构建公正高效的检察权运行机制和公平合理的司法责任认定、追究机制，做到谁办案谁负责、谁决定谁负责。

2. 完善人民检察院司法责任制的基本原则是：坚持遵循司法规律，符合检察职业特点；坚持突出检察官办案主体地位与加强监督制约相结合；坚持权责明晰，权责相当；坚持主观过错与客观行为相一致，责任与处罚相适应。

**二、健全司法办案组织及运行机制**

3. 推行检察官办案责任制。实行检察人员分类管理，落实检察官员额制。检察官必须在司法一线办案，并对办案质量终身负责。担任院领导职务的检察官办案要达到一定数量。业务部门负责人须由检察官担任。

4. 健全司法办案组织形式。根据履行职能需要、案件类型及复杂难易程度，实行独任检察官或检察官办案组的办案组织形式。

独任检察官承办案件，配备必要的检察辅助人员。

检察官办案组由两名以上检察官组成，配备必要的检察辅助人员。检察官办案组可以相对固定设置，也可以根据司法办案需要临时组成，办案组负责人为主任检察官。

5. 审查逮捕、审查起诉案件，一般由独任检察官承办，重大、疑难、复杂案件也可以由检察官办案组承办。独任检察官、主任检察官对检察长（分管副检察长）负责，在职权范围内对办案事项作出决定。

6. 人民检察院直接受理立案侦查的案件，一般由检察官办案组承办，简单案件也可以由独任检察官承办。决定初查、立案、侦查终结等事项，由主任检察官或独任检察官提出意见，经职务犯罪侦查部门负责人审核后报检察长（分管副检察长）决定。

7. 诉讼监督等其他法律监督案件，可以由独任检察官承办，也可以由检察官办案组承办。独任检察官、主任检察官对检察长（分管副检察长）负责，在职权范围内对办案事项作出决定。以人民检察院名义提出纠正违法意见、检察建议、终结审查、不支持监督申请或提出（提请）抗诉的，由检察长（分管副检察长）或检察委员会决定。

8. 检察长（分管副检察长）参加检察官办案组或独任承办案件的，可以在职权范围内对办案事项作出决定。

9. 以人民检察院名义制发的法律文书，由检察长（分管副检察长）签发。

10. 检察长（分管副检察长）有权对独任检察官、检察官办案组承办的案件进行审核。检察长（分管副检察长）不同意检察官处理意见，可以要求检察官复核或提请检察委员会讨论决定，也可以直接作出决定。要求复核的意见、决定应当以书面形式作出，归入案件卷宗。

检察官执行检察长（分管副检察长）决定时，认为决定错误的，可以提出异议；检察长（分管副检察长）不改变该决定，或要求立即执行的，检察官应当执行，执行的后果由检察长（分管副检察长）负责，检察官不承担司法责任。检察官执行检察长（分管副检察长）明显违法的决定的，应当承担相应的司法责任。

### 三、健全检察委员会运行机制

11. 提高检察委员会工作法治化、民主化、科学化水平，发挥检察委员会对重大案件和其他重大问题的决策、指导和监督功能。检察委员会讨论决定的案件，主要是本院办理的重大、疑难、复杂案件，涉及国家安全、外交、社会稳定的案件，下一级人民检察院提请复议的案件。

12. 检察委员会由检察长、副检察长、专职委员和部分资深检察员组成。

13. 检察官可以就承办的案件提出提请检察委员会讨论的请求，依程序报检察长决定。

14. 检察委员会对案件进行表决前，应当进行充分讨论。表决实行主持人末位表态制。检察委员会会议由专门人员如实记录，并按照规定存档备查。

15. 完善检察委员会决策咨询机制。建立健全专家咨询委员会、专业研究小组等检察委员会决策辅助机构。检察委员会讨论案件，可以邀请有关专家到场发表咨询意见。

### 四、明确检察人员职责权限

16. 检察长统一领导人民检察院的工作，依照法律和有关规定履行以下职责：

（一）决定是否逮捕或是否批准逮捕犯罪嫌疑人；

（二）决定是否起诉；

（三）决定是否提出抗诉、检察建议、纠正违法意见或提请抗诉，决定终结审查、不支持监督申请；

（四）对人民检察院直接受理立案侦查的案件，决定立案、不立案、撤销案件以及复议、复核、复查；

（五）对人民检察院直接受理立案侦查的案件，决定采取强制措施，决定采取查封、扣押、冻结财产等重要侦查措施；

（六）决定将案件提请检察委员会讨论，主持检察委员会会议；

（七）决定检察人员的回避；

（八）主持检察官考评委员会对检察官进行考评；

（九）组织研究检察工作中的重大问题；

（十）法律规定应当由检察长履行的其他职责。

副检察长、检察委员会专职委员受检察长委托，可以履行前款规定的相关职责。

17.检察官依照法律规定和检察长委托履行职责。

检察官承办案件，依法应当讯问犯罪嫌疑人、被告人的，至少亲自讯问一次。

下列办案事项应当由检察官亲自承担：

（一）询问关键证人和对诉讼活动具有重要影响的其他诉讼参与人；

（二）对重大案件组织现场勘验、检查，组织实施搜查，组织实施查封、扣押物证、书证，决定进行鉴定；

（三）组织收集、调取、审核证据；

（四）主持公开审查、宣布处理决定；

（五）代表检察机关当面提出监督意见；

（六）出席法庭；

（七）其他应当由检察官亲自承担的事项。

18.主任检察官除履行检察官职责外，还应当履行以下职责：

（一）负责办案组承办案件的组织、指挥、协调以及对办案组成员的管理工作；

（二）在职权范围内对办案事项作出处理决定或提出处理

意见。

19. 业务部门负责人除作为检察官承办案件外，还应当履行以下职责：

（一）组织研究涉及本部门业务的法律政策问题；

（二）组织对下级人民检察院相关业务部门办案工作的指导；

（三）召集检察官联席会议，对重大、疑难、复杂案件进行讨论，为承办案件的检察官或检察官办案组提供参考意见；

（四）负责本部门司法行政管理工作；

（五）应当由业务部门负责人履行的其他职责。

20. 检察官助理在检察官的指导下履行以下职责：

（一）讯问犯罪嫌疑人、被告人，询问证人和其他诉讼参与人；

（二）接待律师及案件相关人员；

（三）现场勘验、检查，实施搜查，实施查封、扣押物证、书证；

（四）收集、调取、核实证据；

（五）草拟案件审查报告，草拟法律文书；

（六）协助检察官出席法庭；

（七）完成检察官交办的其他办案事项。

21. 省级人民检察院结合本地实际，根据检察业务类别、办案组织形式，制定辖区内各级人民检察院检察官权力清单，可以将检察长的部分职权委托检察官行使。各省级人民检察院制定的权力清单报最高人民检察院备案。

**五、健全检察管理与监督机制**

22. 加强上级人民检察院对下级人民检察院司法办案工作的领导。上级人民检察院可以指令下级人民检察院纠正错误决定，或依法撤销、变更下级人民检察院对案件的决定；可以对下级人民检察院管辖的案件指定异地管辖；可以在辖区内人民检察院之间调配检察官异地履行职务。

上级人民检察院对下级人民检察院司法办案工作的指令，应当由检察长决定或由检察委员会讨论决定，以人民检察院的名义作出。

23. 下级人民检察院就本院正在办理的案件的处理或检察工作中的重大问题请示上级人民检察院的，应当经本院检察委员会讨论。在请示中应当载明检察委员会讨论情况，包括各种意见及其理由以及检察长意见。

24. 司法办案工作应当在统一业务应用系统上运行，实现办案信息网上录入、办案流程网上管理、办案活动网上监督。检察长（分管副检察长）和业务部门负责人对办案工作审核、审批，应当在统一业务应用系统上进行。

25. 人民检察院案件管理部门对司法办案工作实行统一集中管理，全面记录办案流程信息，全程、同步、动态监督办案活动，对办结后的案件质量进行评查。

26. 建立随机分案为主、指定分案为辅的案件承办确定机制。重大、疑难、复杂案件可以由检察长指定检察官办案组或独任检察官承办。

27. 当事人举报投诉检察官违法办案，律师申诉、控告检察官阻碍其依法行使诉讼权利，或有迹象表明检察官违法办案的，检察长可以要求检察官报告办案情况。检察长认为确有必要的，可以更换承办案件的检察官，并将相关情况记录在案。

28. 建立以履职情况、办案数量、办案质效、司法技能、外部评价等为主要内容的检察官业绩评价体系。评价结果作为检察官任职和晋职晋级的重要依据。

29. 建立办案质量评价机制，以常规抽查、重点评查、专项评查等方式对办案质量进行专业评价。评价结果应当在一定范围内公开。

30. 构建开放动态透明便民的阳光司法机制。建立健全案件程序性信息查询平台、重要案件信息发布平台、法律文书公开平台、辩护与代理预约平台，推进新媒体公开平台建设。

31. 自觉接受人大、政协、社会各界、新闻媒体以及人民监督员的监督，依法保障律师执业权利。进一步完善内部制约机制，加强纪检监察机构的监督。

**六、严格司法责任认定和追究**

32. 检察人员应当对其履行检察职责的行为承担司法责任，在职责范围内对办案质量终身负责。

司法责任包括故意违反法律法规责任、重大过失责任和监督管理责任。检察人员与司法办案活动无关的其他违纪违法行为，依照法律及《检察人员纪律处分条例（试行）》等有关规定处理。

33. 司法办案工作中虽有错案发生，但检察人员履行职责中尽到必要注意义务，没有故意或重大过失的，不承担司法责任。

检察人员在事实认定、证据采信、法律适用、办案程序、文书制作以及司法作风等方面不符合法律和有关规定，但不影响案件结论的正确性和效力的，属司法瑕疵，依照相关纪律规定处理。

34. 检察人员在司法办案工作中，故意实施下列行为之一的，应当承担司法责任：

（一）包庇、放纵被举报人、犯罪嫌疑人、被告人，或使无罪的人受到刑事追究的；

（二）毁灭、伪造、变造或隐匿证据的；

（三）刑讯逼供、暴力取证或以其他非法方法获取证据的；

（四）违反规定剥夺、限制当事人、证人人身自由的；

（五）违反规定限制诉讼参与人行使诉讼权利，造成严重后果或恶劣影响的；

（六）超越刑事案件管辖范围初查、立案的；

（七）非法搜查或损毁当事人财物的；

（八）违法违规查封、扣押、冻结、保管、处理涉案财物的；

（九）对已经决定给予刑事赔偿的案件拒不赔偿或拖延赔偿的；

（十）违法违规使用武器、警械的；

（十一）其他违反诉讼程序或司法办案规定，造成严重后果或恶劣影响的。

35. 检察人员在司法办案工作中有重大过失，怠于履行或不正确履行职责，造成下列后果之一的，应当承担司法责任：

（一）认定事实、适用法律出现重大错误，或案件被错误处理的；

（二）遗漏重要犯罪嫌疑人或重大罪行的；

（三）错误羁押或超期羁押犯罪嫌疑人、被告人的；

（四）涉案人员自杀、自伤、行凶的；

（五）犯罪嫌疑人、被告人串供、毁证、逃跑的；

（六）举报控告材料或其他案件材料、扣押财物遗失、严重损毁的；

（七）举报控告材料内容或其他案件秘密泄露的；

（八）其他严重后果或恶劣影响的。

36. 负有监督管理职责的检察人员因故意或重大过失怠于行使或不当行使监督管理权，导致司法办案工作出现严重错误的，应当承担相应的司法责任。

37. 独任检察官承办并作出决定的案件，由独任检察官承担责任。

检察官办案组承办的案件，由其负责人和其他检察官共同承担责任。办案组负责人对职权范围内决定的事项承担责任，其他检察官对自己的行为承担责任。

属于检察长（副检察长）或检察委员会决定的事项，检察官对事实和证据负责，检察长（副检察长）或检察委员会对决定事项负责。

38. 检察辅助人员参与司法办案工作的，根据职权和分工承担相应的责任。检察官有审核把关责任的，应当承担相应的责任。

39. 检察长（副检察长）除承担监督管理的司法责任外，对在职权范围内作出的有关办案事项决定承担完全责任。对于检察官在职权范围内作出决定的事项，检察长（副检察长）不因签发法律文书承担司法责任。检察官根据检察长（副检察长）的要求进行复核并改变原处理意见的，由检察长（副检察长）与检察官共同承担责任。检察长（副检察长）改变检察官决定的，对改变部分承担责任。

40. 检察官向检察委员会汇报案件时，故意隐瞒、歪曲事实，遗漏重要事实、证据或情节，导致检察委员会作出错误决定的，由检察官承担责任；检察委员会委员根据错误决定形成的具体原因和主观过错情况承担部分责任或不承担责任。

41. 上级人民检察院不采纳或改变下级人民检察院正确意见的，应当由上级人民检察院有关人员承担相应的责任。

下级人民检察院有关人员故意隐瞒、歪曲事实，遗漏重要事实、证据或情节，导致上级人民检察院作出错误命令、决定的，由下级人民检察院有关人员承担责任；上级人民检察院有关人员有过错的，应当承担相应的责任。

42. 人民检察院纪检监察机构受理对检察人员在司法办案

工作中违纪违法行为和司法过错行为的检举控告，并进行调查核实。

对检察人员承办的案件发生被告人被宣告无罪，国家承担赔偿责任，确认发生冤假错案，犯罪嫌疑人、被告人逃跑或死亡、伤残等情形的，应当核查是否存在应予追究司法责任的情形。

43. 人民检察院纪检监察机构经调查后认为应当追究检察官故意违反法律法规责任或重大过失责任的，应当报请检察长决定后，移送省、自治区、直辖市检察官惩戒委员会审议。

人民检察院纪检监察机构应当及时向检察官惩戒委员会通报当事检察官的故意违反法律法规或重大过失事实及拟处理建议、依据，并就其故意违反法律法规或重大过失承担举证责任。当事检察官有权进行陈述、辩解、申请复议。

检察官惩戒委员会根据查明的事实和法律规定作出无责、免责或给予惩戒处分的建议。

检察官惩戒委员会工作章程另行制定。

44. 对经调查属实应当承担司法责任的人员，根据《检察官法》、《检察人员纪律处分条例（试行）》、《检察人员执法过错责任追究条例》等有关规定，分别按照下列程序作出相应处理：

（一）应当给予停职、延期晋升、调离司法办案工作岗位以及免职、责令辞职、辞退等处理的，由组织人事部门按照干部管理权限和程序办理；

（二）应当给予纪律处分的，由人民检察院纪检监察机构依照有关规定和程序办理；

（三）涉嫌犯罪的，由人民检察院纪检监察机构将犯罪线索移送司法机关处理。

45. 检察人员不服处理决定的，有权依照《人民检察院监察工作条例》等有关规定提出申诉。

46. 检察官依法履职受法律保护。非因法定事由、非经法定程序，不得将检察官调离、辞退或作出免职、降级等处分。检察官依法办理案件不受行政机关、社会团体和个人的干涉。检察官对法定职责范围之外的事务有权拒绝执行。

**七、其他**

47. 本意见适用于中央确定的司法体制改革综合试点地区确定的试点检察院，其他检察院可以参照执行。

48. 本意见由最高人民检察院负责解释。

## 部分新闻链接

1. 中央电视台 2015 年 9 月 28 日报道《最高检出台意见落实司法责任制》。

2. 中国青年报 2015 年 9 月 29 日报道《检察人员故意实施 11 种行为应承担司法责任》。

3. 中国日报 2015 年 9 月 29 日报道《New rules set out for prosecutors（为检察人员制定新规则）》。

4. 人民网 2015 年 9 月 28 日报道《最高检：确认发生冤假错案 一律启动问责机制》。

5. 新华网 2015 年 9 月 28 日报道《检察人员故意实施八种行为应承担司法责任》。

6. 法制网 2015 年 9 月 29 日报道《最高检意见明确检察官办案质量终身负责》。

# 关注弱势群体　维护残疾人合法权益

## 最高人民检察院、中国残联发布《关于在检察工作中切实维护残疾人合法权益的意见》

发布时间: **2015 年 12 月 3 日 10:00**

发布内容: 发布《最高人民检察院、中国残疾人联合会关于在检察工作中切实维护残疾人合法权益的意见》

发布地点: 最高人民检察院电视电话会议室

主　持　人: 最高人民检察院新闻发言人　肖玮

出席嘉宾: 中国残疾人联合会维权部主任　朱兵
最高人民检察院法律政策研究室副主任　王建平

## 🎙 主题发布

肖 玮

　　各位记者朋友，大家上午好！欢迎出席新闻发布会。今天是联合国确定的国际残疾人日，今天新闻发布会的主题是发布《最高人民检察院、中国残疾人联合会关于在检察工作中切实维护残疾人合法权益的意见》。出席今天发布会的嘉宾有：中国残疾人联合会维权部主任朱兵，最高人民检察院法律政策研究室副主任王建平。我是新闻发言人肖玮。

　　我国有超过 8500 万残疾人，他们是最困难的社会群体之一。党的十八届四中全会明确提出，要"完善教育、就业、收入分配、社会保障、医疗卫生、食品安全、扶贫、慈善、社会救助和妇女儿童、老年人、残疾人合法权益保护等方面的法律法规"，"建立健全社会矛盾预警机制、利益表达机制、协商沟通机制、救济救助机制，畅通群众利益协调、权益保障法律渠道"。近年来，残疾人涉法涉诉案件日益增多，残疾人法律救助工作面临一些新的问题，需要采取一些新的措施来保护残疾人的合法权益。特别是 2012 年以来，刑事诉讼法、民事诉讼法、行政诉讼法相继进行了修改，建立了一些新的制度，尤其是修改后刑事诉讼法对检察机关保护残疾人合法权益作出了一些新的规定。因此，有必要制定有关保障残疾人合法权益的规范性文件，对相关法律的实施作出细化规定。

　　在充分调研的基础上，最高人民检察院会同中国残疾人联合会起草了《关于在检察工作中维护残疾人合法权益的意见（征求意见稿）》（以下简称意见稿），征求了全国人大常委会法工委、公安部、司法部、地方检察机关和最高人民检察院有关业务部门的意见，对意见稿多次进行修改和完善，并最终形成了此次会签下发的意见。

意见全文共 24 条，根据修改后三大诉讼法的相关规定，结合人民检察院的法定职责和办案的各个环节，就涉及残疾人案件办理的有关程序作了细化规定。

意见首先对人民检察院办理涉及残疾人案件的原则和要求作出了明确规定，即应当严格依照法律的规定，贯彻党和国家关于残疾人权益保护的各项政策，注重关爱、扶助残疾人，方便其诉讼，采取有效措施防止侵害残疾人权益的行为，保障残疾人平等、充分地参与诉讼活动和社会生活，促进残疾人各项合法权益的享有和实现。

针对调研中不少地方检察机关反映的办理涉及残疾人案件缺乏懂手语、懂心理沟通专业办案人才这一共性问题，意见规定，人民检察院可以指定专人或者设立专门小组办理涉及残疾人的案件，办案工作中，应当加强同残疾人联合会等人民团体、政府有关部门以及涉案残疾人所在单位、社区、村民委员会的沟通联系，主动了解情况，听取意见，共同做好维护残疾人合法权益工作。

残疾人作为弱势群体，对其生命财产安全的侵犯往往会造成较大的伤害，需要予以特殊保护。特别是严重侵害残疾人权益的重大案件和侵害残疾人群体利益的案件，社会影响大，各方面关注度也较高。意见加大了对侵害残疾人权益各种刑事犯罪的打击力度。

意见规定，"对侵害残疾人生命财产安全的刑事犯罪，特别是严重侵害残疾人权益的重大案件、侵害残疾人群体利益的案件，依法从严从快批捕、起诉，加大指控犯罪力度"。对强迫智力残疾人劳动，拐卖残疾妇女、儿童，以暴力、胁迫手段组织残疾人乞讨，故意伤害致人伤残后组织乞讨，组织、胁迫、教唆残疾人进行犯罪活动等案件，意见明确要求依法从重打击。

国家为残疾人发放的各类资金、经费和物资，是残疾人维持基本生活的重要保障，挪用、克扣、截留、侵占上述款物的行为，严重影响残疾人的正常生活。意见规定，"加大对侵害残疾人权益的职务犯罪的查处和预防，依法严惩挪用、克扣、截留、侵占残疾人教育、康复、就业、社会保障等资金和物资以及发生在涉及残疾人事业的设备采购、工程建设中的职务犯罪行为"。

依法维护残疾犯罪嫌疑人、被害人在刑事诉讼中的合法权益是残疾人权益保护的重要内容，意见从保障残疾犯罪嫌疑人、被害人委托辩护人、诉讼代理人和申请法律援助，使用械具等方面进行具体细化。

意见规定，人民检察院自收到移送审查起诉的案件材料之日起三日以内，应当告知残疾犯罪嫌疑人有权委托辩护人，并告知其如果符合最高人民法院、最高人民检察院、公安部、司法部《关于刑事诉讼法律援助工作的规定》第2条规定，本人及其近亲属可以向法律援助机构申请法律援助。对于残疾被害人，应当告知其本人及其法定代理人或者近亲属有权委托诉讼代理人，并告知其如果经济困难，可以向法律援助机构申请法律援助。而犯罪嫌疑人是未成年残疾人，盲、聋、哑人，尚未完全丧失辨认或者控制自己行为能力的精神病人，或者是可能被判处无期徒刑、死刑的残疾人，没有委托辩护人的，意见规定，人民检察院应当及时通知法律援助机构指派律师为其提供辩护。

逮捕是最严厉的刑事强制措施，在对残疾犯罪嫌疑人的审查逮捕中，应当体现宽严相济的刑事政策，严格把握逮捕条件，确有必要的才予以逮捕。意见规定，人民检察院审查逮捕残疾犯罪嫌疑人，除按照《中华人民共和国刑事诉讼法》第79条第1款的规定审查是否具备逮捕条件外，还应当根据犯罪嫌疑人涉嫌犯罪的性质、事实、情节、主观恶性和犯罪嫌疑人身体状况是否适宜羁押等因素综合考量是否确有逮捕必要，必要时可以对残疾犯罪嫌疑人的犯罪原因、生活环境等开展社会调查以作参考。对于不采取强制措施或者采取其他强制措施不妨碍诉讼顺利进行的，应当作出不批准逮捕或者不予逮捕的决定。可捕可不捕的应当不捕，可诉可不诉的应当不诉。

意见还加强了检察机关对残疾在押人员监管、社区矫正以及对不负刑事责任的精神病人强制医疗活动的法律监督工作。意见规定，人民检察院发现看守所、监狱等监管机关在羁押、管理和教育、改造残疾在押人员等活动中有违法行为的，应当依法提出纠正意见；发现看守所、监狱等监管场所没有对残疾在押人员在生活、医疗上给予相应照顾，没有采取适当保护措施的，应当通过检察建议等方式督促监管机关改正。

在开展社区矫正法律监督活动中，人民检察院发现社区矫正机构工作人员对残疾社区矫正人员有殴打、体罚、虐待、侮辱人格、强迫其参加超时间或者超体力社区服务等行为的，应当依法提出纠正意见。一旦发现强制医疗机构工作人员殴打、体罚、虐待或者变相体罚、虐待被强制医疗的精神病人，违反规定对被强制医疗的精神病人使用械具、约束措施等行为的，人民检察院应当依法提出纠正意见。情节严重，构成犯罪的，依法追究刑事责任。

残疾人在社会生活中不可避免地会涉及一些纠纷，产生法律诉求。由于残疾人相对弱势的社会地位，其在各类诉讼活动中的合法权益保护问题应当得到更多的关注。为此，意见明确指出，检察机关应依法履行法律监督职责，有效畅通残疾人控告、举报和申诉的渠道，切实维护残疾人的各项合法权益。意见规定，人民检察院对于残疾人控告、举报、申诉案件应依法快速办理，缩短办案周期。对于不属于本院管辖的案件，应先行接收，然后及时转送有管辖权的机关，并告知提出控告、举报、申诉的残疾人。

复查涉及残疾人的刑事申诉案件，应认真听取残疾申诉人或者其代理人的意见，核实相关问题，查清案件事实，依法作出处理。对于已经发生法律效力的民事、行政裁判书、调解书，残疾当事人依法申请提出检察建议、抗诉，或者认为人民法院的执行活动违反法律规定、审判人员存在违法行为而向人民检察院申请监督的，人民检察院应当及时受理和审查，对确有违法情形的，依法提出检察建议或者抗诉。对于残疾人申请国家赔偿的案件，符合受理条件的，应依法快速办理，充分听取残疾人或者其代理人的意见。

应当主动了解残疾当事人的家庭生活状况，对符合国家司法救助条件的残疾人，应告知其有权提出救助申请。对符合救助条件而没有提出申请的，应当依职权启动救助程序。符合救助条件的，应当及时提出给予救助和具体救助金额的意见，履行有关审批手续后及时予以发放。

我国宪法和残疾人保障法规定，残疾人享有平等权利和尊严。作为社会大家庭的重要成员，残疾人的生活状况如何、社会地位怎样，体现着一个社会的文明程度，也是衡量社会是否以人为本、社会是否和谐的重要标志。检察机关将通过履行法律监督职责，进一步切实保障广大残疾人的合法权益，帮助他们更多、更好地融入社会、参与发展，共享经济社会发展成果，让关爱的阳光照亮每一个残疾人的心灵。

## 现场答问

人民日报记者　魏哲哲

作为一个专门的规范性文件，此次下发意见为何采取高检院和中国残联共同发文的形式？其意义何在？

**朱　兵**

这个意见的下发，是高检院贯彻依法治国部署和注重司法为民的具体措施。这个意见采用高检院和中国残联共同发文的形式，我想至少有三个原因：

一是习近平总书记提出要对残疾人格外关心、格外关注。采用联合发文形式，充分体现了高检院对残联组织和残疾人群体的格外关心、格外关注。

二是《中共中央关于加强和改进党的群团工作的意见》中要求重视群团工作，"健全残疾人合法权益保护机制"。采用联合发文的形式，是高检院落实中央群团工作要求的重要体现，也体现了对残联组织在依法治国中发挥作用的重视。

三是意见中不仅对检察机关办理涉及残疾人的案件有明确要求，而且残联也有配合办案的义务。采用联合发文的形式，有助于各级检察机关和残联都能明确各自的职责所在。

中国残联是我国各类残疾人的统一代表组织，依法维护残疾人权益是中国残联的一项基本职责。联合发文我认为对各级残联至少有以下三个意义：一是有利于更好地宣传贯彻这个文件。各级残联可以利用自己独特的资源和优势，积极向广大残疾人、残疾人亲属、残疾人工作者宣传这个文件，不仅让他们知道这个文件，而且能够通过这个文件更好地维护残疾人的合法权益。二是有利于各级残联组织根据检察机关的办案需要，及时提供残疾人的相关信息。三是有利于各级残联更好地帮助残疾人。各级残联可以根据文件规定，在获得法律援助、司法救助、手语翻译服务等方面为残疾人提供帮助，为残疾人获得司法公正提供支持。

**凤凰卫视记者　倪晓雯**

检察机关如何依法维护残疾犯罪嫌疑人、被害人在刑事诉讼中的合法权益？

**王建平**

依法保障诉讼当事人的各项诉讼权利，是实现公正司法的必要条件，残疾犯罪嫌疑人、被害人由于生理、心理等各方面的特殊情况，在刑事诉讼中有的存在对相关法律规定理解不全或沟通表达不畅、自我维权能力较弱等情形，需要给予更多的关注和帮助。我们这次在意见中明确规定了残疾犯罪嫌疑

人、被害人申请法律援助的程序，还规定，对于盲、聋、哑犯罪嫌疑人，人民检察院应当采取适宜方式进行权利告知，确保其准确理解相关规定，对于智力残疾、患精神病犯罪嫌疑人以及未成年残疾犯罪嫌疑人，应当向其法定代理人履行告知义务；犯罪嫌疑人是未成年残疾人，盲、聋、哑人，尚未完全丧失辨认或者控制自己行为能力的精神病人，或者是可能被判处无期徒刑、死刑的残疾人，没有委托辩护人的，人民检察院应当及时通知法律援助机构指派律师为其提供辩护。另外，考虑到残疾犯罪嫌疑人人身危险性相对较弱，因此明确规定讯问时应尽可能少使用械具，这些都是在坚持依法办案的前提下，出于人道的考虑，对残疾犯罪嫌疑人给予的特殊对待和处理。

## 中国妇女报记者　王春霞

　　我有两个问题。第一个问题，随着社会的发展，对残疾人合法权益的保障正日趋完善。意见为何要特别强调加大对侵害残疾人权益的职务犯罪的查处和预防？第二个问题，意见提到一旦发现强制医疗机构工作人员殴打、体罚、虐待或者变相体罚、虐待被强制医疗的精神病人，违反规定对被强制医疗的精神病人使用械具、约束措施等行为的，人民检察院应当依法提出纠正意见。我想问一下，人民检察院有哪些措施保障，最大限度的发现这些现象？

## 王建平

　　第一个问题，依法查处各类职务犯罪是检察机关的法定职责，也是检察机关的特有职责。国家为残疾人发放的教育、康复、就业、社会保障等资金、经费和物资，是残疾人维持基本生活的重要保障，挪用、克扣、截留、侵占这些款物的行为，严重影响残疾人的正常生活，必须依法予以严惩；同时，对于涉及残疾人事业的设备采购、工程建设中的职务犯罪行为，也要依法加大打击力度。这次，我们在意见中把预防和查处侵害残疾人权益的职务犯罪作为单独一条进行规定，凸显了检察机关在履行职务犯罪查处职责中对维护残疾人合法权益的高度重视，这对于保障国家关于残疾人保护事业的各项政策的落实将会发挥积极作用。

第二个问题涉及意见第 16 条。刑事诉讼法修改过程中增加了强制医疗的规定，检察机关可对强制医疗机构进行日常监督，包括监督其日常运行、保障被强制医疗人员的基本权利等。具体到对被强制医疗精神病人的权益保障，如果检察机关发现强制医疗机构存在违反规定的行为，对于情节轻微，不构成犯罪的，我们会依法提出纠正意见。对于强制医疗机构工作人员存在殴打、体罚、虐待或者变相体罚、虐待被强制医疗精神病人，违反规定对被强制医疗的精神病人使用戒具、约束措施等行为，构成犯罪的，检察机关将依法追究相关人员的刑事责任。谢谢。

**新华网记者　于子茹**

此次下发的意见提出，人民检察院在审查逮捕残疾犯罪嫌疑人时，除按照刑诉法规定审查是否具体逮捕条件外，必要时可以对残疾犯罪嫌疑人的犯罪原因、生活环境等开展社会调查以作为参考。请问这个社会调查是如何进行的？在检察机关最终的审查逮捕决定中会起到什么样的作用？

**王建平**

逮捕是最严厉的刑事强制措施，应当慎重适用，特别在对残疾犯罪嫌疑人的审查逮捕中，应当体现宽严相济的刑事政策，严格把握逮捕条件，确有必要的才予以逮捕。在这次我们下发的意见中明确提出，在对残疾犯罪嫌疑人进行审查逮捕的工作中，要引入社会调查机制，调查内容包括残疾人犯罪的主客观原因、残疾程度、人身危险性以及权益诉求等，作为是否批准或者决定逮捕的重要参考。当前，针对未成年犯罪嫌疑人、被告人的社会调查法律制度已初步建立，在司法实践中，一些基层检察院也已开展了包括残疾犯罪嫌疑人在内的审查逮捕调查评估实践探索，并取得了积极实效。我们在总结司法实践经验基础上，参照对未成年犯罪嫌疑人、被告人开展社会调查的有关规定，明确规定在对残疾犯罪嫌疑人开展审查逮捕工作中，必要时可进行社会调查，目的在于更好地保障司法公正和维护残疾犯罪嫌疑人的合法权益。

**中国新闻社记者　马德林**

对残疾人合法权益的维护是一个全社会的问题，高检院作为法律监督机关，此次专门联合中国残联下发意见，对于全社会关注残疾人、保护残疾人合法权益能起到什么样的作用？

**朱　兵**

我们知道残疾人是社会的弱势群体，这种弱势也体现在司法过程中。努力让人民群众在每一个司法案件中感受到公平正义，是我们党在十八届四中全会上提出的要求。这个意见的出台，将有利于广大残疾人在司法案件中获得公平正义。同时，也是各级残联组织在深入推进依法治国背景下，促进残疾人权益保障工作法治化的一个重要举措。我认为，它的社会效益至少体现在以下三个方面：一是能够在全社会起到很好的示范作用，带动出台更多保护残疾人合法权益的政策和措施。二是能够引导社会各界更加尊重残疾人的权益，鼓励和支持更多人关注关心这个群体，理解这个群体，帮助这个群体。三是能够对涉及残疾人的违法犯罪分子起到警示和震慑作用，减少针对残疾人的违法犯罪活动。谢谢！

**国际在线记者 黎 萌**

残疾人由于身体的缺陷，在出行、表达诉求等方面可能存在困难，检察机关如何畅通残疾人控告、举报和申诉渠道，以保障其合法权益？

**王建平**

残疾人控告、举报、申诉案件大多与其切身利益相关，应当为他们提供更加通畅、便利的表达诉求的渠道。为此，我们在意见中明确规定，对于残疾人控告、举报、申诉案件应当依法快速办理，缩短办案周期；对于不属于本院管辖的案件，应当先行接收，然后及时转送有管辖权的机关；复查涉及残疾人的刑事申诉案件，应当认真听取残疾申诉人或者其代理人的意见，全面了解原案办理情况，查清案件事实，依法作出处理；对于残疾人申请国家赔偿的案件，依法应当赔偿的，应当及时作出和执行赔偿决定。残疾人在民事、行政诉讼中的权益保护问题也应当得到更多的关注，检察机关对于这类申诉案件应当依法履行好法律监督职责。此外，我们还对残疾人依法获得司法救助作出了较为具体的规定，并对检察机关建设无障碍设施提出了明确的要求。意见第23条就规定，各级人民检察院新建接待场所应当符合无障碍设施的相关要求，现有接待场所不符合无障碍要求的要逐步加以改造，以方便残疾人出入。

近日，中央政法委发布了《关于建立律师参与化解和代理涉法涉诉信访案件制度的意见（试行）》，明确规定对不服政法机关法律处理意见，以信访形式表达诉求的，可由律师协会委派的律师，为信访人提供法律服务，同时对各政法接访单位保障律师参与化解和代理涉法涉诉信访案件提出了明确的要求。我们在意见中也就涉及残疾人的信访案件在检察环节如何为残疾人寻求律师帮助提供便利，以及保障律师参与化解和代理等问题作出了较为细化的规定。

## 发布会文件

### 最高人民检察院　中国残疾人联合会
### 关于在检察工作中切实维护残疾人合法权益的意见

最高人民检察院、中国残疾人联合会关于在检察工作中切实维护残疾人合法权益的意见

为进一步落实司法为民宗旨，促进社会和谐稳定，根据《中华人民共和国残疾人保障法》及相关规定，现就检察工作中依法维护残疾人的合法权益提出如下意见。

一、人民检察院办理涉及残疾人的案件，应当严格依照法律的规定，贯彻党和国家关于残疾人权益保护的各项政策，注重关爱、扶助残疾人，方便其诉讼，采取有效措施防止侵害残疾人权益的行为，保障残疾人平等、充分地参与诉讼活动和社会生活，促进残疾人各项合法权益的享有和实现。

二、人民检察院可以指定专人或者设立专门小组办理涉及残疾人的案件。办案工作中，应当加强同残疾人联合会等人民团体、政府有关部门以及涉案残疾人所在单位、社区、村民委员会的沟通联系，主动了解情况，听取意见，共同做好维护残疾人合法权益工作。

三、对侵害残疾人生命财产安全的刑事犯罪，特别是严重侵害残疾人权益的重大案件、侵害残疾人群体利益的案件，依法从严从快批捕、起诉，加大指控犯罪力度。

四、对强迫智力残疾人劳动，拐卖残疾妇女、儿童，以暴力、胁迫手段组织残疾人乞讨，故意伤害致人伤残后组织乞讨，组织、胁迫、教唆残疾人进行犯罪活动等案件，依法从重打击。

五、加大对侵害残疾人权益的职务犯罪的查处和预防，依法严惩挪用、克扣、截留、侵占残疾人教育、康复、就业、社会保障等资金和物资以及发生在涉及残疾人事业的设备采购、工程建设中的职务犯罪行为。

六、人民检察院在办理案件过程中发现有关单位存在侵犯残疾人合法权益行为的，应当依法及时向有关单位发出检察建议，督促其纠正。侵犯残疾人合法权益情节严重，尚不构成犯罪的，人民检察院应当建议相关部门对责任人员给予相应处分；构成犯罪的，依法追究刑事责任。

七、对于残疾人涉嫌职务犯罪案件，人民检察院在对残疾犯罪嫌疑人进行第一次讯问或者采取强制措施时，应当告知其有权委托辩护人，并告知其如果符合《最高人民法院、最高人民检察院、公安部、司法部关于刑事诉讼法律援助工作的规定》第二条规定，本人及其近亲属可以向法律援助机构申请法律援助。

人民检察院自收到移送审查起诉的案件材料之日起三日以内，应当告知残疾犯罪嫌疑人有权委托辩护人，并告知其如果符合《最高人民法院、最高人民检察院、公安部、司法部关于刑事诉讼法律援助工作的规定》第二条规定，本人及其近亲属可以向法律援助机构申请法律援助。对于残疾被害人，应当告知其本人及其法定代理人或者近亲属有权委托诉讼代理人，并告知其如果经济困难，可以向法律援助机构申请法律援助。

对于盲、聋、哑犯罪嫌疑人，人民检察院应当采取适宜方式进行权利告知，确保其准确理解相关规定。对于智力残疾、患精神病犯罪嫌疑人以及未成年残疾犯罪嫌疑人，应当向其法定代理人履行告知义务。

八、犯罪嫌疑人是未成年残疾人，盲、聋、哑人，尚未完全丧失辨认或者控制自己行为能力的精神病人，或者是可能被判处无期徒刑、死刑的残疾人，没有委托辩护人的，人民检察院应当及时通知法律援助机构指派律师为其提供辩护。

九、人民检察院讯问残疾犯罪嫌疑人时应当慎用械具。对于确有人身危险性，必须使用械具的，在现实危险消除后，应当立即停止使用。

十、人民检察院审查逮捕残疾犯罪嫌疑人，除按照《中华人民共和国刑事诉讼法》第七十九条第一款的规定审查是否具备逮捕条件外，还应当根据犯罪嫌疑人涉嫌犯罪的性质、事实、情节、主观恶性和犯罪嫌疑人身体状况是否适宜羁押等因素综合考量是否确有逮捕必要，必要时可以对残疾犯罪嫌疑人的犯罪原因、生活环境等开展社会调查以作参考。对于不采取强制措施或者采取其他强制措施不妨碍诉讼顺利进行的，应当作出不批准逮捕或者不予逮捕的决定。对于可捕可不捕的应当不捕。但是，对于反复故意实施犯罪，不羁押不足以防止发生社会危险性的，应当依法批准或决定逮捕。

十一、残疾犯罪嫌疑人、被告人被逮捕后，人民检察院应当对羁押必要性定期开展审查，综合考虑侦查取证的进展情况，案件事实、情节和证据的变化情况，残疾犯罪嫌疑人、被告人的身体健康状况等因素，对不需要或者不适宜继续羁押的，应当依法变更强制措施或者建议有关机关变更强制措施。

十二、对于残疾人犯罪案件，符合《人民检察院刑事诉讼规则（试行）》规定的条件，双方当事人达成和解协议的，人民检察院应当依法从宽处理。符合法律规定的不起诉条件的，应当决定不起诉；依法必须提起公诉的，应当向人民法院提出从轻、减轻或者免除处罚的量刑建议。

十三、对于残疾被告人认罪并积极赔偿损失、被害人谅解的案件，未成年残疾人犯罪案件以及残疾人实施的具有法定从轻、减轻处罚情节的案件，人民法院量刑偏轻的，人民检察一般不提出抗诉。

十四、人民检察院发现看守所、监狱等监管机关在羁押管理和教育改造残疾在押人员等活动中有违法行为的，应当依法提出纠正意见；发现看守所、监狱等监管场所没有对残疾在押人员在生活、医疗上给予相应照顾，没有采取适当保护措施的，应当通过检察建议等方式督促监管机关改正。

对残疾罪犯开展减刑、假释、暂予监外执行检察工作，可以依法适当从宽掌握，但是，反复故意实施犯罪的残疾罪犯除外。

十五、人民检察院在开展社区矫正法律监督活动中，发现社区矫正机构工作人员对残疾社区矫正人员有殴打、体罚、虐待、侮辱人格、强迫其参加超时间或者超体力社区服务等行为的，应当依法提出纠正意见。情节严重，构成犯罪的，依法追究刑事责任。

十六、人民检察院发现强制医疗机构工作人员殴打、体罚、虐待或者变相体罚、虐待被强制医疗的精神病人，违反规定对被强制医疗的精神病人使用械具、约束措施等行为的，应当依法提出纠正意见。情节严重，构成犯罪的，依法追究刑事责任。

十七、对于残疾人控告、举报、申诉案件应当依法快速办理，缩短办案周期。对于不属于本院管辖的案件，应当先行接收，然后及时转送有管辖权的机关，并告知提出控告、举报、申诉的残疾人。

十八、复查涉及残疾人的刑事申诉案件，应当认真听取残疾申诉人或者其代理人的意见，核实相关问题，并可以听取原案承办部门、原复查部门或者原承办人员意见，全面了解原案办理情况，认真审核、查证与案件有关的证据和线索，查清案件事实，依法作出处理。

十九、对于已经发生法律效力的民事、行政裁判书、调解书，残疾当事人依法向人民检察院申请提出检察建议、抗诉，或者认为人民法院的执行活动违反法律规定、审判人员存在违法行为而向人民检察院申请监督的，人民检察院应当及时受理和审查，对确有违法情形的，依法提出检察建议或者抗诉，切实维护残疾人的合法权益。

二十、对于残疾人申请国家赔偿的案件，符合受理条件的，应当依法快速办理，充分听取残疾人或者其代理人的意见。对于依法应当赔偿的案件，应当及时作出和执行赔偿决定。

二十一、对于残疾人涉法涉诉信访案件，人民检察院应当按照中央政法委《关于建立律师参与化解和代理涉法涉诉信访案件制度的意见（试行）》的要求，为残疾人寻求律师帮助提供便利，对律师阅卷、咨询了解案情等合理要求提供支持，对律师提出的处理意见认真研究，及时反馈意见。对确有错误或者瑕疵的案件，及时导入法律程序予以解决。

二十二、人民检察院在办理案件、处理涉法涉诉信访问题过程中，应当主动了解残疾当事人的家庭生活状况，对符合国家司法救助条件的残疾人，应当告知其有权提出救助申请。对残疾人提出的救助申请，应当快速受理审查；对符合救助条件而没有提出申请的，应当依职权启动救助程序。符合救助条件的，应当及时提出给予救助以及具体救助金额的意见，履行有关审批手续后及时予以发放。

二十三、各级人民检察院新建接待场所应当符合无障碍设施的相关要求，现有接待场所不符合无障碍要求的要逐步加以改造，以方便残疾人出入。

二十四、本意见中的残疾人，是指符合《中华人民共和国残疾人保障法》和《残疾人残疾分类和分级》（GB/T26341–2010）规定的残疾人。

**部分新闻链接**

1. 人民日报 2015 年 12 月 4 日报道《最高检、中国残联发布〈意见〉在检察工作中切实维护残疾人合法权益》。

2. 经济日报 2015 年 12 月 4 日报道《最高检、中国残联联合发文 从重打击以暴力、胁迫手段组织残疾人乞讨等案件》。

3. 中央人民广播电台 2015 年 12 月 4 日报道《最高检：加大对侵害残疾人权益刑事犯罪打击力度》。

4. 中国妇女报 2015 年 12 月 4 日报道《最高检发布意见 将对拐卖残疾妇儿依法从重打击》。

5. 法制日报 2015 年 12 月 4 日报道《从重打击以暴力胁迫手段组织残疾人乞讨》。

6. 央广网 2015 年 12 月 3 日报道《最高检：加大对侵害残疾人权益刑事犯罪打击力度》。